दिनकर वैसे तो हिन्दी में 'छायावादोत्तर काल' के महत्त्वपूर्ण कवि के तौर पर प्रतिष्ठित और स्वीकृत हैं, किन्तु उनका रचनात्मक व्यक्तित्व इस तरह के साहित्यिक काल-विभाजन की सीमाओं का अतिक्रमण करने वाला है। उनकी रचनात्मक यात्रा छायावादी युग से शुरू होकर आज़ादी के दो दशक बाद तक अनवरत जारी रही। इस दौरान 'प्रगतिवाद', 'प्रयोगवाद', 'नयी कविता' और 'अकविता' जैसे अनेक काव्य-आन्दोलनों के वे साक्षी रहे। इन काव्य-आन्दोलनों के तुमुल कोलाहल के बीच उनका कवि-व्यक्तित्व इस अर्थ में चकित करने वाला है कि वे किसी काव्य-आन्दोलन की गिरफ़्त में आये बिना अपने बनाये स्वतन्त्र काव्य-मार्ग पर चलते रहे। आश्चर्य इस बात का भी है कि अलग राह पर चलते हुए वे कभी अप्रासंगिक नहीं हुए। उन्होंने हर दौर में उत्कृष्ट रचनाएँ रचीं। इन रचनाओं ने लोकप्रियता के नये कीर्तिमान स्थापित किये। इस प्रसंग में 'कुरुक्षेत्र', 'रश्मिरथी' और 'उर्वशी' को सहज ही याद किया जा सकता है। आधुनिक हिन्दी कविता के इतिहास को देखें तो ऐसा प्रतीत होता है कि मुख्यधारा के काव्य-आन्दोलनों के समानान्तर दिनकर अपनी कृतियों के साथ 'सूर्य' की तरह चमक रहे हैं। समय के साथ-साथ काव्य-आन्दोलनों की चमक तो फ़ीकी पड़ जाती है, पर दिनकर का तेज कम नहीं होता है।

दिनकर की प्रबन्ध-कृतियों में सर्वाधिक लोकप्रियता 'रश्मिरथी' को मिली। दिनकर ने इस कृति में कर्ण के नायकत्व के माध्यम से जातिभेद के प्रति न सिर्फ़ शंखनाद किया था, बल्कि जाति आधारित श्रेष्ठता को भी गम्भीर रूप से प्रश्नांकित किया था। 'रश्मिरथी' के द्वारा दिनकर ने एक तरह से हिन्दी कविता में व्याप्त सवर्णवादी भाव-बोध और अभिरुचि को चुनौती दी थी। 'रश्मिरथी' को आज विविध आयामों से देखने-समझने की ज़रूरत है। 'रश्मिरथी : एक पुनःपाठ' इसी दिशा में एक गम्भीर प्रयास है। यह 'रश्मिरथी' जैसी लोकप्रिय कृति पर गम्भीर विमर्श की पुस्तक है।

> 'यह युग दलितों और उपेक्षितों के उद्धार का युग है। अतएव, यह बहुत स्वाभाविक है कि राष्ट्र-भारती के जागरूक कवियों का ध्यान उस चरित की ओर जाये जो हज़ारों वर्षों से हमारे सामने उपेक्षित एवं कलंकित मानवता का मूक प्रतीक बनकर खड़ा रहा है। ...कर्ण-चरित के उद्धार की चिन्ता इस बात का प्रमाण है कि हमारे समाज में मानवीय गुणों की पहचान बढ़ने वाली है। कुल और जाति का अहंकार विदा हो रहा है। आगे, मनुष्य केवल उसी पद का अधिकारी होगा जो उसके अपने सामर्थ्य से सूचित होता है, उस पद का नहीं, जो उसके माता-पिता या वंश की देन है।...कर्ण-चरित का उद्धार, एक तरह से, नयी मानवता की स्थापना का ही प्रयास है।' **–दिनकर**

रश्मिरथी

एक पुनःपाठ

राष्ट्रकवि रामधारी सिंह 'दिनकर' की कालजयी रचना का पुनःपाठ

सम्पादक

दिनेश कुमार

वाणी प्रकाशन

प्रकाशन के उत्कृष्टतम 62 वर्ष

सजिल्द पहला संस्करण : 2021
सजिल्द दूसरा संस्करण : 2025

vaniprakashan.com

वाणी प्रकाशन

4695, 21-ए, दरियागंज, नयी दिल्ली-110 002

फ़ोन : + 91 11 23273167, 23275710

शाखाएँ

अशोक राजपथ, पटना-800 004, बिहार

कॉफ़ी हाउस कैम्पस, महात्मा गांधी मार्ग, प्रयागराज-211 001, उत्तर प्रदेश

महात्मा गांधी अन्तरराष्ट्रीय हिन्दी विश्वविद्यालय, वर्धा-442 001, महाराष्ट्र

sales@vaniprakashan.in
vaniprakashan@gmail.com

Rashmirathi : Ek Punahpath
Edited by Dinesh Kumar

ISBN : 978-93-90678-46-4
Criticism

मूल्य : ₹ 795

आर. टेक ऑफ़सेट प्रिंटर्स, दिल्ली-110032 में मुद्रित

वाणी प्रकाशन का लोगो मक़बूल फ़िदा हुसैन की कूची से

अनुक्रम

भूमिका

दिनकर, हिन्दी कविता और 'रश्मिरथी'

दिनकर वैसे तो हिन्दी में छायावादोत्तर-काल के महत्त्वपूर्ण कवि के तौर पर प्रतिष्ठित और स्वीकृत हैं, किन्तु उनका रचनात्मक व्यक्तित्व इस तरह के साहित्यिक काल विभाजन की सीमाओं का अतिक्रमण करने वाला है। उनकी रचनात्मक यात्रा छायावाद से शुरू होकर आज़ादी के दो दशक बाद तक अनवरत जारी रही। इस दौरान 'प्रगतिवाद', 'प्रयोगवाद', 'नयी कविता' जैसे अनेक काव्य-आन्दोलनों के वे साक्षी रहे। इन काव्य आन्दोलनों के तुमुल कोलाहल के बीच उनका कवि-व्यक्तित्व इस अर्थ में चकित करने वाला है कि वे किसी काव्य-आन्दोलन की गिरफ़्त में आये बिना अपने बनाये स्वतन्त्र काव्य-मार्ग पर चलते रहे। आश्चर्य इस बात का भी है कि अलग राह पर चलते हुए वे कभी अप्रासंगिक नहीं हुए। उन्होंने हर दौर में उत्कृष्ट रचनाएँ रची। इन रचनाओं ने लोकप्रियता के नये कीर्तिमान स्थापित किये। इस प्रसंग में 'कुरुक्षेत्र', 'रश्मिरथी' और 'उर्वशी' को सहज ही याद किया जा सकता है। आधुनिक हिन्दी कविता के इतिहास को देखें तो ऐसा प्रतीत होता है कि मुख्यधारा के काव्य-आन्दोलनों के समानान्तर दिनकर अपनी कृतियों के साथ 'सूर्य' की तरह चमक रहे हैं। समय के साथ काव्य-आन्दोलनों की चमक तो फीकी पड़ती जाती है पर दिनकर का तेज कम नहीं होता है।

ऐसा नहीं है कि दिनकर में प्रयोगधर्मिता का अभाव है या उनकी कविताओं में एकरसता है। सच्चाई तो यह है कि उन्होंने काव्य-शिल्प और काव्य-वस्तु दोनों ही स्तरों पर ख़ूब प्रयोग किया है। उनके तीनों प्रमुख प्रबन्ध-काव्य, 'कुरुक्षेत्र', 'रश्मिरथी' और 'उर्वशी' प्रबन्ध-काव्य के तीन अलग-अलग रूपों के उदाहरण हैं। 'कुरुक्षेत्र' जहाँ विचार-काव्य है वहीं, 'रश्मिरथी' कथा-काव्य है तो 'उर्वशी' नाट्य-प्रबन्ध। इन सफल प्रयोगों को देखते हुए दिनकर को भी मैथिलीशरण गुप्त के साथ श्रेष्ठ प्रबन्ध-शिल्पी मानने में कोई हर्ज नहीं है। प्रबन्ध काव्यों के अलावा दिनकर की अन्य रचनाओं जैसे 'रेणुका', 'हुँकार', 'रसवन्ती', 'बापू', 'परशुराम की प्रतिज्ञा' आदि से लेकर अन्तिम रचना 'हारे को हरिनाम' से गुज़रने पर उनके

रचनात्मक वैविध्य का सहज ही पता चल जाता है। रूमानियत, सामाजिकता, प्रगतिशील राष्ट्रवाद, आक्रोश, विद्रोह, मोहभंग आदि के मेल से दिनकर का एक बहुआयामी काव्य-संसार निर्मित होता है, जिसकी मुख्य विशेषता गतिशीलता है। यह लक्षित करने वाली बात है कि उनकी काव्य-यात्रा में कहीं ठहराव नहीं है। वे अपनी हर रचना के साथ विकास की नयी मंज़िल की ओर बढ़ते दिखाई देते हैं। बहुआयामी रचनात्मक विविधता के साथ निरन्तर विकसित होते जाने की रचनात्मक मेधा और सामर्थ्य उन्हें बहुत हद तक निराला के क़रीब ले जाती है। निराला और दिनकर के काव्य में दृष्टिगत और रूपगत भिन्नता चाहे जितनी हो पर इस बिन्दु पर दोनों में काफ़ी समानता है।

दिनकर एक प्रयोगधर्मी क़वि हैं। पर उनकी प्रयोगधर्मिता प्रयोगवादियों से भिन्न है। उन्होंने सारा प्रयोग सम्प्रेषणीयता को सुरक्षित रखते हुए किया है। सम्प्रेषणीयता की कुर्बानी देकर प्रयोग करना उनका कभी साध्य नहीं रहा। यह कितना दिलचस्प है कि 'प्रयोगवाद' और 'नयी कविता' के दौर का सबसे बुनियादी प्रश्न सम्प्रेषणीयता का प्रश्न, दिनकर के लिए एकदम अप्रासंगिक था। जहाँ अधिकांश कवि सम्प्रेषणीयता के संकट से जूझ रहे थे वहीं दिनकर लोकप्रियता के झण्डे गाड़ रहे थे। यहाँ यह रेखांकित करना ज़रूरी है कि दिनकर की लोकप्रियता उनके रचनात्मक सामर्थ्य की द्योतक थी और जो कवि सम्प्रेषणीयता के संकट से जूझ रहे थे, उसका कारण उनकी रचनात्मक न्यूनता या अक्षमता थी। सफल सम्प्रेषण या सम्प्रेषण का संकट दोनों ही रचनाकारों की अपनी क्षमता पर निर्भर करता है। दिनकर की लोकप्रियता किसी सस्ते नुस्खे द्वारा हासिल की गयी लोकप्रियता नहीं है, बल्कि वह उनके रचनात्मक कौशल का प्रतिफलन है। दरअसल, जटिल से जटिल अनुभूति को सरल बनाकर प्रस्तुत करना साहित्य की विशेषता है। अपनी इस विशेषता के कारण ही साहित्य लोकप्रिय होता है। अनुभूति की जटिलता और रचना की सरलता को साध पाना बहुत कठिन होता है। समर्थ रचनाकार ही ऐसा कर पाते हैं।

हिन्दी की भक्ति कविता, प्रेमचन्द का कथा-साहित्य और दिनकर की कविता में यह सन्तुलन स्पष्टता से दिखाई देता है। भक्त कवियों, प्रेमचन्द और दिनकर की लोकप्रियता के मूल में वह रचनात्मक कौशल है। जिसकी बदौलत वे इस सन्तुलन को साध पाये हैं। साहित्य में लोकप्रियता का मूल आधार रचनात्मक क्षमता और कौशल है। संयोग से, यही रचनात्मक क्षमता और कौशल श्रेष्ठ साहित्य का भी आधार है। इसीलिए साहित्य के क्षेत्र में श्रेष्ठता और लोकप्रियता

में कोई विभाजन सम्भव ही नहीं है। जो रचना श्रेष्ठ होगी, वह अनिवार्यतः लोकप्रिय होगी और जो रचना लोकप्रिय होगी, वह अनिवार्यतः श्रेष्ठ होगी। बशर्ते कि उस रचना में अनुभूति की जटिलता और अभिव्यक्ति की सरलता को साध लिया गया हो। इस लिहाज़ से हमारे भक्त कवि, प्रेमचन्द और दिनकर श्रेष्ठ रचनाकार भी हैं और लोकप्रिय रचनाकार भी।

अनुभूति की जटिलता और अभिव्यक्ति की सरलता को बहुत कम रचनाकार साध पाते हैं। बहुत से कवि ऐसे होते हैं जो आधुनिक जटिल अनुभूति को अभिव्यक्त तो करते हैं पर उनका अभिव्यक्ति-विधान भी जटिल हो जाता है। प्रयोगवाद और नयी कविता के अधिकांश कवि ऐसे ही हैं। दूसरी श्रेणी में वे कवि होते हैं जो सरल अनुभूति को सरल तरीक़े से अभिव्यक्त करते हैं। इस श्रेणी में कुछ हद तक मैथिलीशरण गुप्त और राष्ट्रवादी काव्यधारा के अन्य कवियों को रख सकते हैं। इन दोनों प्रवृत्तियों से हिन्दी कविता को भारी क्षति पहुँची। पहली प्रवृत्ति के कारण कविता के लिए सम्प्रेषणीयता का संकट पैदा हुआ और कविता आम जनता से कट गयी। दूसरी प्रवृत्ति के कारण आगे चलकर कविता सतही, फूहड़ और बाज़ारू बन गयी। हिन्दी कविता में पनप रही इन दोनों प्रवृत्तियों और भविष्य में उसके भयानक परिणाम के प्रति दिनकर बहुत सचेत थे। वे जीवनपर्यन्त इन दोनों प्रवृत्तियों के प्रति संघर्ष करते रहे। 'चक्रवाल' की भूमिका में उन्होंने स्वयं स्वीकार किया है कि, "अनुभूतियाँ और भाव तो मुझे छायावादियों के ही अच्छे लगते थे, किन्तु अभिव्यक्ति की सफ़ाई मैं वह चाहता था, जो मैथिलीशरण गुप्त और रामनरेश त्रिपाठी में निखरी थी। कदाचित्, पन्त के सपनों को मैं मैथिलीशरण की सफ़ाई से लिखना चाहता था।" दरअसल, दिनकर का मूल रचनात्मक संघर्ष ही यही था कि सूक्ष्म से सूक्ष्म और जटिल से जटिल अनुभूतियों को सरलता से कैसे अभिव्यक्त किया जाये? उनका यह रचनात्मक संघर्ष अज्ञेय और मुक्तिबोध के रचनात्मक संघर्ष से कमतर नहीं है। यहाँ इस बात को फिर से रेखांकित करना आवश्यक है कि दिनकर के सन्दर्भ में लोकप्रियता उनके रचनात्मक संघर्ष की सफलता का अनिवार्य परिणाम है। इसीलिए, दिनकर जैसे कवियों के यहाँ लोकप्रियता को काव्य-मूल्य के रूप में देखना चाहिए। रचनात्मक संघर्ष के परिणामस्वरूप उपजी लोकप्रियता आज की साहित्यिक रुचि से विपन्न, अश्लील, साम्प्रदायिक और सतही मनोभावों को अभिव्यक्त करने वाले मंचीय कवियों की लोकप्रियता से बिल्कुल अलग थी। दिनकर ने गम्भीर विचार और गम्भीर साहित्य का दामन कभी नहीं छोड़ा।

दिनकर मूलतः द्वन्द्व के कवि हैं। उनके 'कुरुक्षेत्र' में हिंसा और अहिंसा तथा युद्ध और शान्ति का द्वन्द्व है तो 'उर्वशी' में धरती और स्वर्ग तथा पत्नी और प्रेयसी का द्वन्द्व है। मार्क्स और गाँधी तथा रवीन्द्र और इकबाल का द्वन्द्व तो उनके कवि-व्यक्तित्व में है ही। इतना तीखा वैचारिक द्वन्द्व हिन्दी के बहुत कम कवियों में है। इस वैचारिक द्वन्द्व के कारण ही दिनकर की काव्य-यात्रा में कहीं ठहराव नहीं आया। वैचारिक द्वन्द्व ही वह रचनात्मक स्रोत है जो दिनकर की काव्य-यात्रा को गतिशील बनाये रखता है। वैचारिक द्वन्द्व के कारण उनकी कृतियों में एक तनाव निरन्तर विद्यमान रहता है। पर अभिव्यक्ति विधान की सरलता के कारण कविता में यह तनाव ऊपर-ऊपर नहीं दिखाई देता। जो तनाव को कविता की ऊपरी सतह पर देखने के अभ्यस्त हैं उन्हें ही दिनकर की कविताओं में सपाटता दिखाई देती है। वैसे भी, वैचारिक द्वन्द्वों को वहन करने वाली कोई कृति भला सपाट कैसे हो सकती है? जहाँ द्वन्द्व है वहाँ सपाटता सम्भव ही नहीं है। द्वन्द्वरहित कृति ही सपाट हो सकती है। वैचारिक द्वन्द्व के सिरमौर कवि दिनकर की रचनाशीलता को सपाट कहना किसी विडम्बना से कम नहीं है।

काव्य-शिल्प से भी बड़ा प्रश्न कवि-दृष्टि या जीवन-दृष्टि का है। द्विवेदीयुगीन एवं छायावादी कवियों की तुलना में दिनकर की सांस्कृतिक दृष्टि और इतिहास चेतना अधिक समावेशी और प्रगतिशील है। द्विवेदी-युग और छायावाद की सांस्कृतिक दृष्टि मूलतः हिन्दू धार्मिक दृष्टि है जहाँ परम्परा और संस्कृति के नाम पर सिर्फ़ हिन्दू अतीत का गुणगान है। इस दौर के कवियों के सांस्कृतिक चिन्तन में इस्लाम या तो अनुपस्थित है या मौजूद है तो प्रायः नकारात्मक रूप में। कई बार तो उनकी सांस्कृतिक दृष्टि साम्प्रदायिक दृष्टि जैसी लगने लगती है। इस दृष्टि से मैथिलीशरण गुप्त और निराला में काफ़ी समानता है। एक बुनियादी प्रश्न है कि भारत की सांस्कृतिक और धार्मिक विरासत का अभिन्न अंग बन चुके इस्लाम को दरकिनार करके क्या कोई भारतीय अस्मिता की खोज कर सकता है? ज़ाहिर है नहीं। पर, द्विवेदीयुग और छायावाद में इस्लाम रहित भारतीय अस्मिता की खोज का प्रयास अधिक दिखाई देता है। ऐसे प्रयास को हम साम्प्रदायिक न भी कहें तो धार्मिक तो कह ही सकते हैं। हमारी जातीय अस्मिता इस्लाम सहित ही होगी इस्लाम रहित नहीं। आधुनिक काल में दिनकर सम्भवतः पहले कवि हैं जिन्होंने न तो इस्लाम को नज़रअन्दाज़ किया और न ही उसे नकारात्मक रूप में प्रस्तुत किया। 'संस्कृति के चार अध्याय' में उन्होंने पहली बार भारतीय समाज में इस्लाम के सकारात्मक योगदान को रेखांकित किया और इस्लाम के आगमन

को भारतीय समाज में घटित एक बड़ी क्रान्ति के रूप में देखा। 'संस्कृति के चार अध्याय' तो बाद में लिखा गया। उसके बहुत पहले से ही दिनकर अपनी कविताओं में अतीत का वर्णन करते हुए मुग़ल शासन का भी अपनेपन के साथ ज़िक्र करते रहे हैं। उदाहरण के लिए 'हुंकार' संग्रह में शामिल 1933 ई. में लिखी गयी कविता 'दिल्ली' की इन पंक्तियों को देख सकते हैं–

'हमने देखा यहीं पांडु-वीरों का कीर्ति-प्रसार
वैभव का सुख-स्वप्न, कला का महास्वप्न-अभिसार
यहीं कभी अपनी रानी थी, तू ऐसे मत भूल
अकबर, शाहजहाँ ने जिसका किया स्वयं शृंगार'

दरअसल, दिनकर का काव्य-बोध आरम्भ से ही धर्मनिरपेक्ष था। इस धर्मनिरपेक्ष काव्य-बोध की ही चरम परिणति 'संस्कृति के चार अध्याय' में होती है। राष्ट्रीय आन्दोलन के दौरान दिनकर साम्प्रदायिक सोच के विरुद्ध कविताएँ लिखते रहे। उन्होंने हिन्दू साम्प्रदायिकता और मुस्लिम साम्प्रदायिकता दोनों का विरोध किया। 1946 में साम्प्रदायिक दंगे के विरुद्ध लिखी गयी अपनी कविता 'हे मेरे स्वदेश' में वे लिखते हैं–

जलते हैं हिन्दू-मुसलमान, भारत की आँखें जलती हैं,
आने वाली आज़ादी की, लो! दोनों पाँखें जलती हैं।

और आज़ादी के बाद की कविता 'समर शेष है' में तो वे बहुत सीधे-सीधे कहते हैं–

समर शेष है, अभी मनुज मक्षी हुंकार रहे हैं
गाँधी का पी रुधिर जवाहर पर फुंकार रहे हैं
समर शेष है, अहंकार इनका हरना बाक़ी है
वृक को दंतहीन, अहि को निर्विष करना बाक़ी है

दिनकर की सांस्कृतिक दृष्टि और उनके राष्ट्रवाद में साम्प्रदायिकता का स्पर्श तक नहीं है। यह कहना अधिक ठीक होगा कि ये संस्कृति और राष्ट्रवाद के साम्प्रदायिक संस्करण का प्रत्याख्यान रचते हैं। इस लिहाज़ से वे अपने युग के कवियों से बहुत आगे हैं। काथाकारों में भी सिर्फ़ प्रेमचन्द ही तुलनीय हैं।

जैसे अपनी धर्मनिरपेक्ष 'दृष्टि के कारण दिनकर संस्कृति और राष्ट्रीयता को काव्य-विषय बनाने वाले कवियों के बीच अतुलनीय हैं, वैसे ही 'रश्मिरथी' में जाति के प्रश्न को उठाने के कारण वे सामाजिक चेतना वाले कवियों के बीच भी अतुलनीय हैं। जाति-प्रथा की इतनी कड़ी आलोचना दिनकर से पहले हिन्दी

कविता में निर्गुण भक्त कवियों के यहाँ ही मिलती है। इस मसले पर भी दिनकर की समानता किसी कवि से नहीं बल्कि उनकी समानता फणीश्वरनाथ रेणु से है। रेणु ने 'मैला आँचल' में पहली बार जाति के प्रश्न को इतने व्यापक सन्दर्भ में उठाया है। दिनकर की जीवन-दृष्टि हिन्दी के दो महानतम कथाकारों—प्रेमचन्द और रेणु की जीवन-दृष्टि से मिलती-जुलती है। अन्तर सिर्फ़ इतना है कि प्रेमचन्द और रेणु अपनी जीवन-दृष्टि की अभिव्यक्ति के लिए गद्य के फॉर्म को चुनते हैं और दिनकर कविता के फॉर्म को।

दिनकर की प्रबन्ध कृतियों में सर्वाधिक लोकप्रियता 'रश्मिरथी' को मिली। उसकी लोकप्रियता की तुलना में 'कुरुक्षेत्र' या 'उर्वशी' की भी लोकप्रियता बहुत कम रही। वैसे तो ये दोनों कृतियाँ भी ख़ूब लोकप्रिय हुईं। 'रश्मिरथी' जैसी लोकप्रियता आधुनिक हिन्दी कविता में सिर्फ़ एक ही कृति को नसीब हुई—वह है, मैथिलीशरण गुप्त की 'भारत-भारती'। कविता से जन-जागरण का काम मैथिलीशरण गुप्त ने भी किया और दिनकर ने भी। पर मैथिलीशरण गुप्त में पुनरुत्थानवादी रुझान अधिक है, जबकि दिनकर में प्रगतिशील रुझान अधिक है। दिनकर में भविष्योन्मुखी स्वर प्रबल है, जबकि गुप्त जी में परम्परावादी स्वर मुखर है। मैथिलीशरण गुप्त में अधिकतम वैष्णव उदारता है जबकि दिनकर में एक आधुनिक लोकतान्त्रिक धर्मनिरपेक्ष चेतना है। आधुनिक हिन्दी कविता की दो सर्वाधिक लोकप्रिय कृतियों 'भारत-भारती' और 'रश्मिरथी' को आमने-सामने रख देने से उपर्युक्त बातें स्वतः ही स्पष्ट हो जाती हैं।

अपार लोकप्रियता के बावजूद 'रश्मिरथी' को उतनी भी साहित्यिक प्रतिष्ठा नहीं मिली, जितनी 'कुरुक्षेत्र' और 'उर्वशी' को प्राप्त हुई। साहित्यिक पण्डितों ने इसे प्रायः नज़रअन्दाज़ किया। इस कृति के प्रति उपेक्षा भाव के कारणों को साहित्यशास्त्र से नहीं समाजशास्त्र से समझा जा सकता है। चूँकि दिनकर ने इस कृति में कर्ण के नायकत्व के माध्यम से जातिभेद के प्रति न सिर्फ़ शंखनाद किया था, बल्कि जाति आधारित श्रेष्ठता को भी गम्भीर रूप से प्रश्नांकित किया था। जाति-विषमता के सवाल को पचास के दशक के शुरू में किसी प्रबन्ध-काव्य का केन्द्रीय कथ्य बनाना कोई कम क्रान्तिकारी घटना नहीं थी। 'रश्मिरथी' के माध्यम से दिनकर ने एक तरह से हिन्दी कविता में व्याप्त सवर्णवादी भाव-बोध और अभिरुचि को चुनौती दी थी। यह दिलचस्प है कि जाति के प्रश्न से मार्क्सवादी और ग़ैर-मार्क्सवादी दोनों तरह के साहित्यकार बिदकते थे। जाति की चर्चा मात्र से बिदकने वाले उस दौर के और बाद के भी अधिकांश साहित्यकार भला

'रश्मिरथी' का स्वागत कैसे कर सकते थे? यह अकारण नहीं है कि भारतेन्दु-युग से ही सामाजिक चेतना से युक्त हुआ हिन्दी साहित्य ख़ासकर हिन्दी कविता जाति के प्रश्न पर लगभग इक्का-दुक्का अपवादों को छोड़कर उस समय तक प्रायः मौन है। दिनकर की 'रश्मिरथी' इस मौन को तोड़ने वाली कृति है। वह सन्नाटे में विस्फोट की तरह है। साहित्य की सामाजिक सार्थकता समाज की सबसे बड़ी सच्चाई को नकारने में नहीं बल्कि उसका सामना करने में है। 'रश्मिरथी' कविता की सामाजिक सार्थकता की अद्भुत मिसाल है। दिनकर इस सामाजिक सार्थकता के अग्रदूत हैं।

प्रयोगवाद-नयी कविता के दौर में आधुनिकता और आधुनिक भाव-बोध को पश्चिमी नज़रिये से परिभाषित किया गया। काव्य में आधुनिकता को सिर्फ़ शिल्प तक और आधुनिक भाव-बोध को द्वितीय विश्वयुद्ध के उपरान्त पश्चिमी समाज में उपजी निराशा, हताशा, कुण्ठा और विडम्बनात्मक जीवन-स्थितियों की अभिव्यक्ति तक सीमित कर दिया गया। ऐसे माहौल में भारतीय परिस्थितियों के अनुरूप वास्तविक आधुनिक भावबोध वाली रचनाओं को ख़ारिज कर दिया गया। 1947 में भारत स्वतन्त्र हुआ और उसने एक ऐसे संविधान को स्वीकार किया जो मानव मात्र की गरिमा और स्वतन्त्रता की गारंटी देता था। संविधान ने जाति, धर्म, क्षेत्र, भाषा आदि की श्रेणीबद्ध संरचनाओं में फँसे मनुष्यों को मुक्त करके 'नागरिक' की पहचान दी। नागरिक होने की पहचान ने वर्चस्वशाली पहचानों और अधीनस्थ पहचानों को एक झटके में बराबरी पर खड़ा कर दिया। 1952 में प्रकाशित 'रश्मिरथी' नागरिक के जन्म और इस बराबरी के उद्घोष का काव्य है। यह संविधान की मूल आत्मा को अभिव्यक्त करने वाली कृति है। यह नये भारत के उदय की उद्घोषणा है जहाँ, व्यक्तियों के परम्परागत विशेषाधिकार विदा हो रहे हैं और व्यक्ति की योग्यता ही उसकी एकमात्र पहचान के रूप में स्थापित हो रही है।

जातिगत विषमता का विरोध करना आधुनिक भावबोध ही है। जातिगत विषमता को नज़रअन्दाज़ करना या उसका प्रत्यक्ष-अप्रत्यक्ष समर्थन करना पुरातन या रूढ़िवादी भावबोध है। वैसे भी भारतीय समाज में जाति से लड़े बिना कोई व्यक्ति आधुनिक हो ही नहीं सकता। इस लिहाज़ से 'रश्मिरथी' आधुनिक भावबोध की रचना है। दिनकर का बहुत आरम्भ से ही 'रामचरितमानस' से लगाव-जुड़ाव रहा, किन्तु अपनी रचनाओं की काव्य-भूमि के लिए उन्होंने 'महाभारत' को चुना। दरअसल, महाभारत रामायण की तुलना में अधिक यथार्थवादी रचना है और उसके माध्यम से युग-सत्य को अत्यधिक प्रभावकारी ढंग से अभिव्यक्त किया जा सकता है। 'रामचरितमानस' में तुलसीदास ने राम के चरित्र में सारे आदर्श भर दिये हैं।

पर यह कृति अन्ततः वर्णाश्रम के समर्थन में है। दिनकर ने भी कर्ण के चरित्र में सारे आदर्श भर दिये है, किन्तु 'रश्मिरथी' वर्णाश्रम का प्रत्याख्यान रचने वाली कृति है। यह स्वीकार करते हुए कि 'रामचरितमानस' का 'कैनवास' बहुत विराट है और इसे सिर्फ़ वर्णाश्रम समर्थक कृति में अवमूल्यित नहीं करना चाहिए, फिर भी, 'रश्मिरथी' को कम-से-कम दृष्टि के स्तर पर 'रामचरितमानस' का वैचारिक प्रतिपक्ष स्वीकार करने में कोई समस्या नहीं होनी चाहिए। शिक्षित जनता से लेकर गाँव के किसानों और मज़दूरों तक इस कृति की व्याप्ति रही है।

'रश्मिरथी' में दिनकर का कौशल यह है कि उन्होंने कर्ण के जीवन के सात प्रसंगों को चुनकर सात सर्गों में कुछ इस तरह पिरोया है कि उससे न सिर्फ़ कर्ण का जन्म से लेकर मृत्यु तक का पूरा जीवन समाहित हो जाता है बल्कि 'महाभारत' की पूरी कथा भी संक्षिप्त रूप में सामने आ जाती है। 'रश्मिरथी' का यही संरचनात्मक ढाँचा दिनकर के कवि-कौशल का उत्कृष्ट उदाहरण है। उसकी लोकप्रियता में इस संरचनात्मक ढाँचे का भी विशेष योगदान है। दूसरी गौर करने लायक बात यह है कि कर्ण का नायकत्व किसी के विरोध में नहीं है या महाभारत के किसी अन्य चरित्र की क़ीमत पर नहीं है। कृष्ण, अर्जुन, कुन्ती, द्रोण, भीष्म, परशुराम आदि के लोक प्रचलित चरित्र को बग़ैर अवमूल्यित किये कर्ण के महान नायकत्व को स्थापित कर देना सामान्य कवि के वश की बात नहीं है।

'रश्मिरथी' प्रबन्ध-काव्य के रूप में एक कथा-काव्य है। जिस समय इसकी रचना हुई, उस समय तक पश्चिम में ही नहीं भारत में भी प्रबन्ध-काव्य की जगह उपन्यासों ने ले ली थी। दिनकर यह भली-भाँति जानते थे कि साहित्यिक पण्डितों के बीच कथा-काव्य के लिए अनुकूल माहौल नहीं है। पर उन्हें यह भरोसा था कि जनता के बीच अभी भी कथा-काव्य या प्रबन्ध-काव्य के लिए प्रेम बरकरार है। जनता ने जिस तरह से 'रश्मिरथी' को हाथों-हाथ लिया उससे दिनकर का भरोसा सही साबित हुआ। दिनकर साहित्यिक पण्डितों के नहीं जनता के कवि थे। जो लोग 'रश्मिरथी' जैसे कथा-काव्य को छायावादी, प्रयोगवादी या नयी कवितावादी काव्य-मूल्यों से परखते हैं, वे उसमें स्थूलता की शिकायत करते हैं। दरअसल, वर्णनात्मक भाषा कथा-काव्य के लिए अनिवार्य है। बिम्बात्मक भाषा कथा-काव्य के लिए उपयुक्त नहीं है। वर्णनात्मक भाषा में स्थूलता स्वाभाविक है। इस अपरिहार्य स्थूलता से तुलसीदास जैसा बड़ा कवि भी नहीं बच पाया है। कथ्य और भाषा में आन्तरिक संगति का होना बहुत आवश्यक है।

'रश्मिरथी' का जो कथ्य है उसके साथ दूसरे प्रकार की भाषा बहुत दूर तक नहीं चल सकती है। कथा-तत्त्व को न्यून करने के बावजूद 'कामायनी' में बिम्बात्मक भाषा के साथ वर्णनात्मक भाषा का प्रयोग है। कई जगह स्थूल पंक्तियाँ भी हैं। प्रयास के बावजूद वर्णनात्मक भाषा के बिना 'कामायनीकार' का भी काम नहीं चल सका। भाषा के दोनों—वर्णनात्मक और बिम्बात्मक रूपों के प्रयोग के कारण कामायनी की भाषा में असंगति भी दिखायी देती है। 'रश्मिरथी' कम-से-कम भाषिक असंगति से मुक्त है।

'रश्मिरथी' को विविध आयामों से देखने-समझने की ज़रूरत है। 'रश्मिरथी एक पुनःपाठ' इसी दिशा में एक विनम्र प्रयास है। पुस्तक में शामिल सभी लेख नये हैं और विशेष आग्रह कर लिखवाये गये हैं। समय से लेख उपलब्ध कराने के लिए इस पुस्तक में शामिल सभी लेखकों का मैं हृदय से आभार व्यक्त करता हूँ। 'रश्मिरथी' जैसी लोकप्रिय कृति पर यह एक गम्भीर विमर्श की पुस्तक है। पुस्तक के बारे में बहुत कुछ कहने की ज़रूरत नहीं है, क्योंकि वह आपके सामने है और आपका निर्णय ही अन्तिम है। हाँ, अन्त में मैं, वाणी प्रकाशन के प्रबन्ध निदेशक श्री अरुण माहेश्वरी को ज़रूर धन्यवाद देना चाहूँगा, क्योंकि 'रश्मिरथी' के पुनःपाठ का प्रस्ताव उन्हीं का था।

9 सितम्बर 2021

दिनेश कुमार
हिन्दी एवं आधुनिक भारतीय भाषा विभाग
इलाहाबाद विश्वविद्यालय
प्रयागराज-211002

‘रश्मिरथी’ के पुनःपाठ से उपजे सवालों से टकराते हुए!

–शंभुनाथ तिवारी

फिर कहता हूँ नहीं व्यर्थ राधेय यहाँ आया है,
एक नया सन्देश विश्व के हित वह भी लाया है।
मैं उनका आदर्श, कहीं जो व्यथा न खोल सकेंगे,
पूछेगा जग, किन्तु, पिता का नाम न बोल सकेंगे।
जिनका निखिल विश्व में कोई, कहीं न अपना होगा,
मन में लिये उमंग जिन्हें, चिर-काल कलपना होगा। *(रश्मिरथी)*

अपने युग-परिवेश को विविध सन्दर्भों में यथार्थ के धरातल पर प्रतिष्ठित करती, समसामयिक परिस्थितियों में सामाजिक एवं सांस्कृतिक पीठिका पर आधृत, घर, परिवार, समाज, राष्ट्र के अनेक सम्बन्धों, रिश्तों-नातों का प्रासंगिक भाष्य करती विविध सामाजिक आदर्श प्रस्तुत करती हुई रामधारी सिंह ‘दिनकर’ की प्रखर-प्रोज्चल रचना ‘रश्मिरथी’ को एक बार पुनः पढ़ते हुए मन में कई सवाल उठते हैं! उदाहरण के लिए, ‘रश्मिरथी’ की रचना के पीछे दिनकर का मन्तव्य क्या है, महाभारत के अनेक महत्त्वपूर्ण पात्रों के बीच से कर्ण का चयन कर ‘रश्मिरथी’ के ज़रिये दिनकर किन सामाजिक सरोकारों और प्रतिबद्धता को हमारे समक्ष रखना चाहते हैं, जिन सवालों को ‘रश्मिरथी’ में प्रासंगिक बनाकर उठाया गया है, उनके बारे में दिनकर के साथ आलोचकों का क्या कहना है, ‘रश्मिरथी’ के प्रश्नों की परिणति स्वरूप उसका क्या प्रभाव दृष्टिगत होता है, आज के समसामयिक सन्दर्भों में उसकी प्रासंगिकता क्या है, क्या आज के रचनात्मक साहित्यिक मानदण्डों पर ‘रश्मिरथी’ को कसे जाने की आवश्यकता है, क्या छठे दशक में रची गयी रचना ‘रश्मिरथी’, आधुनिक हिन्दी साहित्य के विकासक्रम में कमोबेश आठवें-नवें दशक में बहुचर्चित-बहुप्रचारित, विमर्शमूलक-विमर्शपरक (मुख्यतया दलित-विमर्श) साहित्य से अपना कोई रिश्ता जोड़ पाती है, दिनकर के पक्ष-विपक्ष में बहुत अधिक

लिखी गयी आलोचनाओं-प्रत्यालोचनाओं के मध्य ऐसा अनकहा कुछ रह जाता है, जिनसे साहित्यिक बहस-मुबाहिसे को आगे बढ़ाने में सहायता मिलेगी! ऐसे ही अन्य बहुत से सवाल, जो 'रश्मिरथी' की परिधि का स्पर्श करते हैं, के परिप्रेक्ष्य में कुछ कहना अपेक्षित और प्रासंगिक होगा। तब तो और भी जब 'दिनकर-साहित्य' का मूल्यांकन करनेवाली कमोबेश छह दर्जन (आलोचना, प्रत्यालोचना से सम्बन्धित प्रशस्तिमूलक, ध्वंसात्मक, परिचयात्मक, सूचनापरक, तुलनात्मक, विश्वविद्यालयी शोधोपाधिमूलक, समीक्षा, शोधग्रन्थ, स्वतन्त्र मूल्यांकन, प्रशस्तिग्रन्थ आदि के साथ-साथ पत्र-पत्रिकाओं के अनेक विशेषांकों सहित) से अधिक आलोचनाविषयक पुस्तकें विद्यमान हों। यह तब और भी प्रासंगिक हो जाता है, जब उन्हें एक ओर 'जनकवि दिनकर' (सत्यकाम वर्मा), 'राष्ट्रकवि दिनकर' (गोपाल राय), 'महाकवि दिनकर' (विमल कुमार), 'युगचेता दिनकर' (राजपाल शर्मा) 'युगचारण कवि' (सावित्री सिन्हा), 'दिनकर : एक सहज पुरुष' (शिवसागर मिश्र) के रूप में स्मरण किया जाता हो और साथ ही इनके अतिरिक्त कमोबेश तीन दर्जन शोधप्रबन्धों में राष्ट्रीय एवं अन्तरराष्ट्रीय कवियों के साथ तुलना के बिन्दु तलाशते हुए उनके तुलनात्मक मूल्यांकन के प्रयास किये गये हों, जहाँ *कालिदास, कुसुमाग्रज, वल्लतोल नारायण मेनन, सुब्रमण्यम भारती, मैथिलीशरण गुप्त, जयशंकर प्रसाद, सूर्यकान्त त्रिपाठी निराला, बालकृष्ण शर्मा नवीन, माखनलाल चतुर्वेदी, इक़बाल, आज़ाद, फ़ैज़, जोश मलीहाबादी* इत्यादि कवियों के साथ रखकर उनके साहित्य का मूल्यांकन किया गया हो, तो दूसरी ओर 'दिग्भ्रमित राष्ट्रकवि' (कामेश्वर शर्मा), 'धूप-छाँही दिनकर' (प्रो. शंभुनाथ) 'गाँधी युग की राष्ट्रीयता का कवि', 'भारतीय राजनीति की आतंकवादी धारा के सबसे बड़े साहित्यिक प्रतिनिधि', 'जन्मजात आतंकवादी, हिंसावादी और विध्वंसवादी' के रूप में भी जाँचने-परखने का उपक्रम किया जाता हो। 'रश्मिरथी' की रचना को 'द्विवेदीयुग की ओर प्रत्यावर्तन' के साथ अन्य रचनाओं के क्रम में 'सामाजिक चेतनावाले कवि का अधःपतन', बापू एवं गाँधी जी के निधन पर लिखी दिनकर की अन्य कविताओं को 'मगरमच्छ के आँसू', जैसे विशेषणों से नवाज़े जाने सहित, प्रशंसा और आलोचना के दोनों छोरों को छूनेवाले दिनकर का वस्तुपरक, तटस्थ एवं निष्पक्ष आकलन अपेक्षित है।

आधुनिक हिन्दी कविता के विकासक्रम में छायावादोत्तर काल में गुण-परिमाण, प्रभाव, लोकप्रियता आदि के निकष पर यदि अनायास किसी कवि का नाम सहसा स्मरण हो आता है, वह खड़ीबोली कविता के सर्वाधिक ऊर्जस्वित एवं प्रखर राष्ट्रीय एवं सांस्कृतिक चेतनासम्पन्न कवि के रूप में रामधारी सिंह 'दिनकर' का उल्लेख किया जा सकता है, जो मैथिलीशरण गुप्त के परवर्ती कवियों,

जयशंकर प्रसाद, सूर्यकान्त त्रिपाठी निराला, सुमित्रानन्दन पन्त और महादेवी वर्मा के पश्चात् लोकप्रियता की व्यापक कसौटी पर सभी (विशेषतया युवा वर्ग) का ध्यान आकृष्ट करनेवाले कवि हैं! द्विवेदीयुगीन आदर्शवादी एवं छायावादयुगीन स्वछन्दतावादी कविता के मिलेजुले समन्वित काव्यरूप को नवीनता एवं नव्यता के कलेवर में प्रस्तुत करनेवाले दिनकर आधुनिक हिन्दी कविता के उल्लेखनीय कवि हैं। वे 'सुमित्रानन्दन पन्त की कल्पना को मैथिलीशरण गुप्त की भाषा में' प्रस्तुत करने के अभिलाषी थे। 'चक्रवाल' की लम्बी भूमिका में इस बात का उल्लेख करते हुए दिनकर ने कहा है :

> *"मेरी वेदना अभिव्यक्ति की वेदना थी और मेरे सम्मुख जो चुनाव था, वह क्लासिक और रोमांटिक अथवा द्विवेदी युग और छायावादी काल या मैथिलीशरण और सुमित्रानन्दन पन्त के बीच था। अनुभूतियाँ और भाव तो मुझे छायावादियों के ही अच्छे लगते थे, किन्तु अभिव्यक्ति की सफ़ाई मैं वह चाहता था, जो मैथिलीशरण गुप्त और रामनरेश त्रिपाठी में निखरी थी। —कदाचित्, पन्त के सपनों को मैं मैथिलीशरण की सफ़ाई से लिखना चाहता था, किन्तु जोख़िम इसमें यह था कि दोनों को मिलाने से या तो पन्त के सपने घायल होते थे या मैथिलीशरण के मार्ग पर मिहिका छा जाती थी।"* (चक्रवाल, भूमिका, पृ. 35)

दोनों के बीच राह बनाते हुए, दोनों में सन्तुलन बिठाते हुए दिनकर में यथार्थपरक अभिव्यक्ति का परिपक्व, प्रौढ़ एवं सन्तुलित रूप दिखाई देता है, जिसके कारण वे आधुनिक हिन्दी कविता में ओज के प्रतिनिधि कवि हैं, तो रोमेंटिक भावाभिव्यक्ति के भी महत्त्वपूर्ण कवि कहे जा सकते हैं। दिनकर की रचनाओं पर दृष्टिपात करें, तो दिनकर का कवि व्यक्तित्व स्पष्टतः दो भागों में विभक्त दिखाई देता है—पहला, 'वज्रादपि कठोराणि' के समान 'रेणुका', 'हुंकार', 'कुरुक्षेत्र', 'रश्मिरथी', 'परशुराम की प्रतीक्षा' का सहज, स्वाभाविक, ओजस्वी और क्रान्तिकारी भावनाओं की अभिव्यक्ति करनेवाला 'आग का कवि', दूसरा, 'मृदूनि कुसुमादणि' के समान 'रसवन्ती' एवं 'उर्वशी' का सुचिन्तित, सुविचारित, मनोविज्ञान संवलित कोमलकान्त पदावली में सुकुमार अभिव्यक्ति करने वाला 'राग का कवि'। 'आग' और 'राग' के द्वित्व में विभक्त दिनकर की प्रखर राष्ट्रीय चेतनावाली कविताओं पर द्विवेदीयुग का प्रभाव (विशेषतः मैथिलीशरण गुप्त का) दृष्टिगत होता है, तो सांस्कृतिक चेतनाप्रवाह से समन्वित सुकुमार-कोमल अभिव्यक्तिपरक कविताओं पर छायावादी कविता (प्रमुखतः जयशंकर प्रसाद का) का प्रभाव स्पष्टतः परिलक्षित होता है। इनके अतिरिक्त उनकी गद्य रचनाएँ उन्हें

एक अध्ययनशील-चिन्तनशील विचारक के रूप में प्रतिष्ठित करती हैं। वस्तुतः, सहज कवि, सुविचारित कवि और अध्ययनशील-चिन्तनशील विचारक के त्रित से निर्मित दिनकर का साहित्यकार व्यक्तित्व प्रमुखतः सहज कवि ('रेणुका', 'हुंकार', 'कुरुक्षेत्र', 'रश्मिरथी', 'परशुराम की प्रतीक्षा' के सहज कवि) के रूप में अधिक वरेण्य है, भले ही उनको ज्ञानपीठ सम्मान 'उर्वशी' पर प्राप्त हुआ हो। वैसे भी पुरस्कार कभी भी काव्यप्रतिभा के निकष नहीं (इस दृष्टि से हिन्दी में 'निराला' और अज्ञेय, की तुलना करने से यह तथ्य प्रमाणित हो सकता है। एक बिना पुरस्कारवाला कवि, दूसरा सर्वाधिक पुरस्कारवाला कवि, पर कवि के रूप में अज्ञेय निराला से किसी रूप में तुलनीय कवि नहीं हो सकते।) कहे जा सकते, यद्यपि कवि की स्वीकारपरक लोकप्रियता में उनका योगदान अवश्य कहा जा सकता है। दिनकर 'उर्वशी' और रसवन्ती के प्रतीक कवि हो सकते हैं, पर वे प्रतिनिधि कवि 'रेणुका', 'हुंकार', 'कुरुक्षेत्र', 'रश्मिरथी', 'परशुराम की प्रतीक्षा' के ही कहे जायेंगे। 'चक्रवाल' की भूमिका में वे कहते हैं :

> *"मैं कला के सामाजिक पक्ष का प्रेमी अवश्य बन गया था, किन्तु मेरा मन भी चाहता था कि गर्जन-तर्जन से दूर रहूँ और केवल ऐसी कविताएँ लिखूँ, जिनमें कोमलता और कल्पना का उभार हो और सुयश तो मुझे 'हुंकार' से ही मिला। आत्मा मेरी अभी भी 'रसवन्ती' में बसती है। राष्ट्रीयता मेरे व्यक्तित्व के भीतर नहीं जन्मी, उसने बाहर से आकर मुझे आक्रान्त किया है।"* ('चक्रवाल' की भूमिका, पृष्ठ 31-33)

इस क्रम में विचारणीय है कि दिनकर ने स्वयं अपनी सर्वश्रेष्ठ रचना 'कुरुक्षेत्र' को स्वीकार की है, उर्वशी को नहीं। भले ही उर्वशी में सहज अनुभूति के दर्शन होते है, उसमें प्रणय की अभिव्यक्ति प्रांजल, आकर्षक, मोहक एवं प्रभावी है, उसका शिल्प भी बहुत आकर्षक है, प्रतीकात्मकता भी अत्यन्त उल्लेखनीय और समीचीन है, उसमें दर्शन की व्यापक अन्विति दृष्टिगत होती है, पर दिनकर के नाम के अनुरूप 'कुरुक्षेत्र' अनुभूतिपूर्ण ज्वालामयी अभिव्यक्ति में उनकी प्रतिनिधि रचना है, जिसमें उनका 'दिनकर' होना अधिक सार्थक और प्रामाणिक सिद्ध होता है। कहा जा सकता है कि दिनकर मूलतः ओज के स्वाभाविक कवि हैं, जहाँ उनकी काव्यप्रतिभा 'रेणुका' से 'परशुराम की प्रतीक्षा' तक अनायास प्रवाहित होती हुई दिखाई देती है। इस रूप में काव्यरचना की ओजपरम्परा की सहज, स्वाभाविक अभिव्यक्ति के रूप में 'रश्मिरथी' को दिनकर की उल्लेखनीय रचना माना जा सकता है, जिसमें उनका 'कुरुक्षेत्रवाला' ज्वालपुंज अपने 'दिनकरत्व' के वैशिष्ट्य के साथ विद्यमान है। राष्ट्रीय सांस्कृतिक काव्यधारा के उल्लेखनीय कवि दिनकर किसी 'वाद' में नहीं बँधे :

"दिनकर वस्तुतः किसी वाद के पक्षधर नहीं हैं। यदि उनकी कृतियों पर दृष्टि डालें, तो 'रेणुका' का अतीत गौरवगान, 'हुंकार' का वर्तमान परिवेश के प्रति असन्तोष, 'रसवन्ती' का रसवर्षी सौन्दर्य, 'सामधेनी' की विश्वचेतना, 'नीलकुसुम' में नयी काव्यधारा, अपनाने की लालसा, 'कुरुक्षेत्र', 'रश्मिरथी' तथा 'उर्वशी' में वेद-पुराणादि से सामग्री लेकर विचार प्रस्थापन शैली आदि सभी को हम किसी एक वाद से नहीं बाँध सकते।"

(मोहन अवस्थी, हिन्दी साहित्य का विवेचनामक इतिहास, पृष्ठ 333)

घोषित रूप से प्रगतिवादी नहीं कहलाये जाने के बावजूद दिनकर की अनेक प्रगतिशील कविताएँ (*'क़लम आज उनकी जय बोल', 'जीना है तो मरने से नहीं डरो रे', 'हो कहाँ, अग्निधर्मा ऋषियों', 'सिंहासन ख़ाली करो कि जनता आती है', 'दहक रही मिट्टी स्वदेश की खौल रहा गंगा का पानी', 'हटो व्योम के मेघ पन्थ से स्वर्ग लूटने हम आते हैं', 'श्वानों को मिलता दूध-वस्त्र भूखे बच्चे अकुलाते हैं', 'जेठ हो कि हो पूस, हमारे कृषकों को आराम नहीं है,' 'भारत धूलों से भरा, आँसुओं से गीला', 'समर शेष है', 'नहीं पाप का भागी केवल व्याध', 'मानव जब ज़ोर लगाता है, पत्थर पानी बन जाता है', 'लोहे के पेड़ हरे होंगे'* इत्यादि) प्रगतिवाद की व्यापक पीठिका के निर्माण में बहुत महत्त्वपूर्ण योगदान करती हैं। प्रशस्तिमूलक, उपाधिमूलक आलोचना ग्रन्थों की बात छोड़ दें (यद्यपि व्यापक सूचनाएँ एवं सामग्री संकलन के स्फीत प्रयास के कारण उनका अपना अलग महत्त्व है), तो दिनकर की अधिकतर आलोचनाएँ वादबद्ध रूप से की गयी हैं। वादबद्ध आलोचना की अपनी बाध्यताएँ और मान्यताएँ रचनाओं के साथ सम्यक् न्याय नहीं कर पातीं। हमारा मन्तव्य यहाँ 'रश्मिरथी' के पुनःपाठ से सम्बद्ध है, क्योंकि 'रश्मिरथी' के आलोक में 'दिनकर' के रचनात्मक वैशिष्ट्य का मूल्यांकन किया जाना अपेक्षित है, अतएव उसी सन्दर्भ में बात को सीमित करना प्रासंगिक होगा।

'रश्मिरथी', सन् 1952 ई. में प्रकाशित 'दिनकर' की प्रसिद्ध एवं लोकप्रिय रचना है, जिसका ताना-बाना सात सर्गीय खण्डकाव्य के रूप में बुना गया है। रचना का नायक महाभारत का अति ऊर्जावान और एक तेजस्वी पात्र कर्ण को केन्द्र में रखकर जिस तरह से कथा का विस्तार किया गया है, उसमें प्रसंगानुकूल महाभारत के सभी प्रमुख पात्रों का समावेश होता है, पर कर्ण के चरित्र को उन सबके बीच कलात्मक ढंग से प्रमुखता के साथ उभारा गया है। सातों सर्गों की कथा को क्रमशः, कर्ण का शौर्य प्रदर्शन, परशुराम से शिक्षा-प्राप्ति के क्रम में आश्रम में वास, हस्तिनापुर में जाकर कृष्ण का सन्देश, महादानी कर्ण की दानवीरता, माता कुन्ती से कर्ण का सामना, विनती और साक्षात्कार,

कर्णसहित महारथियों का शक्ति परीक्षण तथा कर्ण का महाबलिदान के रूप में रेखांकित किया जा सकता है। इन सब में है प्रमुख कर्ण का चरित्र, जो सूर्य की किरणों के रथ पर सवार होने के कारण रश्मिरथी कहलाता है। रश्मिरथी में कर्ण को इसमें कर्ण की चारित्रिक विशेषताओं के साथ उसके मानसिक द्वन्द्व को व्यापक फलक पर प्रतिष्ठापित करते हुए उसके जीवन की विडम्बनाओं को उजागर कर विविध पक्षों का जीवन्त चित्रण प्रस्तुत किया गया है। रश्मिरथी को दिनकर की प्रगतिशील सामाजिक चेतना का सहज, स्वाभाविक एवं प्रभावी उद्घोष कहा जा सकता है, क्योंकि कर्ण का चरित्र एवं व्यक्तित्व एक ऐसे अपराजेय पौरुष एवं जाज्वल्यमान नायकत्व का प्रतीक है, जिसके तेज़ और प्रताप के समक्ष नैतिकता और आदर्श के आवरण में आवेष्टित पाखण्ड, सामाजिकता की दुहाई देती विडम्बनाएँ, और मनुष्य जीवन की विविध विषमताएँ खण्ड-खण्ड होकर बिखर जाती हैं। कर्ण के ऊर्जस्वित नायकत्व के रूप दिनकर को एक ऐसा पात्र मिल गया, जिसके माध्यम से उन्होंने कर्ण को अनेक सामाजिक विमर्शों का प्रतीक बनाकर प्रस्तुत कर दिया है।

'रश्मिरथी' में दिनकर ने कर्ण के चरित्र को उठाया है, 'महाभारत' के कथानक से, क्योंकि वे जिस सांस्कृतिक राष्ट्रवाद की भावना से ओतप्रोत काव्यसर्जन के आग्रही रहे हैं, वह 'महाभारत' से इतर अन्यत्र कहाँ उपलब्ध हो सकता था। दिनकर ने अनेक स्थानों पर इस तथ्य का उल्लेख भी किया है– *"–'यन्न भारते तन्न भारते,' अब भी खोखली नहीं हुई है।"* (कुरुक्षेत्र के आन्तरिक पृष्ठ पर) स्वाभाविक रूप से काव्यरचना के लिए अनेक हिन्दी कवियों का उपजीव्य ग्रन्थ 'महाभारत' ही रहा है, जिनमें मैथिलीशरण गुप्त और 'दिनकर' के नाम प्रमुख हैं। बावजूद इसके कर्ण के तेजोमय व्यक्तित्व को परिभाषित करने के लिए दिनकर ने कमोबेश आठवीं शताब्दी के संस्कृत कवि भट्टनारायण के प्रसिद्ध नाटक 'वेणीसंहार' के एक छन्द का सहारा लिया है :

सूतो वा सूतपुत्रो वा यो वा को वा भवाम्यहम्।
दैवायतं कुले जन्मः मदायत्तं तु पौरुषम्॥

(भट्टनारायण, वेणीसंहार, अंक 3/37)

(मैं चाहे सूत हूँ या सूतपुत्र, अथवा कोई और। किसी कुल-विशेष में जन्म लेना तो दैव के अधीन है, लेकिन मेरे पास जो पौरुष है उसे मैंने अर्जित किया है)।

यह छन्द 'वेणीसंहार' के तृतीय सर्ग से उद्धृत है। इस छन्द को 'दिनकर' ने 'रश्मिरथी' के आन्तरिक आवरण पृष्ठ पर अपने कवि नाम के नीचे प्रमुखता

से उद्धृत किया है। यद्यपि 'वेणीसंहार' का उपजीव्य स्वयं 'महाभारत' ही है, पर दिनकर ने कर्ण के चारित्रिक वैशिष्ट्य को परिभाषित करने के लिए 'वेणीसंहार' के उक्त जिस छन्द का सहारा लिया है, वह न केवल कर्ण के सम्पूर्ण व्यक्तित्व को परिभाषित (*'दैवायतं कुले जन्मः मदायत्तं तु पौरुषम्'*, कहकर कर्ण ने अपने पौरुष से अर्जित एवं पराक्रम से संचित पूरे व्यक्तित्व को परिभाषित कर दिया है।) करता है, वरन् 'रश्मिरथी' की रचना के पीछे कवि के मन्तव्य एवं प्रयोजन का भी स्पष्ट संकेत करता है। इस रचना के माध्यम से कर्ण के स्वत्व, पौरुष, आत्मबल, स्वाभिमान एवं तेज जैसे वैशिष्ट्य को परिभाषित करने के क्रम में कथात्मकता की सामान्य भावभूमि से बहुत ऊपर उठाकर उसे नैतिकता, आदर्श और विश्वसनीयता की व्यापक पीठिका पर स्थापित करते हुए उसको पौरुष का प्रतीक पात्र बनाकर प्रस्तुत किया है। 'रश्मिरथी' में कर्ण के बहाने दिनकर ने परिवार, समाज, व्यक्ति, जीवन की परिधि में आनेवाले समस्त सम्बन्धों, रिश्ते-नातों के प्रतिमानों को यथार्थ के धरातल पर तौलते हुए उनके निकष को बदल दिया है। इसके साथ ही, वस्तुतः यही वह दृष्टि है, जहाँ 'रश्मिरथी' का नायक कर्ण बहुत दृढ़ता के साथ अपने आत्मबल और पौरुष का आख्यान करता है, जहाँ 'महाभारत' के इस मिथकीय पात्र को आज के समसामयिक सन्दर्भों में रखकर कवि ने वाद-विवाद और संवाद के सहारे कई विमर्शों की व्यापक पीठिका तैयार कर दी है। कर्ण के बहाने दिनकर ने प्रसंग के अनुरूप अपने विचार भी प्रकट किये हैं, जिनसे उनकी काव्यात्मक प्रतिबद्धता भी स्पष्ट होती है, उनकी वक्तृत्वकला का भी अनुमान होता है। 'रश्मिरथी' को पढ़ते हुए जिन-जिन पक्षों को प्रमुखता से रेखांकित किया जा सकता है, उनमें सबसे प्रमुख है शूरवीर, दानवीर, अपरिमित बलशाली, अपराजेय योद्धा कर्ण का महारथीवाला विराट व्यक्तित्व, जिसका भव्य चित्रांकन करना कवि का अभिप्रेत है। दूसरा प्रमुख पक्ष है सम्बन्धों की अनबूझ पहेली की जटिलता में कर्ण की उलझी हुई ज़िन्दगी का अन्तर्द्वन्द्व, जिसमें उलझकर वह जीवन भर अस्तित्व की लड़ाई लड़ता रहा। तीसरा उल्लेखनीय पक्ष, जो कदाचित् सर्वाधिक महत्त्वपूर्ण और प्रासंगिक है, कर्ण का सूतपूत्र कहलाने का दंश, जिसकी चुभन लिए वह जीवन भर मान-अपमान की लड़ाई लड़ता रहा। 'रश्मिरथी' का पूरा ताना-बाना इन्हीं पक्षों के इर्दगिर्द घूमता है, जिन्हें आज के सन्दर्भों में रखकर परखने का काम कवि ने बख़ूबी किया है। अनेक विषम परिस्थितियों के मध्य कर्ण का एक अजेय, अपराजेय योद्धा के रूप में सर्वोपरि होने की अदम्य आकांक्षा और संसार में अपने अपरिमित शौर्य एवं प्रताप का यशोगान करवाने की प्रबल

कामना उसके दीप्ति शौर्य का प्रत्यक्ष प्रमाण है। कर्ण का अदम्य साहस, असीम अभीप्सा और स्वाभिमान देखते ही बनता है :

मही का सूर्य होना चाहता हूँ,
विभा का तूर्य होना चाहता हूँ।
समय को चाहता हूँ दास करना,
अभय हो मृत्यु का उपहास करना।

समूचा सिन्धु पीना चाहता हूँ,
धधक कर आज जीना चाहता हूँ,
समय को बन्द करके एक क्षण में,
चमकना चाहता हूँ हो सघन मैं।

आरम्भ से लेकर अन्तिम क्षण तक कर्ण के जीवन में अन्तर्द्वन्द्व बहुत है। दिनकर ने कर्ण के जीवन की विडम्बनाओं, विसंगतियों, त्रासदियों के माध्यम से सारे सामाजिक और पारिवारिक सम्बन्धों को नये सिरे से जाँचा है। गुरु-शिष्य, माता-पुत्र, कुलीन-अकुलीन, परिवार-गोत्र, मैत्री-सम्बन्ध, राजा-प्रजा, अविवाहित माता कहलाने की त्रासदी, मातृ-पितृनामविहीन सन्तति के जीवन की घोर विडम्बनाएँ, उसकी सामाजिक उपेक्षा, जीवन के प्रत्येक क्षेत्र में मान-अपमान का संकट, उसके साथ होनेवाले छल-प्रपंच, धोखे, कपट के खेल और सबसे बढ़कर उसके दलित कुलगोत्र में पैदा होने से बार-बार सूत-पुत्र कहे जाने का दंश और जातिगत अपमान की अन्तहीन पीड़ा के अवसाद से उपजे दारुण त्रास के बहाने दलित संवेदन को गहराई से उभारनेवाले कवि दिनकर ने समस्त पारिवारिक-सामाजिक सम्बन्धों को पुनःपरिभाषित करते हुए उसे समसामयिक आज के युगपरिवेश के लिए न केवल प्रासंगिक बना दिया है, वरन् दलित-विमर्श जैसे बहुत ज्वलन्त साहित्यधारा में एक चुनौती प्रस्तुत करते हुए दलित साहित्यलेखन के क्रम में दलित बनाम ग़ैर-दलित जैसे विवाद पर सार्थक बहस की दिशा भी निर्धारित करने का उपक्रम किया है। जाति-धर्म-वर्ग-समुदाय-ऊँच-नीच की कठोर परिधि का घेरा निर्मित कर उपेक्षितों का शोषण करनेवाले उच्चवर्गीय कुलीनजन के लिए कर्ण की ललकार न केवल तिलमिला देनेवाली है, बल्कि तेज़ाबी शब्दप्रहार के माध्यम से उनके अस्तित्व पर चोट कर उसे झकझोर देनेवाली है। कर्ण उन्हें चुनौती देता है, जो समाज के नियन्ता समझे जाते हैं और जाति-धर्म-वर्ग की उच्चता को ही व्यक्ति के सर्वोपरि होने का निकष मानते हैं। उसकी चुनौती द्रष्टव्य है :

मस्तक ऊँचा किये, जाति का नाम लिये चलते हो,
पर, अधर्ममय शोषण के बल से सुख में पलते हो।
अधम जातियों से थर-थर काँपते तुम्हारे प्राण,
छल से माँग लिया करते हो अँगूठे का दान।

युद्धक्षेत्र में अपने शत्रुपक्ष से यौद्धिक प्रतिस्पर्धा में खड़े एक अप्रतिम योद्धा के लिए अपने शौर्यबल से संवलित उसका पराक्रम और युद्धकौशल में निपुणता ही उसका वास्तविक परिचय होता है, युद्धकला में पारंगत अतुलित ओजसम्पन्नता ही उसका अलंकरण और आभूषण है :

पूछो मेरी जाति, शक्ति हो तो, मेरे भुजबल से
रवि-समान दीपित ललाट से और कवच-कुण्डल से,
पढ़ो उसे जो झलक रहा है मुझमें तेज़-प्रकाश,
मेरे रोम-रोम में अंकित है मेरा इतिहास।

मूल जानना बड़ा कठिन हैं नदियों का, वीरों का,
धनुष छोड़ कर और गोत्र क्या होता रणधीरों का?
पाते हैं सम्मान तपोबल से भूतल पर शूर,
'जाति-जाति' का शोर मचाते केवल कायर क्रूर।

इन सबके बाद जाति-धर्म-कुल-गोत्र आदि उसके स्थूल विवरण का कोई अर्थ नहीं रह जाता। न्यायसंगत यही है कि किसी योद्धा के मूल्यांकन की कसौटी उसका पराक्रम और शौर्य ही हो, क्योंकि बाक़ी सब बेमानी, बेमतलब हैं। रश्मिरथी के माध्यम से ऐसा सन्देश विवृत होता है, जिसे दिनकर ने अपने देश और समाज के समसामयिक सन्दर्भों में एकदम प्रासंगिक बनाकर प्रस्तुत किया है :

किसने देखा नहीं, कर्ण जब निकल भीड़ से आया,
अनायास आतंक एक सम्पूर्ण सभा पर छाया।
कर्ण भले ही सूत्रपुत्र हो, अथवा श्वपच, चमार,
मलिन, मगर, इसके आगे हैं सारे राजकुमार।

तेजस्वी सम्मान खोजते नहीं गोत्र बतला के,
पाते हैं जग में प्रशस्ति अपना करतब दिखला के।
हीन मूल की ओर देख जग ग़लत कहे या ठीक,
वीर खींच कर ही रहते हैं इतिहासों में लीक।

संस्कृत की प्रसिद्ध सूक्ति का अनायास ही स्मरण हो आता है :

"उद्योगिनं पुरुषः सिंहमुपैति लक्ष्मी,
दैवमेति कापुरुषाः वदन्ति।
दैवं निहत्य कुरु पौरुषमात्मशक्त्या।
यत्नेकृते यदि न सिद्धयति कोऽत्र दोषः।"

'रश्मिरथी' में कर्ण के माध्यम से दलितचेतना और दलित संवेदना के महत्त्वपूर्ण पक्ष को सामाजिक संरचना की परिधि पर पड़े हाशिए के पात्र को चर्चा-परिचर्चा के केन्द्र में लाकर युग-सन्दर्भों में प्रासंगिक बनाते हुए दलितवर्ग की मुक्तिचेतना का स्वर मुखरित करने के सार्थक प्रयास का परिणाम 'रश्मिरथी' को कहा जा सकता है। 'रश्मिरथी' की रचनात्मकता एवं उसके उद्देश्य को सही रूप में समझने के लिए उसकी भूमिका बहुत महत्त्वपूर्ण कही जानी चाहिए, जहाँ दिनकर कहते है,

"...मुझे इस बात का सन्तोष है कि अपने अध्ययन और मनन से मैं कर्ण के चरित को जैसा समझ सका हूँ, वह इस काव्य में ठीक से उतर आया है और उसके वर्णन के बहाने मैं अपने समय और समाज के विषय में जो कुछ कहना चाहता था, उसके अवसर भी मुझे यथास्थान मिल गये हैं।...यह युग दलितों और उपेक्षितों के उद्धार का युग है। अतएव, यह बहुत स्वाभाविक है कि राष्ट्र-भारती के जागरूक कवियों का ध्यान उस चरित की ओर जाये जो हज़ारों वर्षों से हमारे सामने उपेक्षित एवं कलंकित मानवता का मूक प्रतीक बनकर खड़ा रहा है।" ('रश्मिरथी', भूमिका से)

अपनी काव्यरचना के लिए परम्परागत भारतीय क्लासिकल रचनाओं से पोषण और सूत्र ग्रहण करनेवाले दिनकर मिथकीय पारम्परिक चरित्रों को समसामयिक आधुनिक सन्दर्भों में रखकर, उन्हें युगपरिवेश के साथ जोड़कर प्रासंगिक बना देनेवाले अनुपमेय कवि हैं। स्वभावतः उन्हें परम्परा और आधुनिकता में सामंजस्य स्थापित करनेवाले कवि के रूप में स्वीकार किया जाना चाहिए। इस दृष्टि से 'रश्मिरथी' भी दिनकर की प्रतीक रचना है। आधुनिक हिन्दी कविता के विकासक्रम में भारतीय क्लासिक रचनाओं (विशेषतया संस्कृत साहित्य) से मिथकीय चरित्रों को युग-परिवेश के अनुरूप समसामयिक बनाकर आधुनिक सन्दर्भों में देश, समाज, राष्ट्र की ज्वलन्त समस्याओं और मुद्दों के परिप्रेक्ष्य में प्रस्तुत करने का व्यापक प्रयास दिखाई देता है। यद्यपि इसका आरम्भ द्विवेदीयुगीन कुछ रचनाओं से माना जा सकता है, पर स्वातन्त्र्योत्तर हिन्दी कविता में इस तरह के अनेक नवीन और सफल प्रयोग दृष्टिगत होते हैं।

आधुनिककाल के भारतीय इतिहास में नवजागरण के उपरान्त देश में जब स्वतन्त्रता का संघर्ष तीव्रगति से आरम्भ हुआ, तब देश में जो समस्याएँ प्रमुखता से देश और समाज के सामने विद्यमान थीं, उनका स्वाभाविक उल्लेख तत्कालीन हिन्दी साहित्य में व्यापक रूप में दिखाई देता है। नवजागरण के क्रोड़ से उपजे मुद्दों और समस्याओं की प्रतिध्वनि आधुनिक हिन्दी साहित्य के आरम्भिक युग और परवर्तीकाल में प्रमुखता से सुनाई देती है। स्वदेशप्रेम संवलित राष्ट्रीय अखण्डता एवं राष्ट्रीयता के सन्दर्भ में जनजागरण की भावना का प्रसार, सामाजिक असमानता, तरुणोचित विद्रोह की भावना से युक्त युवाओं की समाजविमुखता, सामान्य शिक्षा के साथ-साथ स्त्री शिक्षा की स्थिति, सामाजिक न्याय, वर्गभेद एवं अन्य सामाजिक विषमताएँ इस दृष्टि से रेखांकित की जा सकती हैं। इन्हीं के परिप्रेक्ष्य में प्रबन्धात्मक एवं खण्डकाव्यात्मक अनेक ऐसी काव्यरचनाएँ दिखाई देती हैं, जिनके माध्यम से इन समस्याओं को न केवल उठाया गया, वरन् उनके अनुकूल समाधान की दिशा में भी संकेत करने का उपक्रम इन रचनाओं के माध्यम से किया गया। यद्यपि समसामयिक सन्दर्भों में नवीन भावबोध के साथ युगचेतना से अनुप्राणित काव्यकृतियों का प्रकाशन खड़ीबोली में काव्यरचनाओं के माध्यम से द्विवेदीयुग के आरम्भ के साथ ही हो गया था, जिसका क्रम परवर्ती समय में भी अनवरत चलता रहा। इस दृष्टि से जो परम्परा 'प्रियप्रवास' (अयोध्यासिंह उपाध्याय हरिऔध) से आरम्भ होती है, उसके अन्तःसूत्र 'साकेत' (मैथिलीशरण गुप्त), 'कामायनी' (जयशंकर प्रसाद), 'कुरुक्षेत्र', 'उर्वशी' (रामधारी सिंह दिनकर) आदि रचनाओं तक प्रसरित देखे जा सकते हैं।

बावजूद इसके मनोविज्ञान और दर्शन के धरातल पर मिथकीय चरित्रों के साथ आधुनिक भावबोधसम्पन्न रचनाओं का आरम्भ स्वातन्त्र्योत्तरकाल में होता है। इस दृष्टि से जिन दो रचनाओं का विशेष उल्लेख किया जाना चाहिए, वे हैं दिनकर की 'रश्मिरथी' (सन् 1952 ई.) एवं धर्मवीर भारती (सन् 1954 ई.) की 'अन्धायुग'। दोनों रचनाएँ कमोबेश एक ही (प्रकाशनकाल से थोड़ा आगे-पीछे प्रकाश में आनेवाली रचनाएँ होने के बावजूद रचनात्मक कालखण्ड एवं परिवेशगत सन्दर्भ लगभग एक ही है) परिवेश और परिस्थिति की उपज कही जा सकती हैं। 'रश्मिरथी' में जहाँ दिनकर ने कर्ण जैसे महापराक्रमी जीवन्त पात्र के जीवन के विविध घटनाक्रमों को केन्द्र में रखकर उन्हें आधुनिक समस्याओं और सरोकारों से जोड़ते हुए 'रश्मिरथी' को एक प्रासंगिक रचना के रूप में प्रस्तुत किया है, वहीं धर्मवीर भारती ने 'अन्धायुग' में अनेक महत्त्वपूर्ण पात्रों एवं घटनाओं के माध्यम से उन्हें आज के सन्दर्भों में व्यापक भावभूमि पर प्रस्तुत किया है।

ऐसी रचनाओं के माध्यम से आधुनिककालीन सामाजिक, राजनीतिक अनेक समस्याओं के आलोक में बहुत आक्रोशपूर्ण स्वर की व्यापक अभिव्यक्ति का प्रसार देखा जा सकता है। आधुनिक काव्यरचना में 'महाभारत' जैसी क्लासिक रचना से विविध घटनाक्रमों, प्रसंगों को उठाकर उन्हें युगपरिवेश की समसामयिक परिस्थितियों एवं समस्याओं के परिप्रेक्ष्य में बहुत व्यापक स्तर पर आधुनिक सन्दर्भों में नवीन भावबोध से भर देने का कार्य धर्मवीर भारती ने अपनी प्रसिद्ध रचना 'अन्धायुग' के माध्यम से बहुत व्यापक रूप में किया। इस दृष्टि से अन्धायुग एक प्रस्थान रचना है, जिसमें द्वितीय विश्वयुद्ध की विभीषिका से उपजे वैश्विक अवसाद और सामाजिक-सांस्कृतिक रिक्तता के परिप्रेक्ष्य में संक्रान्तिकाल की व्याप्त नीरवता में अनेक सामाजिक समस्याओं को सामयिक सन्दर्भों से जोड़कर मनोविज्ञान के स्तर पर उठानेवाली काव्यरचना (मूलतः गीतिनाट्य) है। अस्तित्ववादी दर्शन से उपजे अनेक चिन्तनपरक सवालों और अँधेरा, घुटन, शंका, विभ्रम, कुण्ठा, सन्त्रास, अकेलापन, अजनबियत आदि पारिभाषिक शब्दावली की गम्भीर अर्थगत परिणति के क्रम में 'अन्धायुग' वैश्विक आयाम ग्रहण करनेवाली रचना है, वैश्विक घटनाक्रम के उस कालखण्ड में भारतीय सामाजिक, राजनीतिक सन्दर्भों में नैतिकता-अनैतिकता से उत्पन्न अनेक सवालों के आलोक में युगीन परिवेश की समग्रता में प्रस्तुत करने का सफल साहित्यिक उपक्रम कही जा सकती हैं 'अन्धायुग' जैसी कृतियाँ, जिसमें महाभारतकालीन घटनाओं और चरित्रों को समसामयिकता के सन्दर्भ में प्रासंगिक बनाकर प्रस्तुत कर देना धर्मवीर भारती की काव्यरचनात्मकता की सर्वोपरि उपलब्धि कही जा सकती है। मिथकीय चरित्रों के माध्यम से समसामयिक सन्दर्भों में राजनीतिक एवं सामाजिक समस्याओं, विडम्बनाओं से जोड़कर एक नवीन भावभूमि पर उनको प्रस्तुत करने की व्यापक पीठिका निर्मित करने की गरज से अन्धायुग उल्लेखनीय रचना कही जानी चाहिए, जिसने आगे आनेवाली अनेक काव्यरचनाओं को प्रेरित करने में भी महत्त्वपूर्ण भूमिका निभाई है।

स्वतन्त्रता के पश्चात हिन्दी साहित्य में मिथकीय पात्रों और चरित्रों के माध्यम से आधुनिक समसामयिक समस्याओं से जोड़कर उन्हें प्रासंगिक रूप में प्रस्तुत करने के क्रम में 'महाभारत' का जो पात्र या चरित्र हिन्दी कवियों को सर्वाधिक रूप से आकृष्ट करता है, वह कर्ण है। कर्ण के रूप में 'महाभारत' की कथा में एक ऐसा पात्र हमारे सामने विद्यमान है, जो हमारे समाज की अनेक समस्याओं, विसंगतियों, विडम्बनाओं, त्रासदियों से सीधे जुड़ता है और उनसे उपजे सवालों से टकराने का अवसर देता है। इस रूप में वह एक प्रतीक चरित्र कहा जा सकता है,

जिसका धरा पर अवतरण प्रकृति के सृष्टिकुंज की एक अनुपम, अलौकिक घटना है। दिनकर ने कर्ण का परिचय 'गुदड़ी में छिपा' लाल कह कर दिया है :

नहीं फूलते कुसुम मात्र राजाओं के उपवन में,
अमित बार खिलते वे पुर से दूर कुंज-कानन में।
समझे कौन रहस्य? प्रकृति का बड़ा अनोखा हाल,
गुदड़ी में रखती चुन-चुन कर बड़े क़ीमती लाल।

कर्ण के चरित्र को आधार बनाकर हिन्दी में अनेक रचनाएँ प्रस्तुत की गयी हैं, जिनमें कुछ तो 'रश्मिरथी' (सन् 1952 ई.) से पूर्व की रचनाएँ हैं और कुछ उसकी परवर्ती। इस क्रम में 'अंगराज कर्ण', आनन्दकुमार (सन् 1950 ई.), 'कर्ण', केदारनाथ मिश्र 'प्रभात' (सन् 1950 ई.), 'महारथी', मोहनलाल अवस्थी मोहन (सन् 1949-50 ई.—सन् 1953 ई.), 'कर्ण'-गीतिनाट्य, भगवतीचरण वर्मा (सन् 1954 ई.), 'सेनापति कर्ण', लक्ष्मीनारायण मिश्र (सन् 1958 ई.), 'दानवीर कर्ण', गुरु पद्‌म सेमवाल (सन् 1959 ई.), 'अभिशप्त महारथी', डॉ. मोहन अवस्थी (सन् 1975 ई.), 'मन्थन', गणपति शंकर (सन् 1972 ई.), 'सूर्यपुत्र', जगदीश चतुर्वेदी (सन् 1975 ई.), 'वीरगति', लक्ष्मीनारायण मिश्र (सन् 1976 ई.), 'कर्ण', वैजनाथ प्रसाद शुक्ल भव्य (सन् 1991 ई.), 'कालजयी', दिनेशचन्द्र द्विवेदी (सन् 1991 ई.), 'कर्ण', देवदत्त देव (सन् 1996 ई.), भारतीय भाषाओं में मराठी में शिवाजी सावंत का उपन्यास 'मृत्युंजय' (सन् 1967 ई. में प्रकाशित) कर्ण के चरित्र को बहुत व्यापक दृष्टिकोण के साथ प्रस्तुत करता है। इसी क्रम में कर्ण के चरित्र को व्यापकता देने के उद्देश्य से 'मृत्युंजय' ('मृत्युंजय' का अंग्रेज़ी अनुवाद, 'विक्ट्री ओवर डेथ' तथा 'डेथ कांकर', रंजीत देसाई की अनूदित कृति, 'कर्ण—द ग्रेट वैरियर' रचनाएँ कर्ण के चरित्र का वैश्विक प्रसार की दृष्टि से व्यापक आख्यान प्रस्तुत करती हुई महत्त्वपूर्ण रचनाएँ हैं) पर आधारित दूरदर्शन के लिए चन्द्रप्रकाश द्विवेदी द्वारा निर्मित (सन् 1976 ई.) वृत्तचित्र एवं अनुराग कश्यप द्वारा निर्देशित फ़िल्म 'गुलाल' में दिनकर की 'रश्मिरथी' के कुछ अंशों का प्रासंगिक उपयोग किया जाना लोकप्रियता एवं प्रसार की दृष्टि से उल्लेखनीय कहा जा सकता है, जो कर्ण के व्यक्तित्व का प्रासंगिक प्रभावी चित्रांकन करता है। उपर्युक्त सभी रचनाओं में कर्ण के व्यक्तित्व के अनेक पक्षों को बहुत विस्तार से प्रस्तुत करने के प्रयास उसके विराट पराक्रम को व्याख्यायित किये जाने के उद्देश्य से उल्लेखनीय कहे जा सकते हैं। प्रत्येक रचना प्रमुख रूप से कर्ण के किसी-न-किसी एक पक्ष को लेकर रचना को विस्तार देती है। इन रचनाओं पर दृष्टिपात करें, तो इनमें आये

हुए कर्ण-चरित्र के विविध रूप हमारे सामने आते हैं। उसके जितने नाम, उतने चरित्र काव्यरचना के विषय बनते हैं। विचार करें, तो वह राधेय (राधा का पुत्र) है, कौन्तेय (कुन्ती का पुत्र) भी, वह वैकर्तन (सूर्य का पुत्र) है, रश्मिरथी (सूर्य-किरणों के रथ पर सवार) भी, वह वासुसेन (धन-कवच-कुण्डल के साथ जन्म) है, सूर्यपुत्र (सूर्य का पुत्र) भी, वह परशुराम शिष्य भी है, अंगराज (अंगदेश का राजा) भी, वह विजयधारी (विजय धनुष का धारक) भी है, अधिरथी (अधिरथ का पुत्र) भी, वह दानवीर (महादानी) भी है, दानशूर (सच्चा योद्धा) भी, वह वृषा (सत्य और तपस्या में लीन) भी है, सौता (सारथी, सूतजाति) भी और अन्ततः वह सूतपुत्र (सूतपुत्र, सूत जाति में जन्म) तो है ही।

कर्ण महाभारत के अनेक उद्‌भट महारथियों में एक था, पर चारित्रिक स्वरूप की विविधता की दृष्टि से सम्भवतः वह पूरे कथानक में सबसे जटिल चरित्रवाला पात्र है। वह महावीर शूरवीर है, महादानी दानवीर है, महान् योद्धा धनुर्धर है, महान तेजवान ओजस्वी तथा प्रभावी व्यक्तित्व का धनी, महान् पराक्रमी भी है, वह सनातन वैदिक धर्मों का ज्ञाता होने के साथ ही, धर्मशास्त्रों के सूक्ष्म विषयों का परिनिष्ठित विद्वान् है। वह धर्मनीति भी जानता है, राजनीति भी समझता है, वह कर्मशील भी है, वह नीति-अनीति का भी ज्ञान रखता है, उसमें पुरुषार्थ भी है, अपराजेय पराक्रम भी है, वह दृढ़निश्चयी भी है, वह दूरदर्शी भी है, उसमें सत्यनिष्ठा, त्याग, समर्पण, कृतज्ञता, सौहार्द, सहिष्णुता, मैत्रीभाव, दृढ़ता, तपस्या, वचनबद्धता जैसे गुण विद्यमान हैं। कृष्ण उसकी प्रशंसा करते हैं :

त्वत्स्मं त्वद्विशिष्ठं वा कर्ण मन्येमहारथम् ॥
कर्णो हि बलवान दृप्त कृतास्त्रश्चमहारथः।
कृती च चित्रयोधी च देशकालस्यकोविदः।
तेजसा वह्नि सदृशो वायुवेग समो जवे।
अन्तकप्रतिमः क्रोधे सिंहसंहननो बली॥ *('महाभारत' कर्णपर्व)*

इतने गुणों के बावजूद उसमें मानवीय दुर्बलताएँ भी हैं, क्योंकि वह अतिमानव तो हो नहीं सकता। इसलिए महाभारत में उसकी अनेक मानवोचित दुर्बलताएँ भी चित्रित हैं, उसके दोष एवं अवगुणों का भी उल्लेख हुआ है। इतनी विशिष्टताओं के बावजूद कर्ण कहीं-कहीं उद्धत दिखाई देता है। यदि कोई उसकी आलोचना करता है, तो वह अपने आलोचक से क्रुद्ध होकर असहनशील हो जाता है। वह अपना अपमान करनेवाले के प्रति इतना क्रोधित हो जाता है कि प्रतिशोध की ज्वाला में जलने लगता है, जैसे उसने द्रौपदी के स्वयंवर में द्रौपदी द्वारा सूतपुत्र

को वरण नहीं करने की बात से तिलमिलाया हुआ कर्ण द्यूत क्रीड़ा के समय वहाँ द्रौपदी को अपशब्द भी कह देता है। धर्मव्रत, नीतिज्ञाता होकर भी चक्रव्यूह में घिरे अभिमन्यु को मारने में वह भी सम्मिलित होता है। शस्त्रविद्या की शिक्षा प्राप्ति के क्रम में वह परशुराम से झूठ बोलकर स्वयं को ब्राह्मण कहता है। द्वैतवन में चित्ररथ से पराजित होने पर युद्ध से पलायन करने की भी बात करता है।

कर्ण के जीवन की सबसे बड़ी विडम्बना और त्रासदी यह कही जा सकती है कि उसे अपने हिस्से का वह आदर और सम्मान नहीं मिला, जिसका वह स्वाभाविक अधिकारी और योग्यतम पात्र था। उसे पग-पग पर सदैव अकारण अपमानित होना पड़ा, वहाँ भी जहाँ उसका कोई दोष नहीं था। अनादर, अपमान और उपेक्षा जैसे सदा उसके साथ चलनेवाले अभिन्न सहचर बन गये थे। कृष्ण द्वारा राधेय नहीं, कौन्तेय कहे जाने पर वह बार-बार इन प्रश्नों से टकराता है—यदि वह कौन्तेय है, तो कुन्ती से दूर क्यों है, यदि वह पाण्डव है, तो उसे पाण्डवों का भ्रातृस्नेह क्यों नहीं प्राप्त होता, यदि वह सूर्यपुत्र है, तो अन्धकार उसकी नियति क्यों है, जहाँ वह भटकने के लिए अभिशप्त है। ये ऐसे प्रश्न (मराठी के प्रसिद्ध उपन्यासकार शिवाजी सावंत ने अपने उपन्यास 'मृत्युंजय' में इन प्रश्नों के सन्दर्भ में कर्ण के अन्तर्द्वन्द्व को बहुत विस्तार से चित्रित किया है) हैं, जिनका उत्तर कर्ण की ओर देखते हुए ढूँढ़ना सरल नहीं है। इन प्रश्नों में छिपे हुए पीड़ा के भाव कर्ण के मनोविज्ञान को विवृत करने के लिए पर्याप्त हैं। उसके जीवन की जटिलताएँ इतनी हैं कि सबकुछ होने के बावजूद वह निरीह है, अकेला है, कुण्ठित है, पूरे जीवन अन्तर्द्वन्द्व और त्रासदपूर्ण परिस्थितियों में जीने के लिए विवश है। आश्रम में परिस्थितिवश असत्य के सहारे शिक्षा ग्रहण के उपरान्त परशुराम के समक्ष प्रकट उसकी अन्तर्वेदना को देखें :

बता सका मैं नहीं इसी से प्रभो! जाति अपनी छोटी,
करें देव विश्वास, भावना और न थी कोई खोटी।
पर इतने से भी लज्जा में हाय, गड़ा-सा जाता हूँ,
मारे बिना हृदय में अपने-आप मरा-सा जाता हूँ।

कर्ण हमेशा स्वयं को छला हुआ, ठगा हुआ, ठुकराया हुआ, अपनी पहचान के संकट से जूझता हुआ सबसे अभागा और उलझा हुआ जटिल चरित्र है। कर्ण के जीवन में इतने मोड़ हैं, इतनी राहें हैं, इतने रंग हैं, इतनी विविधताएँ हैं, इतने शेड्स हैं, इतनी विडम्बनाएँ हैं कि वे सब अलग-अलग कथानकों के माध्यम से काव्यरचना/ साहित्यरचना का रोचक विषय बनकर अनेक कृतियों

में हमारे सामने उपस्थित हैं। यही कारण है कि कर्ण पर रचित अलग-अलग रचनाओं में उसके जीवन के अलग-अलग पक्ष प्रमुखता से मुखरित होते हैं। जहाँ 'महाभारत' में कर्ण के दुर्बल पक्षों को भी यथाप्रसंग विस्तार से प्रस्तुत किया गया है, वहीं सम्भवतः उपर्युक्त किसी भी रचना में कर्ण के दुर्बल पक्षों को रेखांकित नहीं किया गया है। उसके पीछे शुभकाव्यरचना की अवधारणा कार्य कर रही होगी। जब हम कर्ण जैसे किसी चरित्र को नायक की भूमिका में प्रस्तुत करते हैं, वह भी महानायक, अभिशप्त महारथी, महायोद्धा, महादानी, रश्मिरथी, सूर्यपुत्र आदि के रूप में, तब स्वभावतः उसके प्रति हमारी सहानुभूति रहती ही है। ऐसे में उसकी महानायकत्व की छविवाली मर्यादा के प्रतिकूल कुछ भी अनपेक्षित कहा जाना न्यायोचित नहीं। यही कारण है कि चाहे 'रश्मिरथी' हो या अन्य कोई रचना, कर्ण के व्यक्तित्व का कोई ऐसा पक्ष, जो उसकी तेजस्विता को क्षति पहुँचाते हों, उनसे बचा गया है। हालाँकि, *"एको हि दोषो गुण सन्निपाते, निमज्जतिंदोः किरणेष्विवाङ्कः,"* कह कर पात्र चरित्रचित्रण की अतिरंजना से बचा जा सकता है। वैसे भी चन्द्रमा का कलंक या दोष उसके सौन्दर्य को कम नहीं करता, अपितु बढ़ाता ही है। बावजूद इसके कर्ण के कलंक को कमोबेश सभी कवियों ने संकेत न करके उसके प्रति यथोचित सहानुभूति प्रदर्शित की है। 'रश्मिरथी' में भी दिनकर ने इस पक्ष का विशेष ध्यान रखा है कि कर्ण के जीवन का कोई भी अनपेक्षित पक्ष न उजागर हो, जो उसके व्यक्तित्व एवं प्रभामण्डल के प्रतिकूल हो। इसके पीछे कवि का यह मन्तव्य हो सकता है कि वह समसामयिक परिवेश में कर्ण के नायकत्व से जो सन्देश देना चाहता है, उस पर कोई प्रतिकूल प्रभाव न पड़े। 'रश्मिरथी' में कर्ण की महान वीर विराट योद्धा की छवि के साथ-साथ उसकी उपेक्षा भरी दारुण व्यथा-कथा का पक्ष प्रमुखता से व्याख्यायित किया गया है, जहाँ उसके जीवन से जुड़े विविध पक्षों को बहुत प्रभावी ढंग से उभारा गया है। कर्ण के प्रति परशुराम का कथन देखें :

तुम तो स्वयं दीप्त पौरुष हो, कवच और कुण्डल-धारी,
इनके रहते तुम्हें जीत पायेगा कौन सुभट भारी।
अच्छा लो वर भी कि विश्व में तुम महान् कहलाओगे,
भारत का इतिहास कीर्ति से और धवल कर जाओगे।

'रश्मिरथी' (प्रकाश या सूर्य की किरणों पर सवार) इस दृष्टि से अपनी तरह की अकेली रचना कही जा सकती है, जिसकी अपार लोकप्रियता हिन्दी पाठकों को आकृष्ट करने में समर्थ हुई है। उसे एक सार्वकालिक लोकप्रिय रचना के रूप

में आधुनिक हिन्दी कविता में सम्मान प्राप्त है। 'रश्मिरथी' का नायक कर्ण के व्यापक व्यक्तित्व के कमोबेश सभी पक्ष जिस रूप में 'रश्मिरथी' में अभिव्यक्त हुए हैं, उससे इस रचना का महत्त्व और वैशिष्ट्य बढ़ जाता है। कथ्य, भाव, भाषा, शिल्प, वर्णनकौशल और सबसे बढ़कर प्रभाव की दृष्टि से रचना रोचक और प्रभावी है। दिनकर जिस ओजपूर्ण प्रांजल भावाभिव्यक्ति के लिए हिन्दी कविता में जाने और पहचाने जाते हैं, उनका वह दिनकरत्व 'रश्मिरथी' में सहज रूप में परिलक्षित होता है। 'रश्मिरथी' के बहाने प्रसंगानुकूल कुछ महत्त्वपूर्ण पात्रों के माध्यम से देशकाल, समाज के लिए बहुत प्रासंगिक सन्देश सम्प्रेषित करते चलते हैं। परशुराम के माध्यम से ऐसा ही एक सन्देशपरक प्रासंगिक उदाहरण द्रष्टव्य है :

कवि, कोविद, विज्ञान-विशारद, कलाकार, पण्डित, ज्ञानी,
कनक नहीं, कल्पना, ज्ञान, उज्ज्वल चरित्र के अभिमानी।
इन विभूतियों को जब तक संसार नहीं पहचानेगा,
राजाओं से अधिक पूज्य जब तक न इन्हें वह मानेगा।

'रश्मिरथी' को पढ़ते हुए ऐसा लगता है कि दिनकर अपनी ओजपूर्ण अनेक रचनाओं में जिस तरह सामाजिक विषमता, अन्याय, अत्याचार, आदि के विरुद्ध अभिव्यक्ति के लिए विविध पात्रों, चरित्रों का चयन करते हैं तथा तदनुरूप काव्यनायक का निर्माण कर उन चरित्रों के वैशिष्ट्य के आलोक में काव्यकथानक का ताना-बाना बुनते हैं, उसी तरह 'रश्मिरथी' के माध्यम से उन्होंने सामाजिक अन्याय का सर्वथा प्रतिकार करनेवाले 'महाभारत' के अत्यन्त प्रखर प्रोज्वल पात्र महाबली कर्ण के विक्षुब्ध एवं कुपित आक्रोश को समग्रता में प्रस्तुत करने का सार्थक उपक्रम किया है। कर्ण का समग्र परिचय देते हुए उसके रणकौशल एवं वीरत्व का उदात्त वर्णन 'रश्मिरथी' का प्रतिपाद्य है :

जिसके पिता सूर्य थे, माता कुन्ती सती कुमारी,
उसका पलना हुई धार पर बहती हुई पिटारी।
सूत-वंश में पला, चखा भी नहीं जननि का क्षीर,
निकला कर्ण सभी युवकों में तब भी अद्भुत वीर।
तन से समरशूर, मन से भावुक, स्वभाव से दानी,
जाति-गोत्र का नहीं, शील का, पौरुष का अभिमानी।

कर्ण एक महान दानी के रूप में जाना जाता रहा है, जहाँ वह अपना सबकुछ दान देने के लिए सदैव तत्पर रहा है। उसके दानवीर रूप का दिनकर ने बहुत प्रभावी अंकन किया है :

माँगो माँगो दान, अन्न या वसन, धाम या धन दूँ?
अपना छोटा राज्य या कि यह क्षणिक, क्षुद्र जीवन दूँ?
मेघ भले लौटे उदास हो किसी रोज़ सागर से,
याचक फिर सकते निराश पर, नहीं कर्ण के घर से।

'रश्मिरथी' का चतुर्थ सर्ग बहुत प्रासंगिक और महत्त्वपूर्ण है, जहाँ सही अर्थों में कर्ण के माध्यम से जो सन्देश विवृत हुआ है, वही इस काव्य की रचना का महत् उद्देश्य प्रतीत होता है। दिनकर ने कर्ण को एक आदर्श पात्र के रूप में स्थापित करते हुए उसके माध्यम से समस्त मानवता के लिए एक नूतन सन्देश देने का प्रयास किया है। नवीन परिवेश में, नवीन परिस्थितियों में, नवीन युग के नवीन मानव के लिए नवीन सन्देश का इससे यथार्थ और प्रासंगिक सन्देश भला और क्या हो सकता है :

मैं उनका आदर्श जिन्हें कुल का गौरव ताड़ेगा,
'नीचवंशजन्मा' कहकर जिनको जग धिक्कारेगा।
जो समाज के विषम वह्नि में चारों ओर जलेंगे,
पग-पग पर झेलते हुए बाधा निःसीम चलेंगे।

मैं उनका आदर्श, किन्तु, जो तनिक न घबरायेंगे,
निज चरित्र-बल से समाज में पद-विशिष्ट पायेंगे।
सिंहासन ही नहीं, स्वर्ग भी उन्हें देख नत होगा,
धर्म हेतु धन-धाम लुटा देना जिनका व्रत होगा।

श्रम से नहीं विमुख होंगे, जो दुख से नहीं डरेंगे,
सुख के लिए पाप से जो नर कभी न सन्धि करेंगे।
कर्ण-धर्म होगा धरती पर बलि से नहीं मुकरना,
जीना जिस अप्रतिम तेज से, उसी शान से मरना।

यहीं पर दिनकर ने कर्ण के व्यापक व्यक्तित्व के बहाने अपने प्रासंगिक विचार भी प्रकट कर दिये हैं। उन्होंने अपने सन्देश और आदर्श की जो व्याख्या की है, वही वस्तुतः इस काव्य का उद्देश्य या प्रयोजन का मूल कहा जा सकता है। जीवन, जगत, मनुष्य धर्म, कर्तव्य, जीवन का उद्देश्य, आदर्श आदि के सम्बन्ध में किये गये आख्यान में यद्यपि कोई विशेष मौलिकता नहीं दिखाई देती, पर प्रासंगिक रूप से इन सन्देशों का महत्त्व कम नहीं आँका जा सकता।

कर्ण के व्यक्तित्व को परिभाषित करने के सन्दर्भ में इन पंक्तियों का स्थायी महत्त्व रेखांकित किया जाना चाहिए :

नरता का आदर्श तपस्या के भीतर पलता है,
देता वही प्रकाश, आग में जो अभीत जलता है।
आजीवन झेलते दाह का दंश वीर व्रतधारी,
हो पाते तब कहीं अमरता के पद के अधिकारी।

जो नर आत्म-दान से अपना जीवन-घट भरता है,
वही मृत्यु के मुख में भी पड़कर न कभी मरता है।
जहाँ कहीं है ज्योति जगत में, जहाँ कहीं उजियाला,
वहाँ खड़ा है कोई अन्तिम मोल चुकानेवाला।

ईसा ने संसार-हेतु शूली पर प्राण गँवा कर,
अन्तिम मूल्य दिया गाँधी ने तीन गोलियाँ खाकर।
सुन अन्तिम ललकार मोल माँगते हुए जीवन की,
सरमद ने हँसकर उतार दी त्वचा समूचे तन की।

हँसकर लिया मरण ओठों पर, जीवन का व्रत पाला,
अमर हुआ सुकरात जगत में पीकर विष का प्याला।
मरकर भी मनसूर नियति की सह पाया ना ठिठोली,
उत्तर में सौ बार चीखकर बोटी-बोटी बोली।

'रश्मिरथी' का सबसे महत्त्वपूर्ण और आकर्षक पहलू वह हिस्सा है, जो जातिकुल के प्रश्न पर कर्ण को बार-बार उद्वेलित करता है और वह अपमानित होकर क्षोभ, क्रोध, और अन्तर्वेदना की ज्वाला में जलने लगता है। दिनकर ने कर्ण की मनोदशा को बहुत गहरे पैठकर उभारने का यत्न किया है। रंगशाला में जातिपाँति के प्रश्न पर कर्ण का अपमानमिश्रित आक्रोश अवलोकनीय है :

'जाति! हाय री जाति!' कर्ण का हृदय क्षोभ से डोला,
कुपित सूर्य की ओर देख वह वीर क्रोध से बोला।
जाति-जाति रटते, जिनकी पूँजी केवल पाषण्ड,
मैं क्या जानूँ जाति? जाति हैं ये मेरे भुजदण्ड।

ऊपर सिर पर कनक-छत्र, भीतर काले-के-काले,
शरमाते हैं नहीं जगत् में जाति पूछनेवाले।
सूत्रपुत्र हूँ मैं, लेकिन थे पिता पार्थ के कौन?
साहस हो तो कहो, ग्लानि से रह जाओ मत मौन।

कर्ण की यह ललकार बहुत स्वाभाविक है, जो हमें सोचने के लिए विवश करती है। जाति-कुल-गोत्र का प्रश्न कर्ण के सामने बार-बार उपस्थित होता है। चाहे वह रणक्षेत्र में हो, या अन्य राजकुमारों के साथ सामान्य मेलजोल। यह प्रश्न वहाँ भी उपस्थित हुआ, जब वह शास्त्र-शस्त्र की शिक्षा के लिए प्रयत्न करने लगा। एकलव्य और द्रोणाचार्य की कहानी उसके सामने थी। अतः वह परशुराम से शिक्षा ग्रहण करने की लालसा में उनके पास उनके आश्रम में जाता है, जहाँ वे केवल ब्राह्मणों को शिक्षा देते हैं। उत्कृष्ट शिक्षा पाने की आकांक्षा में वह अपने जीवन का पहला और सबसे बड़ा झूठ बोलता है कि वह ब्राह्मणकुमार है। जाति-कुल के प्रश्न पर वहाँ कर्ण का अन्तर्द्वन्द्व उसे व्यथित कर देता है। उसकी मनःस्थिति का अनुमान करें :

हाय, कर्ण, तू क्यों जन्मा था? जन्मा तो क्यों वीर हुआ?
कवच और कुण्डल-भूषित भी तेरा अधम शरीर हुआ?
धँस जाये वह देश अतल में, गुण की जहाँ नहीं पहचान?
जाति-गोत्र के बल से ही आदर पाते हैं जहाँ सुजान?

नहीं पूछता है कोई तुम व्रती, वीर या दानी हो?
सभी पूछते मात्र यही, तुम किस कुल के अभिमानी हो?
मगर, मनुज क्या करे? जन्म लेना तो उसके हाथ नहीं,
चुनना जाति और कुल अपने बस की तो है बात नहीं।

कौन जन्म लेता किस कुल में? आकस्मिक ही है यह बात,
छोटे कुल पर, किन्तु यहाँ होते तब भी कितने आघात!
हाय, जाति छोटी है, तो फिर सभी हमारे गुण छोटे,
जाति बड़ी, तो बड़े बनें, वे, रहें लाख चाहे खोटे।

परशुराम से झूठ बोलकर शिक्षाग्रहण के बाद कर्ण की अन्तर्वेदना का एक चित्र बहुत मार्मिक कहा जायेगा :

सूत-पूत्र मैं शूद्र कर्ण हूँ, करुणा का अभिलाषी हूँ,
जो भी हूँ, पर, देव, आपका अनुचर अन्तेवासी हूँ।
बता सका मैं नहीं इसी से प्रभो! जाति अपनी छोटी,
करें देव विश्वास, भावना और न थी कोई खोटी।

कुन्ती के सन्दर्भ में जब कुन्ती कर्ण के पास आकर उसे अपना पुत्र होने का रहस्य बतलाती है, तब उस महाबली की अन्तःपीड़ा को समझना कठिन है। अपमान और अन्तर्द्वन्द्व की वेदना में चाहकर भी नहीं पिघलनेवाले कर्ण की विवशता का दृश्य देखने योग्य है :

कोई भी कहीं न चूकेगा,
सारा जग मुझ पर थूकेगा
तप त्याग शील, जप योग दान,
मेरे होंगे मिट्टी समान
लोभी लालची कहाऊँगा
किसको क्या मुख दिखलाऊँगा?

सिर पर कुलीनता का टीका,
भीतर जीवन का रस फीका
अपना न नाम जो ले सकते,
परिचय न तेज से दे सकते
ऐसे भी कुछ नर होते हैं
कुल को खाते औ' खोते हैं

कर्ण के प्रसंग में यह विचारणीय है कि उसके सामने बार-बार सूतपुत्र होने का प्रश्न आ खड़ा होता है। उसकी जाति, उसके कुलगोत्र, उसका सूतपुत्र होने का बारहा उल्लेख 'रश्मिरथी' के प्रांग में होता हुआ दिखाई देता है। निम्न कुलोद्भव की व्यथा में वह सदैव घोर मानसिक पीड़ा और सन्त्रास से गुज़रता है। जहाँ कहीं उसे बलकौशल और पराक्रम प्रदर्शित करने का अवसर आता है, वहीं उसे सूतपुत्र कहकर अपमानित कर दिया जाता है, जिससे वह सदैव मान-सम्मान से वंचित होकर अपने हक़ से वंचित कर दिया जाता है। वह बार-बार अपने पक्ष में यह तर्क देता है कि मेरा मूल्यांकन मेरी जाति के आधार पर क्यों किया जाता है, जबकि मुझमें वह सब विशेषताएँ विद्यमान हैं, जो एक कुलीन या किसी ऊँचे वर्ग का कहलानेवाले व्यक्ति में होती हैं। वह कहता है और चिन्तित होकर अपनी व्यथा प्रकट करता है :

यह गहन प्रश्न; कैसे रहस्य समझायें?
दस-बीस अधिक हों तो हम नाम गिनायें।
पर, क़दम-क़दम पर यहाँ खड़ा पातक है,
हर तरफ़ लगाये घात खड़ा घातक है।

यही वह पक्ष है, जहाँ से दलितलेखन या दलितचेतना संवलित लेखन पर बातचीत का एक सूत्र मिलता है और आज दलित-विमर्श के सन्दर्भ में जो भी तर्क दिये जाते हैं, उस पर निष्पक्ष रूप से विचार करने का मार्ग प्रशस्त होता है। 'रश्मिरथी' में दिनकर ने कर्ण के बहाने दलित संवेदना या दलित चेतना का प्रतिबद्धपरक स्वरूप प्रकट करते हुए जो चित्रण किया है, उस पर गम्भीरता से विचार किया जाना चाहिए।

सन् 1952 ई. में प्रकाशित रश्मिरथी में दलित संवेदना के जिन सवालों को दिनकर हमारे समक्ष रखते हैं, उसको आज के दलित-विमर्शपरक लेखन से उपजे वाद-विवाद और संवाद के परिप्रेक्ष्य में रखकर देखने की आवश्यकता नहीं है क्या? आधुनिक हिन्दी साहित्य के कमोबेश आठवें-नवें दशक में आरम्भ हुए दलितलेखन और विमर्श के सन्दर्भ में 'स्वानुभूति' बनाम 'समानुभूति' के विवाद में उलझे बिना इस पर कुछ कहा तो जा ही सकता है। दिनकर ने 'रश्मिरथी' की भूमिका में लिखा है :

"...कर्ण-चरित के उद्धार की चिन्ता इस बात का प्रमाण है कि हमसे समाज में मानवीय गुणों को पहचान बढ़ने वाली है। कुल और जाति का अहंकार विदा हो रहा है। आगे मनुष्य केवल उसी पद का अधिकारी होगा जो उसके अपने सामर्थ्य से सूचित होता हो, उस पद का नहीं, जो उसके माता-पिता या वंश की देन है। इसी प्रकार व्यक्ति अपने निजी गुणों के कारण जिस पद का अधिकारी है वह उसे मिलकर रहेगा, यहाँ तक कि उसके माता-पिता के दोष भी इसमें कोई बाधा नहीं डाल सकेंगे। कर्णचरित का उद्धार एक तरह से, नयी मानवता की स्थापना का ही प्रयास है और मुझे सन्तोष है कि इस प्रयास में मैं अकेला नहीं, अपने अनेक सुयोग्य सहधर्मियों के साथ हूँ।" (रश्मिरथी, भूमिका)

ध्यान से देखें, तो दिनकर ने बहुत सहजता और संवेदनात्मक दृष्टि से कर्ण के सन्दर्भ में अपनी बात कही है। 'रश्मिरथी' में कर्ण का जैसा चित्रण उन्होंने किया है, उसे सूतपुत्र कहे जाने और बार-बार इस कारण अपमानित किये जाने की उसकी पीड़ा और वेदना को काव्यात्मक संवेदना के धरातल पर जिस रूप में चित्रित किया है, वह अनुपमेय है। काव्यत्व के अनुरक्षण और साहित्यिकता के संरक्षण की दृष्टि से कर्ण के जीवन का दलितप्रसंग जिस रूप में दिनकर ने

'रश्मिरथी' में उठाया और वर्णित किया है, वैसा कर्ण पर लिखे गये दो दर्जन से अधिक काव्यरचनाओं में किसी कवि ने वर्णित नहीं किया है। हाँ, मोहन अवस्थी के काव्यग्रन्थ 'अभिशप्त महारथी' में अवश्य कर्ण के इस पक्ष पर प्रकाश डाला गया है, जो अपवाद है। बावजूद इसके इस नज़रिये से भाव, कथ्य, शिल्प, भाषा, वर्णनकौशल आदि की दृष्टि से 'रश्मिरथी' अन्यतम रचना है, जिसका वर्णनकौशल न केवल प्रभावित करता है, वरन् चमत्कृत भी करता है।

दिनकर बहुत सहज और स्वाभाविक रूप में कर्ण के अन्तर्द्वन्द्व को चित्रित करने में सफल हुए हैं। वे भाव और भाषा में कहीं भी उलझाते नहीं, वरन् अपने अद्भुत वर्णनकौशल से पाठकों के दिल में उतर जाते हैं। एक चित्र देखें :

मैं जाति गोत्र से दीन, हीन,
राजाओं के सम्मुख मलीन,
जब रोज़ अनादर पाता था,
कह 'शूद्र' पुकारा जाता था
पत्थर की छाती फटी नहीं,
कुन्ती तब भी तो कटी नहीं

मैं सूत-वंश में पलता था,
अपमान अनल में जलता था,
सब देख रही थी दृश्य पृथा,
माँ की ममता पर हुई वृथा
छिप कर भी तो सुधि ले न सकी
छाया अंचल की दे न सकी

इसी तरह कुन्ती के सामने आने और कर्ण को सूतपुत्र नहीं, उच्चकुलीन क्षत्रिय पुत्र कौन्तेय के रूप में कहकर सम्बोधित करने पर कर्ण की आर्तवेदना पाठक को द्रवित कर जाती है। उसकी मूकव्यथा को वाणी देने में दिनकर ने बहुत सार्थक प्रयास किया है। कुन्ती के समक्ष कर्ण अपनी व्यथा, वेदना और आक्रोश का भावुक प्रकटीकरण करता है :

अपना खोया संसार न तुम पाओगी,
राधा माँ का अधिकार न तुम पाओगी।
छीनने स्वत्व उसका तो तुम आयी हो,
पर, कभी बात यह भी मन में लायी हो?

उसको सेवा, तुमको सुकीर्ति प्यारी है,
तुम ठकुरानी हो, वह केवल नारी है।
तुमने तो तन से मुझे काढ़ कर फेंका,
उसने अनाथ को हृदय लगा कर सेंका।

उमड़ी न स्नेह की उज्ज्वल धार हृदय से,
तुम सूख गयीं मुझको पाते ही भय से।
पर, राधा ने जिस दिन मुझको पाया था,
कहते हैं, उसको दूध उतर आया था।

दिनकर हमें समग्रता में प्रभावित करते हैं। उनकी दलित संवेदना को स्वानुभूति के फ़ार्मूले से ख़ारिज करना ठीक नहीं। प्रगतिवाद के घेरे में स्वयं को नहीं बाँधनेवाले दिनकर जिस तरह प्रगतिवादी नज़रिये से सर्वाधिक उद्धृत किये जानेवाले कवि हैं उसी तरह दलितसंवेदना एवं दलितचेतना के सन्दर्भ में कर्ण का द्रवित करनेवाला सन्दर्भ किसी भी तरह किसी भी रूप में कमतर नहीं कहा जा सकता। कर्ण के अन्तर्मन से उपजी कातर वेदना पाठक का जिस तरह का तादात्मीकरण और साधारणीकरण होता है, वह काव्यरचना की प्रत्येक कसौटी पर खरा उतरता है। दिनकर की दलित संवेदना को दलितलेखन की किसी कसौटी पर इसलिए ख़ारिज नहीं कर देना चाहिए कि वह ग़ैर-दलित रचनाकार की सहानुभूतिपरक रचना है, जिसमें स्वानुभूति का भाव नहीं है।

'रश्मिरथी' को दिनकर को लेकर अनेक प्रगतिवादी आलोचकों की वादबद्ध आलोचना का कटु शिकार होना पड़ा है। हालाँकि कुछ आलोचकों ने दिनकर की सम्यक् समीक्षा भी की है, पर वह पर्याप्त नहीं। दिनकर केवल इस बिना पर ख़ारिज किये जानेवाले कवि कतई नहीं हैं कि वे घोषित प्रगतिवादी नहीं हैं। प्रगतिशील आलोचना की तरह ही दलितचेतना की दृष्टि से दलितलेखन में भी दिनकर को उपेक्षित और ख़ारिज किये जाने का आधार केवल यह नहीं हो सकता कि वे दलित नहीं हैं। दिनकर की साहित्यिक संवेदना परिधि या हाशिये पर उपेक्षित पड़े समाज के वंचित मनुष्य के प्रति बहुत सचाई के साथ अभिव्यक्त होती है। उस पर शंका नहीं की जा सकती। 'रश्मिरथी' में कर्ण के माध्यम से उसकी मनःस्थिति को गहराई से समझकर जिस तरह दिनकर ने उसके अन्तर्द्वन्द्व को समग्रता में चित्रित किया है, उसे इस दिशा में काव्यत्व की कसौटी कहा जा सकता है। इस रूप में रचनात्मक स्तर पर यह रचना दलित लेखक या ग़ैर-दलित लेखक सबके लिए एक मानक प्रस्तुत कर देती है। दलित-विमर्श के क्रम में,

'दलितसाहित्य लिखने के लिए दलित होना भी अनिवार्य है', के निकष पर तौलने से हम बहुत से प्रतिष्ठित रचनाकारों और उनकी रचनाओं के साथ न्याय नहीं कर सकेंगे। साहित्यिक रचनाओं के मूल्यांकन में आलोचना के मान सदैव अतिवादी दृष्टिकोण से नहीं तय किये जाने चाहिए। आलोचना के निष्पक्ष निकष पर रखकर मूल्यांकन करें, तो 'रश्मिरथ' में कर्ण के चरित्र के माध्यम से दिनकर ने उपेक्षित-वंचित, पीड़ित, दमित, अपमानित, दलितकुलोद्भव कर्ण की जैसी अन्तर्वेदना और व्यथा को अभिव्यक्त किया है, उसे काव्यरचना की किसी भी कसौटी पर नज़रअन्दाज़ और ख़ारिज करना असम्भव है। रश्मिरथी के रचनाकार का नाम ज़ेहन से हटाकर कर्ण की ओर से दिये गये अपने परिचय पर ज़रा गौर करें :

ऊपर सिर पर कनक-छत्र, भीतर काले-के-काले,
शरमाते हैं नहीं जगत् में जाति पूछने वाले।
सूत्रपुत्र हूँ मैं, लेकिन थे पिता पार्थ के कौन?
साहस हो तो कहो, ग्लानि से रह जाओ मत मौन।

दिनकर की यह संवेदना वादबद्ध विमर्शपरक 'स्वानुभूति' (self realization) और 'सहानुभूति' (sympathy) से अलग सहज 'समानुभूति' (empathy) की व्यापक पीठिका पर आधृत है, जो रश्मिरथी सहित उनकी अनेक रचनाओं तक सहज रूप में प्रसरित है। समग्र दलितलेखन को स्वानुभूतिवाले फ़ार्मूले से आँकनेवाले रचनाकारों और अध्येताओं के लिए 'रश्मिरथी' जैसी कृतियाँ किसी चुनौती से कम नहीं, जहाँ दलितचेतना पर लिखने के लिए दलित होना आवश्यक नहीं है, बल्कि गहरी मानवीय अनुभूति एवं दलित संवेदना का होना आवश्यक है, वह भी कोरी सहानुभूति से परे, समानुभूति के धरातल पर। दलितजीवन पर लिखने के लिए जहाँ दलितसंवेदना है, वहीं यह सम्भव है। एक महत्त्वपूर्ण दलित रचनाकार (मूलतः कहानीकार) रत्नकुमार साँभरिया की दृष्टि में :

"प्रायः यह भ्रम प्रचलित है कि दलित ही दलित कहानी लिख सकता है। नहीं, ऐसा नहीं है। वस्तुतः ऐसा मानना आरक्षण से प्रतिबद्ध लोगों का मानसिक संकुचन ही कहा जा सकता है। जिस प्रकार दलित समाज में जन्मा लेखक सामान्य कहानी लिख सकता है, उसी प्रकार सवर्ण समाज में पैदा हुआ लेखक भी दलित कहानी लिख सकता है, बशर्ते उस कहानी में गहरी संवेदना, दलित के प्रति दर्द और जाग्रति का भाव हो।" ('दलित समाज की कहानियाँ', मेरी बात, पृ. 9)

ऐसा ही विचार प्रख्यात लेखक प्रो. तुलसीराम का भी है :

"वर्णव्यवस्था का विरोध करनेवाला कोई ग़ैर-दलित भी दलित साहित्य लिख सकता है।"

उपर्युक्त दोनों महत्त्वपूर्ण कथनों के परिप्रेक्ष्य में दलितलेखन पर तार्किक बातचीत का रास्ता खुलता है। यहीं से दलित-विमर्शमूलक यह वाद-विवाद-संवाद भी सम्भव है, जहाँ दलित रचनाकार द्वारा रचित 'दलितविषयक साहित्य', दलित के लिए ही, 'दलितलेखन' है, की हिमायत की जाती है। इस दृष्टि से विचार करने पर दलितलेखनविषयक दो आरम्भिक कविताओं का उल्लेख प्रासंगिक होगा। हिन्दी में दलित कवितालेखन का आरम्भ एक दलित रचनाकार हीरा डोम की कविता 'अछूत की शिकायत' ('सरस्वती' के सितम्बर 1914 अंक में) से दलित रचना का वास्तविक आरम्भ माना जाता है। हीरा डोम के विषय में बहुत कुछ नहीं मालूम, पर अनुमान है कि वे पटना के आसपास के रहनेवाले थे और एक कवि के रूप में लोगों में समादृत थे, यद्यपि उनकी किसी अन्य रचना की कोई सूचना कहीं नहीं मिलती। आचार्य महावीरप्रसाद द्विवेदी ने हीरा डोम जैसे अज्ञात, अर्धज्ञात, अल्पज्ञात कवि की रचना को 'सरस्वती' में प्रकाशित कर उसे 'ट्रेंड सेटर' कविता के रूप में अमर बना दिया, उस 'सरस्वती' में, जिसमें मैथिलीशरण गुप्त एवं सूर्यकान्त त्रिपाठी निराला जैसे प्रख्यात कवियों की कविताएँ स्थान नहीं पा सकी थीं। यही कारण है कि कुछ आलोचक हीरा डोम के अस्तित्व पर ही शंका प्रकट करते हैं और कहते हैं कि सम्भव है कि आचार्य द्विवेदी ने ही हीरा डोम के छद्म नाम से वह कविता लिख दी हो, क्योंकि ऐसा छद्मनामलेखन 'सरस्वती' में अनेक रचनाकार करते रहते थे, जिनमें स्वयं आचार्य द्विवेदी भी शामिल थे। यह सन्देह इसलिए भी कि वह कविता काव्यरचना के कथ्य, शिल्प, भाव, भाषा आदि काव्यशास्त्रीय नियमों की दृष्टि से इतनी परफेक्ट और उत्कृष्ट है कि एक कुशल कवि की रचना प्रतीत होती है। यदि हीरा डोम एक प्रसिद्ध कवि थे, तो उनकी कोई अन्य रचना कहीं भी क्यों नहीं मिलती, या उनके विषय में कोई क्यों नहीं जानता? दूसरे, यदि वे इतने प्रसिद्ध नहीं थे, तो बहुत बड़े-बड़े कवियों को छोड़कर एक अज्ञात कवि को आचार्य द्विवेदी कैसे छापने पर राजी हुए होंगे? सम्भव है कि गहराई से प्रामाणिक शोध करने पर 'अछूत की शिकायत', आचार्य द्विवेदी की ही दलितसंवेदना से प्रस्फुटित कविता न प्रमाणित हो जाये! वरिष्ठ आलोचक खगेन्द्र ठाकुर सहित अनेक लोग इस तरह का सन्देह प्रकट कर चुके हैं, जिसे एकदम से ख़ारिज नहीं किया जा सकता। बहरहाल, पहले दलित कवि हीरा डोम द्वारा दलित व्यथाकथा की रचित एक उत्कृष्ट कविता 'अछूत की शिकायत' पर सवाल नहीं है, हो भी नहीं सकता। हाँ मगर, इस कविता को ध्यान में रखते हुए,

उसी 'सरस्वती' के अक्टूबर 1916 अंक के पृ. 232-233 पर प्रकाशित दलित संवेदना की संवाहक एक अन्य कविता, 'अछूत की आह' का उल्लेख करना असमीचीन नहीं कहा जा सकता। यह रचना एक ग़ैर-दलित रचनाकार द्वारा रचित दलितसंवेदना की हर दृष्टि से उत्कृष्ट कविता है। उसके रचनाकार के रूप में कविता के अन्त में नीचे रामचन्द्र शुक्ल, बी.ए. लिखा है, जो 'हिन्दी साहित्य का इतिहास' के प्रणेता आचार्य रामचन्द्र शुक्ल से भिन्न व्यक्ति हैं। हाँ, यह अलग बात है कि 'अछूत की आह' कविता आचार्य रामचन्द्र शुक्ल के नाम से पाठ्यक्रमों में सम्मिलित रही और पाठक उसे आचार्य रामचन्द्र शुक्ल की ही रचना मानकर पढ़ते-उद्धृत करते भी रहे। आश्चर्य है, आचार्य शुक्ल भी ने इसका कभी कोई प्रतिवाद भी नहीं किया। दरअसल, रामनरेश त्रिपाठी ने 'कविता कौमुदी' में इस कविता को आचार्य रामचन्द्र शुक्ल के नाम से ही संकलित किया था, जिससे अच्छे-अच्छे लोगों को यह भ्रम हुआ होगा। इसी भ्रम में ओमप्रकाश सिंह द्वारा सम्पादित आचार्य 'रामचन्द्र शुक्ल ग्रन्थावली' में भी इस कविता का उल्लेख हो गया था, जिसे नामवर सिंह सहित शुक्ल जी के परिवारवालों ने इस तथ्य पर ऐतराज़ करते हुए, उसे ठीक करवा दिया था, हालाँकि प्रसिद्ध अनुसन्धानकर्ता आचार्य क्षेमचन्द्र सुमन ने बहुत पहले 'दिवंगत हिन्दी सेवी' नामक ग्रन्थ में सप्रमाण इस भ्रम का निराकरण कर दिया था।

दलित और ग़ैर-दलित द्वारा रचित दलितसंवेदना की इन दो कविताओं के परिप्रेक्ष्य में हीरा डोम के ही दौर में रामचन्द्र शुक्ल, बी.ए. की कविता 'अछूत की आह' इस दृष्टि से एक बड़ी चुनौती कही जा सकती है। एक दलित कवि की रचना, दूसरी ग़ैर-दलित कवि की रचना। हीरा डोम की चर्चा करते हुए सुधीजन रामचन्द्र शुक्ल का उल्लेख प्रायः नहीं करते। यदि दोनों कविताओं की तुलना की जाये, तो दोनों एक-दूसरे से बढ़कर रचनाएँ हैं, बल्कि भाषा, भाव, कथ्य, अभिव्यक्ति, प्रभाव आदि दृष्टियों से 'अछूत की आह' कविता, 'अछूत की शिकायत' से कहीं ज़्यादा उत्कृष्ट रचना प्रमाणित हो सकती है। दोनों रचनाओं में गहरी मानवीय संवेदना के दर्शन होते हैं। हॉ, जो अन्तर 'शिकायत' और 'आह' में है, वही अन्तर दोनों कविताओं की संवेदनात्मक भावभूमि में है। शिकायत में व्यथा का आख्यान परिलक्षित होता है, तो आह में व्यथाविगलित अन्तस की पीड़ा गहरी वेदना बनकर निकल पड़ती है।

इन दोनों कविताओं को पढ़ने के बाद रत्नकुमार साँभरिया और प्रो. तुलसीराम की भावनाओं से सहमत हुए बिना नहीं रहा जा सकता। यह सन्दर्भ देने के प्रति यह मन्तव्य है कि हिन्दी में दलितलेखन के इतिहास में हीरा डोम की कविता

'अछूत की शिकायत' का उल्लेख करते समय कमोबेश उसी की समकालीन रामचन्द्र शुक्ल बी.ए. की कविता 'अछूत की आह' का भी मूल्यांकन किया जाये, तो आलोचना की सन्तुलित दृष्टि का सम्मान हो सकता है। यही बात अन्य ग़ैर-दलित द्वारा रचित रचनाओं के सम्बन्ध में भी कही जा सकती है, क्योंकि 'स्वानुभूति' और 'सहानुभूति' से अधिक प्रभावी, अधिक भावसम्पन्न समानुभूति (empathy) है, जो साहित्यसर्जन की गम्भीर और व्यापक पीठिका का निर्माण करती है। किसी रचनाकार की यही समानुभूतिपरक दृष्टि बालमनोविज्ञान, नारीसंवेदन, दलितसंवेदन आदि के साथ सही अर्थों में न्याय कर सकती है। सूरदास का बालवर्णन, शरतचन्द्र का नारीसंवेदन, मैथिलीशरण गुप्त और हरिऔध का नारीसंवेदन, प्रेमचन्द का ग्रामीण आमजन संवेदन। जैनेन्द्र और अज्ञेय जैसे रचनाकारों का नारी मनोविज्ञान आदि को न तो स्वानुभूति से समझा जा सकता, नहीं कोरी सहानुभूति से। उसकी सम्यक् समझ साहित्यिक संवेदना को संस्फुरित करनेवाली समानुभूति (साहित्यिक संवेदन की दृष्टि से परकायाप्रवेश की प्रक्रिया से गुज़रना) का सूत्र महत्त्वपूर्ण हो सकता है। ऐसा न हुआ, तो साहित्य का एक बड़ा हिस्सा ख़ारिज हो जायेगी और कोई भी खण्डित या एकांगी दृष्टि साहित्यिक रचनाओं के मूल्यांकन में चूक जायेगा। साहित्य का अर्थ तो मिलाना होता है, जिसे उर्दू में अदब कहते हैं। साहित्य और अदब का यह मेलजोल समन्वित और सन्तुलित दृष्टि का ही सम्मान कर सकता है, किसी दरार डालनेवाली खण्डित आलोचनादृष्टि का नहीं।

ग़ैर-दलित और दलित द्वारा लिखी जानेवाली दलित संवेदना सम्पृक्त रचनाओं के क्रम में 'अछूत की आह' के क्रम को आगे बढ़ाते हुए मुल्कराज आनन्द (अछूत उपन्यास), निराला (जल्द, जल्द पैर बढ़ाओ आओ आओ, चतुरी चमार, कुल्ली भाट), प्रेमचन्द (रंगभूमि उपन्यास एवं कफ़न सहित अनेक कहानियाँ), नागार्जुन (हरिजन गाथा), अमृतलाल नागर (नाच्यो बहुत गोपाल), रामविलास शर्मा (श्रेष्ठियों के देवता), धूमिल (मोचीराम), लीलाधर जगूड़ी (बलदेव खटिक), अदम गोंडवी (चमारों की गली), विष्णु खरे (सिर पर मैला ढोने की प्रथा), कहानियों में रमेश उपाध्याय (दुखवा में बीतल रतिया), अखिलेश (ग्रहण), चन्द्रमोहन प्रधान (जूठे भात का सच), अन्य उपन्यासों में जगदीशचन्द्र (धरती धन न अपना, नरक में वास), गोपाल उपाध्याय (एक टुकड़ा इतिहास), जैसी गद्य-पद्य अनेक रचनाएँ दलितलेखन का जो निकष निर्मित करती हैं, उससे दलित और ग़ैर-दलित का गुत्थमगुत्था बेमानी-सा लगने लगता है। साहित्यिक रचनाकर्म के क्षेत्र में अनुभूति, संवेदना, समानुभूति अधिक महत्त्वपूर्ण कहे जा सकते हैं, क्योंकि स्वानुभूति एक गहरा-तीव्र अनुभव तो दे सकता है, पर साहित्यिक संवेदना का स्पन्दन,

जो साहित्यसर्जन की भावभूमि निर्मित करता है, उसके लिए नाकाफ़ी है। दया पवार ने प्रेमचन्द के लिए कहा था कि मराठी में प्रेमचन्द होते, तो मराठी साहित्य में दलितधारा प्रवाहित ही नहीं होती।

इतना सब कुछ कहने का सिर्फ़ यह भाव है कि किसी रचना का मूल्यांकन उसकी रचनात्मक या काव्यात्मक संवेदना के आधार पर हो, तो काव्य के मूल्य संरक्षित किये जाने में सहूलियत होगी। इसका यह भी कदापि अर्थ नहीं कि दलित-विमर्श या दलितलेखन की एक धारा का अवमूल्यन हो, हो भी नहीं सकता। स्वानुभूति की तीक्ष्ण अनुभूति से बहुत से अनेक दलित लेखकों ने विभिन्न विधाओं में बहुत अच्छा लिखा है, जहाँ रचनात्मक आस्वाद (विशेषतया दलित आत्मकथाओं में) की दृष्टि से किसी भी तरह वे कमतर रचनाएँ नहीं हैं। दलितलेखन की स्वानुभूतिपरक रचनाओं से इतर दलित संवेदना को अस्वीकार कर देने से दलितचेतनाविषयक लेखन का दायरा एक सीमित परिवेश में सिमट कर रह जायेगा। जिस तरह स्त्रीवेदना की अनुभूति को लेकर महिला रचनाकारों से इतर 'समानुभूति' के आधार पर (निराला की अनेक कविताएँ इसका उदाहरण हैं) पर्याप्त साहित्य रचा गया है, जिस तरह बालसाहित्य में बालकों से इतर 'समानुभूति' (परकाया प्रवेश की प्रक्रिया से) बहुत-सा श्रेष्ठ बालसाहित्य (सूरदास से लेकर सुभद्राकुमारी चौहान तक की रचनाएँ इसका उदाहरण हैं) रचा गया है, उसी तरह दलितचेतना की दृष्टि से दलित लेखकों से इतर अनेक रचनाकारों ने पर्याप्त साहित्य रचा है। उन सबकी उपेक्षा कर देने से आलोचना की सन्तुलित अविच्छिन्न परम्परा का हम सम्यक् सम्मान न कर सकेंगे। 'स्वानुभूति' (ख़ुद अहसास) वाले फ़ार्मूले से जीवन की सामान्य अनुभूतियाँ (किंचित् अर्थों में साहित्यिक अनुभूतियाँ भी) तो संचालित हो सकती हैं, पर जीवन को असीम ऊर्जा और महान् सन्देश देनेवाले उदात्त साहित्यसर्जन की दृष्टि से 'स्वानुभूति' नाकाफ़ी है, अपर्याप्त है। इसका एक बड़ा ही रोचक उदाहरण हरिवंशराय 'बच्चन' की 'मधुशाला' का है। मधुस्वाद से वंचित, मधुपानविहीन बच्चन ने जितना और जैसा काव्य रचा है, वैसा मधुस्वाद से परिचित (स्वानुभूति) हिन्दी का कोई कवि नहीं लिख सका है। इसका भी एक मनोविज्ञान है, जिसका सच तो यह है कि मनोविज्ञान की कसौटी पर कसने से यह तथ्य भी स्पष्ट हो सकता है कि किसी के जीवन में जिस वस्तु का अभाव होता है, उसकी वह बहुत दूर तक तीक्ष्ण और मादक कल्पना कर सकता है। इसका आशय बस इतना है कि आलोचना की एक सन्तुलित दृष्टि से किसी रचना के मूल्यांकन के मान साहित्यिक कसौटी पर ही तय किये जाने चाहिए, जिससे किसी रचना के के साथ सही न्याय हो सके।

'रश्मिरथी' में कर्ण के सन्दर्भ में दिनकर द्वारा किया गया वर्णन एक अनादृत और हतभाग्य महान चरित्र के अनेक महत्त्वपूर्ण पक्षों को व्यापक आयाम देता है। इस रचना के कारण कर्ण का जो स्वरूप आधुनिक हिन्दी कविता में उभरता है, उसका काव्यरचना की दृष्टि से स्थायी महत्त्व है। रश्मिरथी में कर्ण के व्यक्तित्व का समग्र चित्रण करना कवि का उद्देश्य है, उसके बहाने प्रसंगवश देशकाल और परिस्थितियों के परिप्रेक्ष्य में रचना को समयानुकूल प्रासंगिक बनाने की गरज से अनेक पक्ष जोड़े भी गये हैं। उसी बहाने कवि स्थान-स्थान पर अपनी ओर से भी बहुत कुछ कहता है। इसके पीछे राष्ट्र और समाज की कतिपय समस्याओं (जाति, धर्म, छुआछूत, ऊँचनीच, नस्लभेद, ग़ैर-बराबरी, युद्ध आदि) की ओर भी वह प्रभावी संकेत करता है। रश्मिरथी के माध्यम से दिनकर ने रचना को प्रासंगिक बनाने का जो प्रयास किया है, उसके कारण सुकरात, ईसा, गाँधी सब के सब उपस्थित कर दिये गये हैं। सम्भव है कि इसमें किसी को दिनकर की भाषणवृत्ति के भी दर्शन होने लगें।

कर्ण के व्यक्तित्व को दिनकर ने 'रश्मिरथी' के माध्यम से आज के समय की दृष्टि से बहुत प्रासंगिक बनाकर प्रस्तुत करने का प्रयास किया है। सामाजिक सम्बन्धों के धरातल पर अपनी निजी ज़िन्दगी में भले ही कितने अन्तर्द्वन्द्व दिखाई देते हों, चाहे समय और परिस्थितियों ने उसे कितना भी निर्मम बना दिया हो, पर वह अपने लक्ष्य को, अपने कर्तव्य को और अपने निर्दिष्ट पथ को भलीभाँति समझता है। जहाँ एक ओर वह सम्बन्धों की टकराहट और चयन की विवशता में बड़ों-बड़ों की उपेक्षा कर देता है, वहीं दुर्योधन के प्रति मित्रता का अटूट सम्बन्ध दिखलाने में जिस दृढ़ता और प्रतिबद्धता का परिचय देता है, इस दृष्टि से वह अनुकरणीय है :

मित्रता बड़ा अनमोल रतन,
कब उसे तोल सकता है धन?
धरती की तो है क्या बिसात?
आ जाय अगर बैकुंठ हाथ।
उसको भी न्योछावर कर दूँ।

'रश्मिरथी' को पढ़ते हुए दिनकर ने प्रासंगिक सन्दर्भों में सूक्तियों और कहावतों का बहुत रोचक प्रयोग किया है। ऐसे स्थलों पर उनकी वक्तृत्वकला के साथ-साथ कथन की भंगिमा पाठक को व्यापक रूप में प्रभावित करती है।

अनेक उक्तियाँ तो जैसे जनसाधारण में बहुत लोकप्रिय हुईं, जिनका प्रयोग प्रायः सुनने को मिल जाता है। ऐसे स्थलों पर काव्यसंवेदना का जनपरक मानवीय पक्ष परिलक्षित होता है।

ऐसे एक प्रसंग में पाण्डवों के वनवास के बाद हस्तिनापुर कठिन अग्नि की परीक्षा में तपकर खरे बनकर लौट आने के बाद उनके तपे हुए व्यक्तित्व के बहाने दिनकर के विचार देखें। आग में तपकर ही सोना कुन्दन बन जाता है :

सच है, विपत्ति जब आती है,
कायर को ही दहलाती है,।
शूरमा नहीं विचलित होते,
क्षण एक नहीं धीरज खोते।

विघ्नों को गले लगाते हैं,
काँटों में राह बनाते हैं।
खम ठोंक ठेलता है जब नर,
पर्वत के जाते पाँव उखड़।

मानव जब ज़ोर लगाता है,
पत्थर पानी बन जाता है।
पीसा जाता जब इक्षु-दण्ड,
झरती रस की धारा अखण्ड।

मेंहदी जब सहती है प्रहार,
बनती ललनाओं का सिंगार।
जब फूल पिरोये जाते हैं,
हम उनको गले लगाते हैं।

धर्म और अधर्म के द्वन्द्वयुद्ध में नीति-अनीति का ध्यान रखना आवश्यक है। कर्ण सहित कौरवों को समझाने के क्रम में कृष्ण द्वारा पाण्डवों के सन्दर्भ से उद्धृत महत्त्वपूर्ण आख्यान आज के युगसन्दर्भ में वैश्विक सन्देश देता हुआ प्रतीत होता है। 'रश्मिरथी' का यह प्रसंग एक बहुत बड़े सामाजिक, सांस्कृतिक सन्देश का उदाहरण कहा जायेगा, जिसकी आज भी प्रासंगिकता बनी हुई है :

सबकी पीड़ा के साथ व्यथा
अपने मन की जो जोड़ सके,
मुड़ सके जहाँ तक समय, उसे
निर्दिष्ट दिशा में मोड़ सके।

युगपुरुष वही सारे समाज का
विहित धर्मगुरु होता है,
सबके मन का जो अन्धकार
अपने प्रकाश से धोता है।

कर्ण को रश्मिरथी में जिस गौरव और गरिमा के साथ दिनकर ने प्रस्तुत किया है, वह सामाजिक और सांस्कृतिक दृष्टि से बहुत प्रेरणा देनेवाला है। कर्ण का उत्साह, साहस, शौर्य जिस तरह अन्तिम क्षणों तक बना रहता है, वह सदैव स्मृत किये जाने योग्य है। एक घोर उपेक्षित पात्र को जिस रूप में यहाँ चित्रित किया गया है, वह निराशा के क्षणों में आशा का अद्‌भुत संचार करता है। उससे कर्ण के प्रति सम्मान का भाव अधिक बढ़ जाता है। वह हतभाग्य होकर भी भाग्यशाली है :

कवच-कुण्डल गया; पर, प्राण तो हैं,
भुजा में शक्ति, धनु पर बाण तो हैं,
गयी एकघ्नि तो सब कुछ गया क्या?
बचा मुझमें नहीं कुछ भी नया क्या?

समर की सूरता साकार हूँ मैं,
महा मार्तण्ड का अवतार हूँ मैं।
विभूषण वेद-भूषित कर्म मेरा,
कवच है आज तक का धर्म मेरा।

'रश्मिरथी' का अन्त बहुत दर्दनाक है। कर्ण को छल और धोखे से मारा गया था। उफ़, एक महान् अपराजेय योद्धा का ऐसा अन्त। पाठक के मन में एक साथ क्षोभ, चिन्ता, आक्रोश, रोष, क्रोध, वेदना, दया, करुणा के अगणित भाव पैदा होते हैं। कर्ण की महान अमर मृत्यु पर कृष्ण का यह कहना कि कर्ण मारा गया अवश्य है, पर वह मर कर भी अमर है, वह युद्ध में हारकर भी समर

का असली विजेता है। कर्ण जैसा महारथी कोई दूसरा नहीं हो सकता। वह सही अर्थों में रश्मिरथी है :

अहा! आलोक-स्यन्दन आन पहुँचा,
हमारे पुण्य का क्षण आन पहुँचा।
विभाओ सूर्य की! जय-गान गाओ,
मिलाओ, तार किरणों के मिलाओ।

प्रभा-मण्डल! भरो झंकार, बोलो!
जगत् की ज्योतियो! निज द्वार खोलो!
तपस्या रोचिभूषित ला रहा हूँ,
चढ़ा मैं रश्मि-रथ पर आ रहा हूँ।

रश्मिरथी की अन्तिम पंक्तियाँ भी कर्ण के विराट व्यक्तित्व को समग्रता में परिभाषित करती हैं। कर्ण में जो पुरुषार्थ था, वह कभी परास्त होनेवाला नहीं था। वह कभी हारना नहीं जानता था। उसकी रिक्तता हमेशा खलेगी। वह एक ऐसा ज्योतिपुंज था, जिसका प्रकाश अनन्तकाल तक समाज को आलोकित करता रहेगा। कर्ण जैसा कोई नहीं था, वह अपना प्रतिमान स्वयं था :

उगी थी ज्योति जग को तारने को,
न जन्मा था पुरुष वह हारने को।
मगर, सब कुछ लुटा कर दान के हित,
सुयश के हेतु, नर-कल्याण के हित।

दया कर शत्रु को भी त्राण देकर,
खुशी से मित्रता पर प्राण देकर।
गया है कर्ण भू को दीन करके,
मनुज-कुल को बहुत बलहीन करके।

कहा जा सकता है कि रामधारी सिंह दिनकर ने रश्मिरथी में कर्ण के चरित्र को जिस भावभूमि पर प्रतिष्ठित किया है, उससे वे कर्ण के व्यक्तित्व को समसामयिक सन्दर्भों में एक प्रासंगिक पात्र के रूप में हमारे समक्ष उपस्थित करने में समर्थ हुए हैं। दिनकर कर्ण के व्यक्तित्व को समग्रता में प्रस्तुत करते हुए उसके माध्यम से जो सन्देश सम्प्रेषित करना चाहते हैं, उसमें वे पूर्णतया सफल हुए हैं। कर्ण के बहाने समसामयिक प्रश्नों, मुद्दों, समस्यायों, विमर्शों के क्रम में अनेक

प्रासंगिक पक्षों को बहुत विस्तार से समझने का अवसर मिलता है। खड़ीबोली हिन्दी कविता में 'रश्मिरर्थी' निःसन्देह एक ऐसी महत्त्वपूर्ण कृति है, जो कथ्य, शिल्प, भाव, भाषा, प्रभाव आदि दृष्टियों से रोचक और रम्य रचना है। उसके द्वारा उठाये गये अनेक सवाल सदैव प्रासंगिक रहेंगे। आगे भी सम्भावनाओं की राह तलाशने में इस रचना की प्रासंगिकता बनी रहेगी। सम्भव है कि अनेक ऐसे प्रश्नों की ओर हमारा ध्यान ही न गया हो, जो इसके माध्यम से खोजे जा सकते हैं। कृति की यही सार्थकता होती है, 'नयो-नयो लागत ज्यों-ज्यों निहारिए'। 'रश्मिरथी' के पुनःपाठ की आवश्यकता तब तक बनी रहेगी, जब तक हम इसमें से वाद-विवाद-संवाद को गतिशील करने वाले पक्षों को ढूँढ़ते रहेंगे। सम्भव है कि कुछ अनछुए पहलू अब भी बचे हों, जिधर सुधी आलोचकों, पाठकों, अध्येताओं की नज़र उठती रहेगी, क्योंकि पारखियों की नज़र से कुछ भी गोपन या आवृत नहीं रहता, समय के साथ वह अनावृत हो ही जाता है :

निगाहें कामिलों पर पड़ ही जाती हैं ज़माने की
कहीं छुपता है अकबर फूल पत्तों में निहाँ होकर

'रश्मिरथी' की लोकप्रियता का समाजशास्त्र

–रवि रंजन

रामधारी सिंह 'दिनकर' भारतीय स्वाधीनता संग्राम एवं हिन्दी नवजागरण की उपज होने के साथ ही इनसे जुड़े मूल्यों का विकास करने वाले कवि-आलोचक हैं। वे अपने युगानुरूप नयी संस्कृति के निर्माता कवि तथा भारतीय संस्कृति की मीमांसा करने वाले विचारक भी हैं। उनकी अधिकांश कविताएँ स्वाधीनता संग्राम के दौरान घटित व्यापक सामाजिक-राजनीतिक आलोड़न की उपज हैं। चूँकि अंग्रेज़ी राज से भारत की आज़ादी के लिए जो आन्दोलन चलाया जा रहा था उसका चरित्र साम्राज्यवाद-विरोधी होने के साथ ही सामन्तवाद-विरोधी भी था, इसलिए 15 अगस्त, 1947 को स्वतन्त्रता प्राप्ति के बावजूद सामन्ती-पुरोहिती गठजोड़ के तहत भारत में हज़ारों साल से चली आ रही वर्णव्यवस्था के नाम पर समाज के एक बड़े उत्पादक तबके को जन्म के आधार पर जीवन की न्यूनतम सुविधाओं एवं सामाजिक सम्मान से वंचित रखने की प्रतिगामी प्रवृत्ति के विरुद्ध जंग ख़त्म नहीं हुई।

कहने की ज़रूरत नहीं कि सामन्तवाद की कोख से उत्पन्न धार्मिक-सामाजिक विकृतियों के ख़िलाफ़ भारतीय नवजागरण के अनेकानेक पुरोधाओं ने जो आवाज़ उठाई थी उनका स्वर विद्रोही और समतावादी था। समाज के सबसे निचले पायदान पर खड़े भारतीय स्त्री-पुरुष को आर्थिक एवं सामाजिक न्याय दिलाने, उसे शिक्षित और सुसंस्कृत करने के लिए विवेकानन्द, राजा राममोहन राय, ईश्वरचन्द्र विद्यासागर, ज्योतिबा फुले, सावित्रीबाई फुले, वीरेशलिंगम पन्तलु, भारतेन्दु, चन्द्रिका प्रसाद जिज्ञासु सरीखे समाज सुधारकों एवं लेखकों ने जो बिगुल फूँका था उसकी प्रतिध्वनि गाँधी, नेहरू, पटेल, मौलाना आज़ाद, पेरियार, लोहिया, अम्बेडकर सरीखे बड़े राजनेताओं के व्याख्यानों और लेखन में सुनाई पड़ती रही। स्वातन्त्र्य पूर्व तथा स्वातन्त्र्योत्तर भारत में ऊँच-नीच की जड़ खोदने के इन महापुरुषों के भागीरथ

प्रयास के साथ ही विभिन्न राजनीतिक दलों के कार्यक्रमों और अनेक सामाजिक संगठनों द्वारा चलाये जानेवाले सामाजिक समानता के आन्दोलन का जिन प्रमुख भारतीय साहित्यकारों ने अपनी कालजयी कलाकृतियों के माध्यम से मुखर समर्थन किया उनमें दिनकर और उनका कथाकाव्य 'रश्मिरथी'(1952) उल्लेखनीय है।

'रश्मिरथी' के प्रथम पृष्ठ पर कवि ने महाभारत के एक सुप्रसिद्ध श्लोक का उल्लेख किया है, जिसमें मनुष्य को जन्मना श्रेष्ठ मानने के बजाय महाभारतकार ने कर्ण के माध्यम से पौरुष या गुण के आधार पर मनुष्य की श्रेष्ठता का प्रतिपादन किया है :

सूतो वा सूतपुत्रो वा यो वा को वा भवाम्यहम्
दैवायत्तं कुले जन्म। मदायत्तं तु पौरुषम्।

(मैं चाहे सूत हूँ या सूतपुत्र अथवा कोई और। किसी कुल-विशेष में जन्म लेना तो दैव के अधीन है, लेकिन मेरे पास जो पौरुष है उसे मैंने अर्जित किया है।)

दिनकर जी ने 'रश्मिरथी' की भूमिका में इस कृति को रचने के कारणों का खुलासा करते हुए स्पष्ट लिखा है :

"इस काव्य का आरम्भ मैंने 16 फ़रवरी 1950 को किया था। उस समय मुझे केवल इतना ही पता था कि प्रयाग के यशस्वी साहित्यकार पं. लक्ष्मीनारायण मिश्र कर्ण पर एक महाकाव्य की रचना कर रहे हैं। किन्तु, 'रश्मिरथी' के पूरा होते-होते कर्णचरित पर कई नूतन काव्य निकल गये। यह युग दलितों और उपेक्षितों के उद्धार का युग है। अतएव, यह बहुत स्वाभाविक है कि राष्ट्र-भारती के जागरूक कवियों का ध्यान उस चरित की ओर जाय जो हज़ारों वर्षों से हमारे सामने उपेक्षित एवं कलंकित मानवता का मूक प्रतीक बनकर सामने खड़ा है... कर्ण-चरित के उद्धार की चिन्ता इस बात का प्रमाण है कि हमारे समाज में मानवीय गुणों की पहचान बढ़ने वाली है। कुल और जाति का अहंकार विदा हो रहा है। आगे, मनुष्य केवल उसी पद का अधिकारी होगा जो उसके अपने सामर्थ्य से सूचित होता है, उस पद का नहीं, जो उसके माता-पिता या वंश की देन है। इसी प्रकार व्यक्ति अपने निजी गुणों के कारण जिस पद का अधिकारी है, वह उसे मिलकर रहेगा, यहाँ तक कि उसके माता-पिता के दोष भी इसमें कोई बाधा नहीं डाल सकेंगे। कर्ण-चरित का उद्धार, एक तरह से, नयी मानवता की स्थापना का ही प्रयास है और मुझे सन्तोष है कि इस प्रयास में मैं अकेला नहीं, अपने सुयोग्य सहधर्मियों के साथ हूँ।"

'रश्मिरथी' में भी कवि ने कर्ण के मुख से कहलवाया है :

मैं उनका आदर्श, कहीं जो व्यथा न खोल सकेंगे,
पूछेगा जग, किन्तु पिता का नाम न बोल सकेंगे;
जिनका निखिल विश्व में कोई कहीं न अपना होगा,
मन में लिए उमंग जिन्हें चिरकाल कलपना होगा।

इस कृति की भूमिका में कवि ने मैथिलीशरण गुप्त को याद करते हुए कथा-काव्य के महत्त्व और उसकी रचना में आनेवाली दुश्वारियों को रेखांकित किया है। दिनकर का कहना है कि जिन देशों की रचनाशीलता से उनके ज़माने के बहुत सारे हिन्दी कवि प्रेरित हैं वहाँ कथा-काव्य, प्रबन्ध-काव्य आदि की जगह उपन्यास ने ले ली है।

याद आते हैं जार्ज लुकाच, जिनका कहना है कि सामन्ती समाज की सामूहिकता के नष्ट हो जाने के बाद जो समाज अस्तित्व में आया है वह व्यक्ति-चेतना सम्पन्न है और उसके सामूहिक अवचेतन की अभिव्यक्ति प्रबन्ध-काव्य के बजाय उपन्यास के माध्यम से बेहतर ढंग से हो सकती है। एक साहित्य-विधा के तौर पर महाकाव्य के स्वभाव को बच्चे की तरह सरल और उपन्यास को जटिल बताते हुए लुकाच ने 'उपन्यास का सिद्धान्त' पुस्तक में 'रूपों के इतिहास दर्शन की समस्याएँ' अध्याय के अन्तर्गत विस्तार से बतलाया है कि कैसे सामाजिक-आर्थिक परिवर्तन के फलस्वरूप मानवीय सम्बन्ध में बदलाव की वजह से उपन्यास कालान्तर में महाकाव्य का स्थानापन्न हो गया।

'रश्मिरथी' के कवि की नज़र पूरी दुनिया के सामाजिक-सांस्कृतिक परिवेश पर थी, पर वे अपने देश की साहित्य-परम्परा और भारतीय समाज में साहित्य के अभिग्रहण की प्रक्रिया को नज़रअन्दाज़ करके केवल पश्चिम की नकल पर कथा-काव्य के सृजन को बिल्कुल स्थगित करने के पक्ष में नहीं थे। उन्होंने लिखा है :

"परम्परा केवल मुख्य वही नहीं है जिसकी रचना बाहर हो रही है, कुछ वह भी प्रधान है जो हमें अपने पुरखों से विरासत के रूप में मिली है, जो निखिल भूमण्डल के साहित्य के बीच हमारे अपने साहित्य की विशेषता है और जिसके भीतर से हम अपने हृदय को अपनी जाति के हृदय के साथ आसानी से मिला सकते हैं।"

इसके बाद अपने समय के रचनाकारों द्वारा कथा-काव्य न लिखने के कारणों का खुलासा और उसके परिणाम का उल्लेख करते हुए उनका कहना है कि :

"कलाकारों की रुचि जो कथा-काव्य की ओर नहीं जा रही है, उसका भी कारण है और वह यह कि विशिष्टीकरण की प्रक्रिया में महीन होते-होते

कविता केवल चित्र-चिन्तन और विरल संगीत के धरातल पर जा अटकी है और जहाँ भी स्थूलता एवं वर्णन के संकट में फँसने का भय है, उस ओर कवि-कल्पना जाना नहीं चाहती। लेकिन, स्थूलता और वर्णन के संकट का मुक़ाबिला किये बिना कथा-काव्य लिखने वाले का काम नहीं चल सकता। कथा कहने में, अक्सर, ऐसी परिस्थितियाँ आकर मौजूद हो जाती हैं जिनका वर्णन करना तो ज़रूरी होता है, मगर, वर्णन काव्यात्मकता में व्याघात डाले बिना निभ नहीं सकता। रामचरितमानस, साकेत और कामायनी के कमज़ोर स्थल इस बात के प्रमाण हैं।"

दिलचस्प है दिनकर जी ने कवित्व का उत्कर्ष रचने को दायें हाथ का और आख्यान के निर्वाह के लिए वर्णन-चित्रण आदि करने को बायें हाथ का काम बताते हुए लिखा है कि 'रश्मिरथी' की रचना का आरम्भ बायें हाथ से हुआ है और आवश्यकतानुसार अनेक बार क़लम बायें से दाहिने और दाहिने से बायें हाथ में आती-जाती रही है। इस क्रम में रचनाकार की मुश्किलों की चर्चा करते हुए उन्होंने स्पष्ट लिखा है कि :

"कथा-काव्य की रचना, आदि से अन्त तक, केवल दाहिने हाथ के भरोसे नहीं की जा सकती। जब मन ऊबने लगता है और प्रतिभा आगे बढ़ने से इनकार कर देती है तो हमारा उपेक्षित बायाँ हाथ हमारी सहायता को आगे बढ़ता है।"

उन्होंने स्वीकार किया है कि इस क्रम में रचनाकार बेपर्द होने लगता है जिसे ढँकने के लिए उसे अनेक प्रकार के कौशलों से काम लेना पड़ता है।

'रश्मिरथी' की भूमिका में सहज ढंग से कवि ने जिन बातों का ज़िक्र किया है उनका सम्बन्ध कविता के सृजन से लेकर उसके अभिग्रहण तक की प्रक्रिया में पैदा होने वाली उन दुश्वारियों से भी है, जिनकी चर्चा लोकप्रिय साहित्य के समाजशास्त्र के सन्दर्भ में की जाती है। विषयान्तर का ख़तरा मोल लेते हुए कहना बहुत ज़रूरी है कि हमारे समय में हिन्दी कविता के अभिग्रहण और उसकी लोकप्रियता में आयी भारी कमी के अनेक कारणों में एक महत्त्वपूर्ण कारण हिन्दी कवियों द्वारा पश्चिम की नक़ल और फ़ैशन के तहत अपनी रचनात्मक ज़मीन से खुद बेदखल हो जाना है। याद रहे कि पन्त ने 'पल्लव' की भूमिका में कविता को 'प्राणों का संगीत' और छन्द को 'हृत्कम्पन' कहा था। जिन निराला ने हिन्दी में मुक्त छन्द का जमकर इस्तेमाल किया उनका छन्दों पर पूरा अधिकार था और वे मुक्त छन्द लिखने के पूर्व छन्द में काफ़ी-कुछ रच चुके थे। इसलिए उनके मुक्त छन्द में भी काव्य की लय है जो पाठक से वाचन की कला की अपेक्षा रखती है।

साहित्य जगत में अत्याधुनिक कहलाने की कवियों की महत्त्वाकांक्षा के तहत आख्यान-मुक्त और छन्द-मुक्त कविता रचने की ज़िद के कारण हिन्दी कविता का दायरा लगातार सिमटता गया है और कुछेक अपवादों को छोड़कर लगातार ऐसी अनेक कविताएँ लिखी जा रही हैं जिनमें काव्य तो काव्य, गद्य की लय तक ग़ायब है। नतीजतन, अब कवियों, कविता के चुनिन्दा आलोचकों और कुछ विद्याव्यसनी अध्यापकों एवं विद्यार्थियों को छोड़कर कविता संग्रह ज़्यादातर पुस्तकालयों की शोभा बढ़ा रहे हैं। यदि हिन्दी कविता की मौजूदा स्थिति की तुलना हिन्दी की सगोतिया उर्दू कविता से की जाय तो स्थिति बिल्कुल भिन्न नज़र आती है। अव्वल से उर्दू के कवियों ने ग़ज़ल और नज़्म की अपनी ज़मीन आज तक नहीं छोड़ी और जब वे आज़ाद नज़्म भी लिखते हैं तो बोलचाल की भाषा की रवानी आज़ाद नज़्म को जीवन्त बनाये रखती है। हिन्दी कविता में ऐसे उदाहरण कम हैं। कुछ साहित्येतर कारणों को छोड़कर हिन्दी में मैथिलीशरण गुप्त, दिनकर आदि राष्ट्रीय-सांस्कृतिक काव्यधारा के रचनाकारों को मिली अपार लोकप्रियता का एक बड़ा कारण अपनी साहित्य-परम्परा में गहरे धँसकर युगानुरूप कुछ नया रचने का उपक्रम है।

मैनेजर पाण्डेय ने लिखा है कि "कविता सचमुच समाजशास्त्रीय आलोचना के लिए एक टेढ़ी खीर है। बड़ा-से-बड़ा साहित्यिक समाजशास्त्री भी कविता से मुठभेड़ से बचता है, क्योंकि ऐसी मुठभेड़ के दौरान कविता और समाजशास्त्रीय आलोचना में से कभी एक और कभी-कभी दोनों की दुर्गति होती दिखाई देती है।" (साहित्य और समाजशास्त्रीय दृष्टि, पृ.240)। कहने की आवश्यकता नहीं कि मैथिलीशरण गुप्त या दिनकर सरीखे रचनाकारों और ख़ास तौर से 'रश्मिरथी' के समाजशास्त्रीय अध्ययन-विश्लेषण के बजाय कुछेक अपवादों को छोड़कर यह बात छायावाद, प्रयोगवाद, नयी कविता आदि के कवियों की अनेक कविताओं के साथ ही प्रगतिशील कहे जाने वाले शमशेर और कलावादियों की कविता के सन्दर्भ में ज़्यादा सही है। वजह यह कि 'रश्मिरथी' जैसे कथा-काव्य में भाषा अपने सर्जनात्मक उत्कर्ष पर जहाँ पहुँचती है वहाँ भी अमूर्तन से काम नहीं लिया गया है। यह सही है कि मोटे तौर पर ओज एवं प्रसाद गुण वाली इस कृति के सृजन में प्रसंगोचित एवं पात्रोचित काव्यभाषा की महत्त्वपूर्ण भूमिका है, पर इससे ज़्यादा वहाँ वाग्मिता (रेटोरिक) से भरपूर छन्दों के संयोजन का सौन्दर्य है जिसे अरस्तू एवं लान्जायनस ने कविता की एक बड़ी ख़ूबी माना है। कविता में वाग्मिता की भूमिका पर प्रकाश डालते हुए अमेरिकी आलोचक जोनाथन कूलर ने लिखा है कि Poetry is closely allied to rhetoric—the study of the persuasive and expressive resources of language. Poetry is language that makes abundant use of figures of speech and language. In literary theory, a poem is both a structure made of words (a text) and an event (an act of the poet, an experience of the reader, an event in literary history).

(भाषा के प्रेरक और अभिव्यंजक संसाधनों के अध्ययन के क्रम में हम कविता को वाग्मिता से आत्यन्तिक रूप से जुड़ा पाते हैं। कविता वह भाषा है जो भाषण और भाषा के आँकड़ों का प्रचुर उपयोग करती है। साहित्यिक सिद्धान्त में, कविता एक ऐसी संरचना है जो शब्दों (पाठ) और एक घटना (कवि-कर्म, पाठक का एक अनुभव और साहित्येतिहास की एक घटना) दोनों का संयोजन होती है।)

कवि दिनकर और उनकी 'रश्मिरथी' के प्रसंग में यह बात बहुत दूर तक सही है। इस कृति से गुज़रते हुए एक-एक करके जो चरित्र उभरते हैं वे महाभारत से भिन्न प्रकारान्तर से केन्द्रीय पात्र कर्ण के शील को संवलित करते हैं और जो सुसम्बद्ध कथा प्राप्त होती है या परिवेश का जो प्रभावकारी चित्र मूर्तिमान होता है, वह सब संवाद बोलने वाले पात्र की वाग्मिता के बल पर सम्भव हो पाया है। इस काव्य-कृति के तमाम प्रमुख मार्मिक प्रसंगों का भाषिक विश्लेषण करने पर कथ्य का जो सौष्ठव उजागर होता है उसका भी वाग्मिता से गहरा रिश्ता है। यह बात दिनकर की 'उर्वशी' समेत तमाम रचनाओं में देखी जा सकती है। एक अर्थ में दिनकर एक संवादधर्मी कवि हैं। उनकी कविता में संवाद की लय है।

हिन्दी में आधुनिकतावाद के शलाकापुरुष अज्ञेय को दिनकर के कवि में नयी रचना-स्थिति की पहचान का अभाव खटकता रहा है, जो कि एक सफल कवि होने की बुनियादी शर्त है। उनका यह भी कहना है कि दिनकर न केवल एक असफल कवि हैं, बल्कि पारिभाषिक अर्थ में एक अनाधुनिक कवि भी हैं। उनके अनुसार चूँकि कविता और उसके श्रोता के बीच पारम्परिक सम्बन्ध-सूत्र विच्छिन्न हो चुका है और श्रोता का स्थान पाठक ने ले लिया है, इसलिए सुनने या सुनाने योग्य रचित कविता बदले हुए समय में उतनी प्रासंगिक नहीं रह गयी है जितनी कि वह एक ज़माने में हुआ करती थी। इसके अलावा चूँकि कविता अब केवल आस्वादन के बजाय आलोचनात्मक मूल्यांकन की दरकार रखती है और कविता रचने वाला कवि और कविता पढ़ने वाला पाठक, दोनों ही अकेला इस सांस्कृतिक प्रक्रिया में भागीदारी करता है, इसलिए इस परिवर्तित सामाजिक-सांस्कृतिक वातावरण में दिनकर की कविता का अभिग्रहण पहले की तरह असम्भव है।

अज्ञेय का यह भी मानना है कि कविता में अन्तर्पाठीयता (इंटरटेक्स्चुअलिटी) होती है, क्योंकि वह पहले की किसी अन्य कविता से निकलती है।

कहने की ज़रूरत नहीं कि दिनकर सरीखे कवियों की कविता समाजशास्त्रीय अर्थ में एक संस्था के रूप में 'कवि-सम्मेलन' का पतन या ख़ात्मे के बावजूद एक बड़े पाठक समुदाय से प्रशंसित रही है। हिन्दी में आज भी ऐसे हज़ारों लोग मिल जायेंगे जिन्हें दिनकर की बहुत सारी कविताएँ याद हैं और यह कविता को सुनकर नहीं, पढ़कर सम्भव हुआ है। इसलिए अज्ञेय का यह कहना मुनासिब नहीं है कि आधुनिक युग में काव्य के प्रसंग में श्रोता की जगह पाठक के केन्द्रीय स्थान प्राप्त कर लेने की वजह से दिनकर की कविता अब प्रासंगिक नहीं रह गयी है।

अज्ञेय की कविता से कविता निकलने की बात भी अयुक्तियुक्त है। हिन्दी कविता के इतिहास में यह रीतिकाव्य को छोड़कर और कहीं शायद ही लागू हो। सार्त्र ने लिखा है कि 'लेखक को सृजन-क्षमता केवल ज्ञान या प्रतिभा नहीं, बल्कि उसके समाज से मिलती है।' दुनिया की प्रायः वे ही कविताएँ मनुष्य के हृदय को स्पन्दित कर पाने में समर्थ देखी गयी हैं जो जीवन-जगत के घात-प्रतिघात को प्रतिध्वनित करती हैं। इनमें भी वे कविताएँ ज़्यादा प्रभावकारी होती हैं जिनके रचनाकार ख़ुद किसी परिवर्तनकामी आन्दोलन में भागीदार होते हैं। यह सच है कि अच्छे कवि के लिए केवल सिर्फ़ 'एक्टिविस्ट' होने के बजाय साहित्य परम्परा का सम्यक् ज्ञान अत्यावश्यक होता है, पर इतिहास-बोध से विच्छिन्न और अपने समय-समाज की हलचलों से बेख़बर केवल सुपठित कवि अच्छी कविता का सृजन करे, यह सम्भव नहीं हैं। अज्ञेय ने दिनकर के काव्य-गुणों की तारीफ़ करते हुए उन्हें एक सफल आधुनिक कवि के बजाय लोकप्रिय कवि माना है।

सवाल उठता है कि क्या लोकप्रियता आधुनिक कला को ऊँचे आसन से च्युत करने वाला तत्त्व है। सचाई यह है कि लोकप्रियता श्रेष्ठ कला का विरोधी नहीं, बल्कि एक अनिवार्य गुण है। हिन्दी में सन्त-भवत कवियों की रचनाएँ इसका प्रमाण हैं। उनमें मनुष्य की मध्ययुगीन जन्मना श्रेष्ठता या द्विज श्रेठत्व जैसी मान्यता की जगह गुण के आधार पर मनुष्य के अच्छे-बुरे होने की जो पुरज़ोर वकालत की गयी है वह प्रकारान्तर से आधुनिकता का एक महत्त्वपूर्ण लक्षण है। इसके अलावा गहन अनुभूति और गम्भीर चिन्तन को लोक में प्रचलित सहज भाषा, अभिव्यक्ति-पद्धति एवं गायन-वादन की शैली में रच देने के कारण वह लोकप्रिय कला का भी बेहतर उदाहरण है।

दिनकर की भी तमन्ना थी कि वे रिल्के की संवेदना और चिन्तन को तुलसीदास की शैली में रच सकें। छायावादियों की लिंग वक्रता, वचन वक्रता तथा

प्रयोगवादियों की ऊहापोह उत्पन्न करने वाली अभिव्यक्ति से भिन्न 'सच्चाई की पहचान कि पानी साफ़ रहे' को आदर्श मानने और भाषा की सफ़ाई पर बल देने के कारण उनकी कविता सामान्य पढ़े-लिखे लोगों तक भी आसानी से सम्प्रेषित हो जाती है। इसके अलावा वाल्मीकि,व्यास, भवभूति, कालिदास और तुलसीदास की कविता तथा ख़ास तौर पर 'रामचरितमानस' से उनका गहरा लगाव था। इसीलिए उनकी कविता में मिथकीय चरित्रों की भरमार है, पर वे अपनी कविता में इन चरित्रों से जुड़े आख्यानों को दुहराने के बजाय इनको अपने समय की ज्वलन्त समस्याओं से मुठभेड़ करते हुए दिखाते हैं। उदाहरण के लिए भारत में और ख़ास तौर से हिन्दी क्षेत्र में जातिवाद एक बहुत बड़ी सामाजिक विकृति है और चुनावी राजनीति के कारण यह आज भी फल-फूल रही है। 'रश्मिरथी' में जब कर्ण से उसकी जाति पूछी जाती है तो कवि ने कर्ण का उत्तर इन शब्दों में रचा है :

अर्जुन से लड़ना हो तो मत गहो सभा में मौन,
नाम-धाम कुछ कहो, बताओ कि तुम जाति हो कौन?

'जाति! हाय री जाति!' कर्ण का हृदय क्षोभ से डोला,
कुपित सूर्य की ओर देख वह वीर क्रोध से बोला
जाति-जाति रटते, जिनकी पूँजी केवल पाखण्ड,
मैं क्या जानूँ जाति? जाति हैं ये मेरे भुजदण्ड।

ऊपर सिर पर कनक-छत्र, भीतर काले-के-काले,
शरमाते हैं नहीं जगत में जाति पूछनेवाले।
सूतपुत्र हूँ मैं, लेकिन थे पिता पार्थ के कौन?
साहस हो तो कहो, ग्लानि से रह जाओ मत मौन।

मस्तक ऊँचा किये, जाति का नाम लिये चलते हो,
पर, अधर्ममय शोषण के बल से सुख में पलते हो।
अधम जातियों से थर-थर काँपते तुम्हारे प्राण,
छल से माँग लिया करते हो अँगूठे का दान।

एक सामाजिक विकृति के रूप में जातिवाद की समस्या की तह में जाकर 'संस्कृति के चार अध्याय' में दिनकर जी ने डॉ. भीमराव अम्बेडकर को उद्धृत

करते हुए लिखा है कि "धर्मशास्त्रों में जाति और वर्ण का प्रयोग समानार्थक है और उसका आधार बीज-क्षेत्र-विचार ही ठहरता है। डॉ. अम्बेडकर ने शोधपूर्वक यह मत प्रतिपादित किया है कि वेदों से यह प्रमाणित नहीं होता कि आर्यों का रंग दासों के रंग से भिन्न था। वर्ण का निर्धारण पहले व्यवसाय, स्वभाव, संस्कृति आदि के आधार पर ही था। पीछे जातिवाद के प्रकट होने पर वर्ण का आधार भी बीज-क्षेत्र-विचार हो गया। ...शायद, डॉ. अम्बेडकर की यह स्थापना ग़लत नहीं है कि शूद्र उसी भाण्डार के हैं, जिसकी मुख्य शाखा क्षत्रिय जाति के रूप में विकसित हुई।

...प्रत्येक जाति को, सदा के लिए, किन्हीं ख़ास धन्धों से बाँध देने का रिवाज वैदिक युग के बाद प्रचलित हुआ, जिसका स्पष्टतम उल्लेख मनुस्मृति में मिलता है :

वरं स्वधर्मों विगुणों, न पारक्यः स्वनुष्ठितः
परधर्मेण जीवन हि सद्यः पतति जातितः।

...कृष्ण-द्वैपायन व्यास की माता सत्यवती धीवर-जाति की थीं, किन्तु, व्यास क्षत्रिय और ब्राह्मण, सब के पूजनीय थे। इसी प्रकार, जाबाला का पुत्र सत्यकाम ब्रह्मविद्या का अधिकारी ब्राह्मण समझा गया, यद्यपि, जाबाला इतना भी नहीं जानती थी कि सत्यकाम किस पुरुष के संसर्ग से जनमा था।" (पृ. 44)

कहना न होगा कि आर्ष ग्रन्थों में रामायण और महाभारत सर्वप्रमुख हैं। श्री अरविन्द भारत में रामायण से नैतिक सभ्यता और महाभारत से बौद्धिक सभ्यता का उद्भव मानते हैं। इन दोनों महाग्रन्थों में महाभारत की संरचना रामायण के बजाय कहीं ज़्यादा जटिल है। इसीलिए भारत में हर युग के विचारक, रचनाकार और व्याख्याकार अपने-अपने युग की आवश्यकताओं के तहत किसी ख़ास नज़रिये से इसके विविध प्रसंगों में से कुछ को चुनकर पुनर्रचित करने या उनकी व्याख्या करने की कोशिश करते रहे हैं।

सुप्रसिद्ध समाजवैज्ञानिक सुदीप्त कविराज का कहना है कि महाभारत एक ऐसा महाख्यान है जिसका मर्म-स्थल द्रौपदी ही है। वही इस आख्यान की अग्नि प्रज्वलित रखती है। प्रोफ़ेसर कविराज के शब्दों में :

> *"वह एक दीपशिखा की तरह जलती रहती है, और जब कथा में वह अविश्वसनीय मोड़ आता है कि युधिष्ठिर उसे द्यूत-क्रीड़ा में दाँव पर लगा देते हैं तो वह फिर उसी रौद्र ज्वाला में परिणत हो जाती है। जुआ लगभग नरबलि की तरह होता है—अगर पासा गलत पड़ जाये तो मनुष्य विनिमय की वस्तु में बदल जाता है। अन्ततोगत्वा यह द्रौपदी की अग्नि है जो वन को जलाकर राख कर देती है।"*

महाभारत के एक श्लोक के हवाले से उसे सही मायने में एक धर्मग्रन्थ बताते हुए वे लिखते हैं कि यह महाकाव्य इस सूत्र में विश्वास करता है कि न्याय की लघुतर सेनाओं को अच्छाई से भले ही कोई ठोस रसद न मिलती हो, परन्तु उसमें एक शब्दातीत शक्ति होती है जो संघर्ष की तमाम भयावहता के बाद भी इस उम्मीद को ज़िन्दा रखती है कि अन्ततः सत्य ही विजयी होगा। इस अर्थ में कुरुक्षेत्र का युद्ध गहरे संकट-काल के समय अच्छाई के लिए लड़े जा रहे युद्ध का रूपक बनकर उभरता है। अच्छाई की शक्तियाँ हाशिये पर ठेल दी गयी हैं, लेकिन उन्हें अपने भीतर यह विश्वास जाग्रत करना होगा कि जब भी वास्तविक युद्ध लड़ा जायेगा तो विजय का मानपत्र उन्हीं के नाम लिखा जायेगा। पर्याप्त और अपर्याप्त की इस शब्द-क्रीड़ा को, जिसमें नैतिक परीक्षण के समय असीमित भी आवश्यक से कम पड़ जाता है, अन्याय की शक्ति पर गूढ़ कटाक्ष करने वाले इस पद के बिना नहीं समझा जा सकता :

अधर्मेणैधते तावत् ततो भद्राणि पश्यति
ततः सपत्नान जयति समूलस्तु विनश्यति

(अनीति के मार्ग पर चलने वाला एक समय तक समृद्धि का जीवन व्यतीत कर सकता है, वह अपने शत्रुओं पर भारी पड़ सकता है, लेकिन अन्ततः वह समूल नष्ट हो जाता है।)

विदित है कि हमारे समय की महाश्वेता देवी और प्रतिभा राय समेत अनेक स्त्रीवादी रचनाकारों ने भी द्रौपदी को अपनी रचनाओं में पुनर्जीवित किया है जो स्वतन्त्र विश्लेषण की माँग करता है।

इनसे भिन्न जब रवीन्द्रनाथ और दिनकर की महाभारत से रचनात्मक मुठभेड़ हुई तो इन रचनाकारों ने द्रौपदी के बजाय कर्ण को केन्द्रीय महत्त्व देते हुए पुराने प्रसंग को पुनर्रचित किया। टैगोर के यहाँ 'महाभारत' के 'उद्योग पर्व' की सामग्री को 'कर्ण-कुन्ती संवाद' के रूप में पुनर्रचित करने के दौरान एक निरपराध बालिका की व्यथा और अनजाने में उससे हुई ग़लती का आजीवन दुष्परिणाम भुगतने को अभिशप्त कर्ण की मनोदशा को अभिव्यक्ति मिली है। किशोरावस्था में कुन्ती को मालूम नहीं था कि जिस अयाचित वरदान से उसे नवाज़ा गया है वह उसके लिए अभिशाप बन सकता है। इसी प्रकार वर्णाश्रम धर्म में पगी सामन्ती व्यवस्था में कर्ण आजीवन अज्ञातकुलशील जीवन जीने के लिए अभिशप्त रहा और राजपुत्रों के बीच वह सम्मान उसे नहीं मिला जिसका वह अधिकारी था।

कुरुक्षेत्र में युद्ध के औपचारिक आरम्भ के पूर्व सन्ध्या समय जाह्नवी नदी के तट पर अस्ताचलगामी सूर्य के ध्यान में मग्न रवीन्द्रनाथ का कर्ण कुन्ती से पूछता है कि वह कौन है और क्या चाहती है। इस सवाल का भावुक उत्तर देती हुई कुन्ती सूर्यास्त के बाद अँधेरा छा जाने पर तमाम तरह की लौकिक शर्म-हया त्यागकर उसे अपनी पहचान बताती हुई उसके वजूद का राज़ खोलती है और उससे युद्ध में कौरवों का साथ छोड़कर पाण्डवों से मिल जाने की याचना करती है :

'With the puissance of your arms
recover the kingdom that's your own, my son.
Judhisthir will cool you, moving a white fan;
Bhim will hold up your umbrella; Arjun the hero
will drive your chariot; Dhaumya the priest
will chant Vedic mantras; and you, vanquisher of foes,
will live with your kinsmen, sole ruler in your kingdom,
sitting on your jewelled throne, sharing power with none.'

जन्म के बाद माता द्वारा परित्याग को लेकर शिकायती लहजे में विनम्रतापूर्वक कुछ कहने के बाद रवीन्द्रनाथ का कर्ण माता कुन्ती से दृढ़ स्वर में निवेदन करता है कि युद्ध में पाँवों की विजय होगी और उसे पराजित होने वाले शिविर में ही रहना चाहिए। साथ ही, वह कुन्ती से वीरोचित आशीर्वाद माँगता है : 'मैं विजय की लालसा, यश अथवा राज्य-प्राप्ति की इच्छा के कारण वीरता के पथ से विचलित न होऊँ।'

जयलोभे, यशोलोभे, राज्येलोभे अयि,
बीरेर सद्गति हते भ्रष्ट नाही हई।

इतना ही नहीं, वह माता कुन्ती को भयमुक्त करता हुआ कहता है कि युद्ध में पाण्डवों की विजय तय है, पर इस नाज़ुक घड़ी में उसे कौरवों का साथ छोड़ने को कहना अनुचित है :

Mother, don't be afraid.
Let me predict : it's the Pandavs who will win.
On the panel of this night's gloom I can clearly read
before my eyes the dire results of war :
legible in starlight. This quiet, unruffled hour
from the infinite sky a music drifts to my ears :

of effort without victory, sweat of work without hope –
I can see the end, full of peace and emptiness.
The side that is going to lose –
please don't ask me to desert that side.
Let Pandu's children win, and become kings,
let me stay with the losers, those whose hopes will be dashed.
The night of my birth you left me upon the earth :
nameless, homeless. In the same way today
be ruthless, Mother, and just abandon me :
leave me to my defeat, infamous, lustreless.
Only this blessing grant me before you leave :
may greed for victory, for fame, or for a kingdom
never deflect me from a hero's path and salvation.

(Translated from Bengali by Ketaki Kushari Dyson)

'रश्मिरथी' में कर्ण से मिलने जाने के पूर्व कुन्ती का असमंजस विस्तार से वर्णित हुआ है। ज़ाहिर है कि महाभारत की कथा के मद्देनज़र कुन्ती को किसी भी तर्क से आत्यन्तिक वासना से परिचालित होकर गर्भ धारण करने का दोषी ठहराना असम्भव है। कितु, अपने समय-समाज में प्रचलित एक विशेष प्रकार की नैतिकता से अनुकूलित स्त्री के मन में इस मुद्दे को लेकर ऊहापोह स्वाभाविक है :

यदि कहूँ युधिष्ठिर से यह मलिन कहानी,
गल कर रह जायेगा वह भावुक ज्ञानी।
तो चलूँ कर्ण से ही मिलकर बात करूँ मैं
सामने उसी के अन्तर खोल धरूँ मैं।

लेकिन कैसे उसके सम्मुख जाऊँगी?
किस तरह उसे अपना मुख दिखलाऊँगी?
माँगता विकल हो वस्तु आज जो मन है
बीता विरुद्ध उसके समग्र जीवन है।

क्या समाधान होगा दुष्कृति के कर्म का?
उत्तर दूँगी क्या, निज आचरण विषम का?

किस तरह कहूँगी—पुत्र! गोद में आ तू,
इस जननी पाषाणी का हृदय जुड़ा तू?

दिनकर की कविता में कर्ण और कुन्ती के बीच संवाद बहुत लम्बा है जिसमें आक्रोश और करुणा के बीच तनाव के तहत जगह-जगह कवित्व का उत्कर्ष दिखाई पड़ता है। ज़ाहिर है कि अपराध न तो कुन्ती ने किया था और न ही कर्ण ने, पर दोनों को आजीवन जो यातना भोगनी पड़ी उसे शब्दों में बाँधना असम्भव है। वस्तुतः माता-पुत्र की विडम्बना की जड़ें उस युग की नैतिक मान्यताओं की विसंगतियों में गड़ी पड़ी हैं जिनसे आधुनिक मनुष्य भी पूरी तरह निजात नहीं पा सका है। आज भी अविवाहित स्त्री यदि सन्तान को जन्म देती है तो उसका अपना जीवन और सन्तान का लालन-पालन या आगे का जीवन हरदम सवालों के घेरे में रहता है। कर्ण के जन्म के प्रसंग में रवीन्द्रनाथ इसे ही उसकी 'सामाजिक मृत्यु' कहते हैं : 'कर्ण का जन्म एक मृत्यु भी है। क्या उसकी मृत्यु उसके जन्म के साथ ही शुरू हो जाती है? एक तरह से यह पूरी कथा कर्ण की दीर्घ मृत्यु की कथा है।'

'रश्मिरथी' में कुन्ती से बातचीत के दौरान कर्ण युद्ध में पहले केवल अर्जुन का वध करने और शेष चारों भाइयों को न मारने की बात करता है, पर कुन्ती की दशा देखकर उसका हृदय विदीर्ण हो जाता है और वह पाँचों पाण्डवों में से किसी को नहीं मारने का वचन देने के साथ ही दुर्योधन की विजय होने पर अन्ततः सबकुछ छोड़कर कुन्ती के पास लौट आने के लिए राजी हो जाता है। वह बार-बार कहता है कि किसी व्यक्ति या समूह की विजय-पराजय के बजाय वह पददलितों के अधिकार के लिए युद्ध का हामी है :

जग में जो भी निर्दलित, प्रताड़ित जन हैं,
जो भी विहीन हैं, निन्दित हैं, निर्धन हैं,
यह कर्ण उन्हीं का सखा, बन्धु, सहचर है
विधि के विरुद्ध ही उसका रहा समर है।

आमतौर पर माना जाता है कि इतिहास प्रसंग पैदा करता है और बड़ा से बड़ा कवि इतिहास-प्रक्रिया से बाहर जाकर सृजन नहीं कर सकता। बावजूद इसके याद रहे कि कविता एक ऐसी विधा है जो इतिहास-प्रक्रिया से होती हुई प्रायः उसका अतिक्रमण करती है। 'रश्मिरथी' में कर्ण का यह कथन वस्तुतः कवि के सामाजिक सरोकार को अभिव्यक्त करता है। जिस प्रकार महाभारतकार व्यास

महाआख्यान रचने के दौरान यथासमय आख्यान के भीतर-बाहर आवाजाही करते हुए कथा का सूत्र किसी एक पात्र को नहीं सौंपते उसी प्रकार दिनकर के यहाँ भी विभिन्न प्रसंगों के धारा-प्रवाह वर्णन के क्रम में सृजनात्मकता की डोर प्रायः एक से दूसरे हाथ में जाती रहती है।

कुल मिलाकर सुविख्यात आख्यानों पर आधारित काव्य-सृजन में नवाचार, कथ्य के अनुरूप उपयुक्त मात्रिक छन्दों का ज़रूरत के मुताबिक़ इस्तेमाल, भाषा की सफ़ाई, अद्भुत सम्प्रेषण-कला, संवाद की लय तथा अपने समय-समाज के ज्वलन्त प्रश्नों से दो-चार होकर व्यापक जन समुदाय की आत्मा की प्रतिध्वनि को पुनर्रचित करने के कारण केवल 'रश्मिरथी' ही नहीं, बल्कि दिनकर-काव्य का बहुलांश आज भी हिन्दी जानने-समझने वालों के कण्ठ में सम्भवतः सबसे ज़्यादा बसता है। वे आज भी एक ज़िन्दा कवि हैं और उनकी कविता आनेवाली नस्लों के दिल-ओ-दिमाग़ को भी झकझोरती रहेगी।

आचार्य नलिन विलोचन शर्मा ने दिनकर की कविता को 'विचारों का संगीत' कहा है। उनकी काव्यकृतियों के साथ ही वैचारिक कृतियों में भी अनेकानेक सूक्तियाँ मिलती हैं। 'पापी कौन मनुज से उसका न्याय चुराने वाला', 'शान्ति नहीं तब तक जब तक सुख भाग न नर का सम हो', 'ऊँच नीच का भेद न माने वही श्रेष्ठ ज्ञानी है', 'तेजस्वी सम्मान खोजते नहीं गोत्र बतलाके', 'मूल जानना बड़ा कठिन है नदियों का, वीरों का', 'जाति जाति का शोर मचाते केवल कायर क्रूर', 'परशु और तप, ये दोनों वीरों के ही होते शृंगार','सरस्वती की जवानी कविता है और बुढ़ापा दर्शन', 'उगती सभ्यता के कवि भावनाशील और बुझती सभ्यता के कवि बुद्धि पीड़ित होते हैं', 'जातियाँ जब थकती हैं, तब उनका ध्यान रचना से हटकर आलोचना पर चला जाता है', 'आदर्श मनुष्य शरीर से दैत्य और मन से महात्मा होता है', 'बिना आत्मखण्डन किये सत्य का सेवन चल नहीं सकता', 'प्रेम स्वतःस्फूर्त भावना है और विवाह एक कठोर कर्तव्य', 'युद्ध राजनीति की उस अवस्था को कहते हैं, जब वह लोहू से लाल हो उठती है और शान्ति राजनीति का वह रूप है, जब वह कण्ठी माला और चन्दन से विभूषित रहती है'—जैसी हज़ारों सूक्तियाँ उनकी कृतियों में भरी पड़ी हैं, जो उनकी रचनाओं के लोकप्रिय होने में सहायक हैं।

अन्तोनियो ग्राम्शी ने कविता की जिन तीन श्रेणियों का उल्लेख किया है उनमें 'उर्वशी' यदि अभिजन-काव्य (एलिट पोएट्री) है, तो, 'रश्मिरथी' समेत उनकी अधिकतर कविता पुस्तकें 'राष्ट्रीय लोकप्रिय' (नेशनल पॉपुलर) कविता का श्रेष्ठ उदाहरण हैं। ग्राम्शी का कहना है कि जब किसी देश के साहित्य

में 'राष्ट्रीय लोकप्रिय कविता' की कमी होने लगती है तब उस शून्य को सस्ती लोकप्रिय कविता (पॉपुलिस्ट पोएट्री) आकर भरने लगती है।

हमारे समय की विडम्बना है कि कुछेक अपवादों को छोड़कर जनपक्षधर काव्य-वस्तु भी अभिजन कविता के शिल्प में रची जा रही है और राष्ट्रीय लोकप्रिय कविता का सृजन न के बराबर हो रहा है। ज़ाहिर है कि इस शून्य को अनेक विचारधाराओं के नाम पर सिंह गर्जना करने वाले या गलाबाज़ी के बल पर तुकबन्दी करने वाले भर रहे हैं।

आख्यान परम्परा में कर्ण का चरित्र

–आनन्द कुमार सिंह

भीष्मद्रोणतटा जयद्रथजला गान्धारनीलोत्पला।
शल्यग्राहवती कृपेण महता कर्णेन वेलाकुला।।
अश्वत्थामाविकर्णघोरमकरा दुर्योधनावर्तिनी।
सोत्तीर्णा खलु पाण्डवैः रणनदी कैवर्तकः केशवः।।

–एक सुभाषित

(भीष्म और द्रोण जिसके दो तट हैं, जयद्रथ जिसका जल है, शकुनि ही जिसमें नीलकमल है, शल्य जलचर ग्राह है, कर्ण तथा कृपाचार्य ने जिसकी मर्यादा को आकुल कर डाला है, अश्वत्थामा और विकर्ण जिसके घोर मगर हैं, ऐसी भयंकर और दुर्योधन रूपी भँवर से युक्त रणनदी को केवल श्रीकृष्ण रूपी नाविक की सहायता से पाण्डव पार कर गये।)

1

सुभाषित लोक की अन्तश्चेतना के प्रतीक होते हैं, उपर्युक्त सुभाषित में महाभारत युद्ध को एक रणनदी मानकर कर्ण को उसकी मर्यादा भंग करने वाला कहा गया है। स्वयं महाभारत में, जहाँ से कर्ण का चरित्र प्रस्फुटित हुआ है, कर्ण के चरित्र का आख्यान इसी रूप में प्रस्तुत किया गया है। 'रश्मिरथी' खण्डकाव्य का पुनःपाठ करते हुए हमें कुछ बातों पर विचार करना इसलिए ज़रूरी लगता है क्योंकि इस कृति का जैसा स्वागत तत्कालीन सहृदय समाज और लोक में हुआ वैसा आलोचकों में नहीं हुआ। विशेषकर मार्क्सवादी आलोचकों ने चुप्पी साध ली और 'कुरुक्षेत्र' के प्रकाशन के बाद से प्रबन्ध कवि के रूप में दिनकर जी को जो ख्याति मिली थी, उधर ध्यान देना बन्द कर दिया गया। डॉ. नगेन्द्र के बाद कम ही आलोचक इस तरह के बचे जिन्होंने दिनकर जी की कविता पर ठीक

से ध्यान दिया। कहने की आवश्यकता नहीं कि अध्यापकीय आलोचना के क्षेत्र में धीरे-धीरे प्रमुख विश्वविद्यालयों में ऐसे ही आलोचकों का प्रभुत्व बढ़ने लगा जिनकी कविता की समझदारी अभारतीय मूल्यों से बनी थी। यदि उन्होंने कुछ देर तक दिनकर और सुमन जैसे कवियों पर ध्यान दिया भी तो बस वो इसीलिए कि ये दोनों कवि वैचारिक रूप से साम्यवाद के निकट आने लगे थे। उस दौर में अपने से विरुद्ध मत वाले कवियों की उपेक्षा स्वाभाविक थी।

रामधारी सिंह दिनकर की सुप्रसिद्ध कृति 'रश्मिरथी' प्रमुखतः एक खण्डकाव्य है जिसकी रचना कवि के अनुसार 16 फ़रवरी सन् 1950 को प्रारम्भ हुई और इस काव्य का प्रकाशन सन् 1952 में हुआ। मोटे तौर पर हम मान सकते हैं कि दिनकर जी ने 1950 से 1952 के बीच इन्हीं दो वर्षों में रश्मिरथी काव्य का प्रणयन किया। सन् 1952 में प्रकाशन की सूचना के बावजूद शोधकर्ताओं को इस काव्य के प्रथम संस्करण की कोई प्रति उपलब्ध नहीं हुई है। डॉ. गोपाल राय ने भी दिनकर विरचित जिन पुस्तकों के प्रथम संस्करण के अनुपलब्ध होने की बात लिखी है उसमें रश्मिरथी का नाम भी है। (पृ. 339, दिनकर व्यक्तित्व और रचना के आयाम, सं. गोपाल राय, सत्यकाम, सुहानी बुक्स, दिल्ली, 2009) लेकिन दिनकर जी के समय में उनकी प्रकाशित पुस्तकों की जो सूची उपलब्ध है उससे पता चलता है कि इस कृति को उदयाचल प्रकाशन, पटना ने प्रकाशित किया था जो दिनकर जी का स्वयं का प्रकाशन संस्थान था। 1950 में दिनकर जी को लंगट सिंह कॉलेज, मुज़फ़्फ़रपुर (बिहार) में हिन्दी का प्रोफ़ेसर नियुक्त किया गया था। 4 अगस्त 1950 को श्री रायकृष्णदास को लिखे पत्र से ज्ञात होता है कि अगस्त के अन्त या सितम्बर के आरम्भ में उन्होंने लंगट सिंह कॉलेज में काम सँभाला होगा। (वही, पृ. 321) इसी लेख में प्रो. सत्यकेतु ने बताया है, "20 मार्च 1952 के पत्र में उन्होंने प्रिंसिपल को सूचना दी थी कि वो नौकरी से अलग हो चुके हैं और 27 मार्च को राज्यसभा के लिए चुनाव होने वाला है। इस चुनाव में दिनकर राज्यसभा के सदस्य के रूप में चुन लिए गये और 1964 तक राज्यसभा के सदस्य रहे।" (वही, पृ. 322) रश्मिरथी की भूमिका में दिनकर जी ने लिखा है, मुज़फ़्फ़रपुर, चैत्र रामनवमी, संवत् 2009 जिससे पता चलता है कि 3 अप्रैल 1952 को उन्होंने यह भूमिका लिखी। उसी दिन यानी 3 अप्रैल 1952 को ही राज्यसभा का गठन हुआ था जिसमें दिनकर जी राष्ट्रपति द्वारा नामांकित नहीं बल्कि चयनित सदस्य के बतौर सदस्य बने। यह एक विशिष्ट उपलब्धि थी जिससे यह भी पता चलता है कि भारतीय राष्ट्रीय कांग्रेस में उनकी पैठ किस स्तर की रही होगी। प्रो. गोपेश्वर सिंह ने 'दिनकर : हिन्दी कविता का युवा हृदय सम्राट'

नामक आलेख में कहा है, " 'हुंकार' से लेकर 'हारे को हरिनाम' तक यानी कि लगभग शुरू से लेकर अन्त तक की दिनकर की काव्य यात्रा को लक्षित और प्रशंसित करने में हिन्दी पाठक ने कभी कोताही नहीं की। इसके मूल में किसी साहित्येतर कारण की जगह उनकी काव्यशक्ति की दीप्ति और प्रभाव है। यही कारण है कि नयी कवितावादी आलोचकों द्वारा निन्दित और उपेक्षित किये जाने के बावजूद दिनकर की लोकप्रियता के ग्राफ़ में कोई कमी नहीं आती।" (पृ. 187, आलोचना का नया पाठ, गोपेश्वर सिंह, किताबघर प्रकाशन, नयी दिल्ली, 2011)

इस तरह की उपलब्धियों से दिनकर का सामाजिक क़द तो बढ़ा लेकिन हिन्दी पट्टी में प्रायः ऐसी उपलब्धियाँ दूसरे समकालीनों के लिए ईर्ष्या और स्पृहा का कारण होती हैं। रश्मिरथी के पहले दिनकर जी का साहित्यिक अवदान आलोचकों की दृष्टि में प्रशंसनीय था किन्तु सम्भवतः रश्मिरथी के प्रकाशन के बाद उन्हें 'एक माइनर पोएट' कहा जाने लगा। साहित्य के इतिहास में कविता के लिए भी 1952-53 के बाद का समय पारम्परिक कविता का नहीं रहा। हिन्दी कविता पर पश्चिमी आन्दोलनों की हवा का असर होने लगा था और नये पढ़े-लिखे बौद्धिकों के हाथ में कविता की स्वाभाविकता पारम्परिक से हटकर प्रायोगिक उपलब्धियों की ओर मुड़ने लगी। दिनकर जी को यह बात पता थी और वह उस ज़माने के नये कवियों की आयातित काव्य-प्रवृत्तियों को समझते थे। रश्मिरथी की भूमिका में उन्होंने कहा है :

"इस परम्परा (आख्यान काव्य की परम्परा) के प्रति मेरे बहुत से सहधर्मियों के क्या भाव हैं, इससे मैं अपरिचित नहीं हूँ। मुझे यह भी पता है कि जिन देशों अथवा दिशाओं से आज हिन्दी काव्य की प्रेरणा पार्सल से, मोल या उधार मँगाई जा रही है, वहाँ कथा-काव्य की परम्परा निःशेष हो चुकी है और जो काम पहले प्रबन्ध काव्य करते थे, वही काम अब बड़े मज़े में उपन्यास कर रहे हैं।"

स्वाभाविक है कि खेल यदि बदल जाता है तो उसके खिलाड़ी स्वतः 'आउट' हो जाते हैं। अतः नयी कविता के ज़माने में दिनकर प्रासंगिक कवि कैसे कहलाते! 'रेणुका', 'हुंकार', 'सामधेनी', 'रसवन्ती' और 'कुरुक्षेत्र' के रससिद्ध कवि दिनकर को उनके अखाड़े में चुनौती नहीं दी जा सकती थी। इसलिए लोकप्रिय कवि दिनकर और बच्चन इस समान्तर अखाड़ेबाज़ी के शिकार हुए। बच्चन जी तो अपनी आत्मकथा के निरर्थक विस्तार की ओर लग गये और कविता उनके हाथ से छूटती चली गयी, किन्तु, दिनकर ने नयी कविता के अखाड़े में भी 'उर्वशी' जैसी कृति से चुनौती दे दी। यह चुनौती समकालीन बौद्धिकों

को कितनी भारी पड़ी इसका अन्दाज़ा 'उर्वशी विवाद : मूल्यों का टकराव' (कविता के नये प्रतिमान : नामवर सिंह) से लगाया जा सकता है। भगवत शरण उपाध्याय और मुक्तिबोध ने जिस तरह का साहित्येतर निकषों पर आलोचकीय विवेक दिखाया था, वह इतिहास के पन्नों में दर्ज है। (देखें, उर्वशी विवाद, सं. गोपेश्वर सिंह) नन्दकिशोर नवल ने अपनी किताब 'दिनकर अर्धनारीश्वर कवि' के अन्तिम अध्याय 'इसी अपावन में अदृश्य वह पावन सना हुआ है' में लिखा है, "...प्रतीत होता है कि उन्हें (मुक्तिबोध को) अपने इर्द-गिर्द से ज़रा-सा परे की चीज़ भी सही रूप में नहीं दिखलायी पड़ती थी।" (पृ. 180) नवल जी ने आगे यह भी कहा है, "मुक्तिबोध ने जड़ीभूत सौन्दर्याभिरुचि के विरुद्ध जंग छेड़ी थी। उनकी अपनी सौन्दर्याभिरुचि को क्या 'प्रगतिशील' के अलावा भी कुछ कहा जा सकता है?" (वही, पृ. 180) उर्वशी को ख़ारिज करने में मुक्तिबोध के इन निष्कर्षों के विषय में नामवर सिंह का समर्थन कथन यह है–"सम्प्रति नयी पीढ़ी ने मुक्तिबोध में रचनात्मक सम्भावना का पुनराविष्कार कर प्रमाणित कर दिया है कि इस टकराहट में मुक्तिबोध की ही दशा ठीक थी।" (वही, पृ. 156) जबकि उसी समय के महत्त्वपूर्ण आलोचक रामविलास शर्मा ने कहा था," "सामयिक कविता की उपलब्धियाँ उसके (उर्वशी के) आयाम और उसकी विधाएँ इस मेरु के आसपास उगे हुए झाड़-झंखाड़ जैसी लगती हैं।" (वही, पृ. 156)

इन बातों से सिर्फ़ यह निष्कर्ष निकलता है कि आगे चलकर जो कविता मुक्तिबोध के नाम पर संगठित होने लगी थी उसी धारा के उदीयमान कवियों-आलोचकों ने दिनकर को 'माइनर पोएट' कहना शुरू कर दिया। पारम्परिक हिन्दी कविता को उसके जातीय विवेक से अपदस्थ करने की चालें चली गयीं। आगे चलकर स्थिति यह हो गयी कि स्वयं नयी कविता को पढ़ने वाले पाठकों का टोटा हो गया और कविता लोक जीवन से कट सी गयी। लेकिन, इस बीच दिनकर जी की कृति 'रश्मिरथी' अपने ज़गाने की प्रचलित 'भारत-भारती' के बाद गाँव-गाँव में पढ़ी जाने वाली और नाट्यरूपित की जाने वाली सर्वाधिक लोकप्रिय कविता पुस्तक बनी। लोकरुचि का अद्‌भुत विस्तार करने वाली इस कृति का फैलाव लोकमन में कितना अधिक समादृत हुआ आज इसका अन्दाज़ा लगाना भी कठिन है।

इन ईर्ष्यालु कवियों और आलोचकों की व्यथा का अन्दाज़ा लगाया सकता है। दिनकर से ईर्ष्या का क्या कारण हो सकता है? (दिनकर जी ने एक निबन्ध ही लिखा है–ईर्ष्या तू न गयी मेरे मन से)। बस, मध्यवर्गीय संघर्षोपरान्त उनकी व्यक्तिगत और साहित्यिक उपलब्धियाँ तथा उनकी राष्ट्रव्यापी कीर्ति!

कांग्रेस पार्टी में वह राज्यसभा के सांसद अपने बल पर बने थे, नेहरू जी की कृपा से नहीं। जबकि वह नेहरू का युग था और उस ज़माने का हर बड़ा कवि नेहरू से प्रभावित था, सान्निध्य में था और आकांक्षी भी था। दिनकर जी नेहरू के नज़दीक आये, उन पर 'लोकदेव नेहरू' नाम की किताब भी लिखी। नेहरू ने उनकी किताब 'संस्कृति के चार अध्याय' की भूमिका पहले ही लिखी थी। उस दौर में 'नेहरू अभिनन्दन ग्रन्थ' अज्ञेय जी ने भी निकाला था। अज्ञेय की अंग्रेज़ी कविताओं की किताब 'प्रिज़न डेज एंड अदर पोएम्स' की भूमिका नेहरू ने ही लिखी थी। स्वयं मुक्तिबोध भी बीमारी की भयंकर रुग्ण अवस्था में नेहरू की तबीयत पूछते रहते थे। यह सर्वविदित तथ्य है कि जबसे नेहरू रूस से लौटे थे, वह अधिकाधिक साम्यवादी होने लगे थे। उन्होंने बोलशेविक क्रान्ति से प्रभावित होकर रूसी समाजवाद के रास्ते पर पूरे देश की नीति को खड़ा करने की कोशिश की। मज़े की बात यह है कि दिनकर जी भी कुछ दूर तक साम्यवाद से प्रभाावित थे और सामाजिक क्रान्ति के पक्षधर थे। 'दिल्ली और मास्को' जैसी उनकी कविताएँ ही इस बात का प्रमाण हैं। साथ ही यह भी सच है कि वह गाँधीवाद से भी बहुत प्रभावित थे! उन्होंने अपने काव्य-संचयन 'रश्मिलोक' की भूमिका में कहा है :

"उजले को लाल से गुणा करने पर जो रंग बनता है वही मेरी कविता का रंग है और आगे चलकर भारत का भी वही रंग होगा"।

अज्ञेय जी ने भी 'तार सप्तक' में जो अपनी कविता रखी है उसमें भावी जीवन के गौरव को 'लाल आग' से ही जोड़ा था। हालाँकि वह शुरुआती जुनून था, शीघ्र ही वह इस विचार से पृथक् हो गये। जब ये सभी तीनों कवि जवाहर लाल नेहरू पर एक मत और स्थिर जैसे थे, तो निश्चय ही सत्ता की व्यवस्था को लेकर नहीं, बल्कि पारस्परिक ईर्ष्या और दुर्भावना ही मत-वैभिन्न्य का कारण हो सकती थी। या फिर कोई ऐसा अदृश्य षड्यन्त्र था जो दिनकर के बहाने भारतीय छान्दस आख्यान परम्परा का और कालान्तर में अज्ञेय के बहाने आत्मान्वेषी भारतीयता का निरन्तर विरोध करने का रक्तध्वज फहराना चाहता था। विश्व-व्यवस्था में आये हुए भूमण्डलीय बदलावों के कारण आज चीज़ें बहुत हद तक बदल गयी हैं, साथ ही उन्हें देखने के परिप्रेक्ष्य भी बदल गये हैं। हिन्दी में 'मेजर' और 'माइनर' की शब्दावली भी बीते दिनों की बात हो गयी है।

'रश्मिरथी' काव्य का पुनःपाठ इस लिहाज़ से एक परिप्रेक्ष्य और 'क्रिटिकल डिस्टेंस' प्रदान करता है जिससे हम उस कृति के बहाने उस समय के इतिहास, साहित्यिक परिवेश और सांस्कृतिक आशयों को ठीक से पकड़ सकें। हमें अब मूल बात इसकी करनी चाहिए कि इस खण्डकाव्य से दिनकर जी की अपेक्षाएँ क्या थीं?

वो सही थीं या ग़लत? यदि रश्मिरथी एक लोकप्रिय काव्य है तो क्या वह दिनकर जी के मूल प्रतिपाद्य के कारण है या कि इस आख्यान परम्परा ने कवि से स्वतन्त्र होकर लोक में एक अन्य ही कारण से जगह बना ली है। आइए इन बातों पर विचार करें।

2

आजकल फेसबुक और यूट्यूब पर रश्मिरथी के पाठ (ओजस्वी पाठ!) की बाढ़ है। यूट्यूब पर सभी अपने-अपने स्वरों में इसका पाठ करते देखे जाते हैं। कुमार विश्वास और आशुतोष राणा के पाठ को सुनिये। उनसे अच्छा पाठ राष्ट्रीय नाट्य विद्यालय के रामगोपाल बजाज का है। प्रायः रश्मिरथी का तीसरा सर्ग ही पाठ के केन्द्र में है। वही सर्वाधिक लोकप्रिय है। यह पाठ उस घटना का काव्यात्मक आख्यान है जब भगवान श्रीकृष्ण कौरवों की सभा में शान्ति का प्रस्ताव लेकर जाते हैं। वो पाण्डवों की ओर से दुर्योधन से निवेदन करते हैं कि यदि न्यायपूर्ण बँटवारा करते हुए पाण्डवों को आधा राज्य नहीं दे पा रहे हो तो केवल पाँच गाँव ही उनको दे दो, उसी से वो सन्तुष्ट रहेंगे और शान्ति बनी रहेगी। लेकिन हठी दुर्योधन सूई की नोक बराबर ज़मीन भी बिना युद्ध के देने को तैयार नहीं है। (सूचिकामग्रं न दास्यामि बिना युद्धेन केशव)। उलटे भगवान कृष्ण को ही वह बाँध लेने का आदेश देता है। तब भगवान श्रीकृष्ण अपने स्वरूप को विस्तृत करते हुए विराट रूप प्रदर्शित करते हैं और खुली चुनौती देते हैं :

याचना नहीं अब रण होगा
जीवन जय या कि मरण होगा।

दिनकर जी ने वीर रस और अद्‌भुत रस से ओतप्रोत जिस शब्दावली में इस खण्ड को निबद्ध किया है वह एक चुनौती है, उसका भावात्मक उत्साह श्रोताओं के मन में गहराई से प्रविष्ट हो जाता है। उनके विराट रूप को अनुभव कर कर्ण उनके पास खिंचा चला आता है और भगवान कृष्ण उसे समझाते हैं कि तुम्हारे ही बल पर दुर्योधन ने महासमर ठाना हुआ है, तुम पाण्डवों के ज्येष्ठ भाई हो। इसलिए दुर्योधन को छोड़कर पाण्डवों के पक्ष में आ मिलो। एक तुम्हारे न रहने से ही युद्ध रुक जायेगा। लेकिन कर्ण उनकी बातें नहीं मानता। और युद्ध की भेरी बज उठती है। वस्तुतः अनेक अवसरों पर यह बात बार-बार कही गयी है कि कर्ण के बल पर ही दुर्योधन मतवाला हो गया था। पाण्डवों को लाक्षागृह में जलाकर मार डालने की योजना, श्रीकृष्ण को क़ैद करने की दम्भोक्ति,

द्रौपदी का भयानक अपमान आदि सभी स्थलों पर कर्ण की सूक्ष्म उत्प्रेरणाएँ मौजूद हैं जो उसके अर्धदैवीय व्यक्तित्व को लांछित करती हैं। कर्ण की यह भूमिका सभी को पता है। इसलिए रश्मिरथी काव्य में दिनकर जी के वांछित प्रयोजन के बावजूद लोक ने इस कृति को कर्ण के प्रति संवेदना से ज़रा कम, लेकिन कौरवों-पाण्डवों के युद्ध में पाण्डवों के ही पक्ष से देखा। तृतीय सर्ग की लोकप्रियता का यही कारण है, अन्यथा शास्त्रीय दृष्टि से कर्ण को रेखांकित करने वाले इस चरित काव्य में कृष्ण का विराट रूप रसभंग के रूप में दिखायी देता। इस खण्ड में कृष्ण और कर्ण का संवाद पठनीय है।

इस अवसर पर कृष्ण-कर्ण संवाद में भी दिनकर जी ने अद्भुत ओजस्वी वक्तृता प्रस्तुत की है जो सूतपुत्र के कर्ण के सूत संस्कारों के अतिशय अनुकूल है। महाभारत के आदिपर्व में उसके लिए विशेषण अपनाया गया है–'वदतां वरः' यानी वक्ताओं में श्रेष्ठ। यह रेटरिक काव्य परम्परागत आख्यान या वीर काव्य के पाठ करने वाले अथवा गायन करने वाले चारणों की भारतीय परम्परा की भी याद दिलाता है जो महाभारत के समय में भी विद्यमान है। काव्य की पारम्परिक प्रस्तुति चारणों, सूतों, मागधों और वन्दीजनों के माध्यम से हुआ करती थी जो हिन्दी साहित्य की आदिकालीन परम्परा तक दिखायी देती है। संस्कृत साहित्य की परम्परा में विशेषकर महाभारत के समय भी कथा-काव्य कहने की परम्परा विशिष्ट होती रही। पैल, वैशम्पायन, सूत और गवल्गण के पुत्र संजय भी उसी परम्परा की कड़ियाँ हैं। महाभारत की कथा भी एक सूतपुत्र संजय के माध्यम से ही कही गयी है। संक्षेपतः सूतों और चारणों की परम्परा में कविता शब्द-कला से अधिक वाचिक आख्यान है, नैरेटिव है इसलिए उसमें रेटरिक आप से आप दिखायी देता है। 19वीं-20वीं सदी में तुर्की में भी वीर काव्य परम्परा का उल्लेख मिलता है। यही कारण है कि वीर काव्य परम्परा को विद्वानों ने भारोपीय परम्परा (इंडोयूरोपियन) कहा है। यूनानी साहित्य में भी यह परम्परा पायी जाती है। लेकिन अनेक अवसरों पर सूत-चारणों को मुनिवत् सम्मान की दृष्टि से भी देखा गया है। अतः कोई आश्चर्य नहीं कि महाभारत में सर्वाधिक तेजस्वी और आलंकारिक वक्तव्य देने वाले शूरों में उसकी गणना की गयी है। महाभारत में अधिकांशतः कर्ण को 'शूर' ही कहा गया है, कभी-कभार ही उसे 'वीर' कहा गया है। ये पद समानार्थी होकर भी किंचित् भिन्न माने गये हैं। उच्च कुलज 'वीर' (warrior) को ही 'शूर' कहा गया है जिसे 'हीरो' (hero) कह सकते हैं। सूर्य के संयोग से जन्म लेने वाले उच्च कुलत्व के प्रतीक भूत कवच और कुण्डल से आभूषित होने की संकल्पना पहले ही आ गयी है :

आदित्यो कुण्डले बिभ्रत् कवचं चैव मामकम्।
शस्त्रास्त्राणामभेद्यं च भविष्यति शुचिस्मिते।।

(आदि पर्व, सम्भव पर्व, 110/17)

भारोपीय आख्यान परम्पराओं में जो महाकाव्यों की निर्मिति होती है उसमें कुछ बातें लाक्षणिक रूप से विद्यमान होती हैं। होमर के महाकाव्य इलियड के वीर पात्र एकिलीज (Achilles) की तरह ही कर्ण कथा में बाद में प्रवेश करता है और एक तरह की दारुण अथवा त्रासद नियति का वरण करता है। वह नियति दो प्रकार के तत्त्वों से मिलकर बनती है—दैव और पौरुष। प्रायः महाआख्यानों के विशिष्ट पात्र एक तरह के 'कालवाद' के अधीन कार्य करते हैं, जिन्हें समस्त पौरुष के बावजूद नियति की ओर दैव ले चलता है। उधर ही अनिवार्य रूप से चलने या ले जाने के लिए ही पात्र में पौरुष के विकार से दैवाधीन अभिशाप उत्पन्न होते हैं जो कालान्तर में पौरुष को असफल कर देते हैं। प्रायः पात्र अपनी नियति की ओर इसी तरह चलते जाते हैं, कर्ण भी इसका अपवाद नहीं है—वह स्वयं कहता है—*दैवायत्तं कुले जन्म ममायत्तं तु पौरुषम्*। होमर यद्यपि एकिलीज की मृत्यु का विवरण नहीं देता, जबकि महर्षि व्यास ने सर्वाधिक सहृदयता से कर्ण की मृत्यु का ही वर्णन किया है। भीष्म और द्रोण की मृत्यु से दुर्योधन आहत है लेकिन कर्ण की मृत्यु से वह अन्दर से ही टूट गया है। स्वयं धृतराष्ट्र उसकी मृत्यु पर जिस तरह से विलाप और पश्चात्ताप करते हैं उससे पता चलता है कि अचेतन रूप से वह भी कर्ण पर आश्रित होने के कारण ही अपने मदाकुल पुत्र की मूर्खता में शामिल हैं। कर्ण का भीम के हाथों अनेकशः पराजित होना भी उन्हें अविश्वसनीय लगता है। कर्ण को अनेक बार भीम के हाथों पराजित होते देखकर धृतराष्ट्र बेचैन हो जाते हैं। उन्हें यह नहीं प्रत्यय होता कि आख़िर कर्ण—जिसके बल का वर्णन दुर्योधन उनके समक्ष करता रहता था और जिस पर वह विश्वास करने लगे थे, कहते हैं कि :

दैवमेव परं मन्ये धिक् पौरुषमनर्थकम्।
यत्राधिरथिरायत्तो नातरत् पाण्डवं रणे।।

(द्रोण पर्व के अन्तर्गत जयद्रथवध पर्व, 135/1)

हर मायने में कर्ण महाभारत का केन्द्रीय चरित्र है। महाभारत में रूपकों की भरमार है। प्रायः इन रूपकों में इस भीषण रण को दुस्तर नदी या समुद्र के रूप में चित्रित किया गया है। कर्ण की मृत्यु से धृतराष्ट्र घनघोर रूप से निराश हो गये हैं। उन्हें स्पष्ट लगता है कि अब इस रणनदी को उत्तार्ण

करना असम्भव है। कर्ण पर्व के अष्टम् और नवम् अध्याय में धृतराष्ट्र का विलाप पठनीय है :

शोकार्णवे निमग्नोऽहं भिन्ना नौरिव सागरे।
तं वृषं निहतं श्रुत्वा द्वैरथे रथिनां वरम्।।
शोकार्णवे निमग्नोऽहमप्लवः सागरे यथा।

कर्ण का मारा जाना किसी भी प्रकार से धृतराष्ट्र को हजम नहीं होता। वह बार-बार दैव की प्रबलता को ही कारक मानते हैं :

दैवमेव परं मन्ये धिक् पौरुषमनर्थकम्।
यत्र शालप्रतीकाशः कर्णोऽहन्यत संयुगे।।

(कर्ण पर्व, 9/2)

कहीं-न-कहीं अन्तश्चेतना में धृतराष्ट्र को अनुमान है कि कर्ण अभिशप्त भी है क्योंकि कर्ण के मारे जाने पर जिस तरह की आशंका प्रकट करते हैं उसी में यह बात भी है कि कहीं कर्ण के रथ के पहिये को पृथ्वी ने निगल तो नहीं लिया :

ध्रुवम् तस्य धनुष्छिन्नं रथो वापि महीं गतः।

(कर्ण पर्व, 9/55)

धृतराष्ट्र कर्ण को अपने पुत्रों का परम बल मानते हैं :

यो बलं धारतराष्ट्राणां पाण्डवानाम् यतो भयम्।
सोऽर्जुनेन हतः कर्णः प्रतिमानं धनुष्मताम्।।

(कर्ण पर्व, 9/17)

इस अध्याय में धृतराष्ट्र के मुख से लगभग वे सारी बातें प्रकारान्तर से कहला दी गयी हैं जिससे कर्ण के सम्पूर्ण बल का बखान हो और उसकी सभी चरित्रगत विशेषताएँ स्पष्ट हो जायें।

3

किसी कृति के पुनःपाठ के क्या अर्थ होते हैं? क्या यह पुनर्मूल्यांकन या कृति का 'रिव्यू' है? रश्मिरथी काव्यकृति पिछले सत्तर वर्षों में साहित्यिक पाठ के रूप में बनी हुई स्थिर दिखायी देती है, जबकि वह पूरा का पूरा परिदृश्य ही बदल गया है जिसकी गरमाहट से यह कृति बनी है, संरचित की गयी है। लेकिन, किसी साहित्यिक कृति की आकृति बस उतनी ही नहीं होती जितनी वह शब्दों

की संरचना में बँधी हुई होती है। कहीं-न-कहीं हमारे साहित्यिक अचेतन में विद्यमान रहता हुआ चुपचाप उसका वह 'पाठ' भी अपनी अन्तर्पाठीयता के बहाने विकसित होता रहता है। कृति का शब्द-पर्यवसान या उसकी अर्थमयता जिस समाज में होती है उसी समाज से अपना अर्थ पाने वाली कोई भी साहित्यिक कृति वही नहीं रह जाती। सारे मानसिक असबाब के साथ वह भी यात्रा करती चलती है। आज के समय में रश्मिरथी का महत्त्व इसीलिए बहुत बढ़ जाता है क्योंकि सत्तर वर्ष पहले के बीज हमारे समाज में विकसित होकर वृक्ष बन चुके हैं। पहले से कहीं अधिक अस्मिता की कामना उत्कट कामना के रूप में बाहर आयी है। दलित चेतना का विमर्श आज केन्द्रीय हो गया है और स्त्री-विमर्श भी पीछे नहीं है। इस कृति में अनेक स्थलों पर दलित बोध को वाणी दी गयी है जिसे ठीक उन्हीं अर्थों में विमर्श नहीं कहा जा सकता जिस तरह वह आज आकार ले रहा है। उदाहरण के लिए रश्मिरथी के पाँचवें सर्ग में कर्ण अपनी माता कुन्ती से कहता है :

जग में जो भी निर्दलित प्रताड़ित जन हैं,
जो भी निहीन हैं निन्दित हैं निर्धन हैं,
यह कर्ण उन्हीं का सखा, बन्धु सहचर है,
विधि के विरुद्ध ही उसका रहा समर है।

सम्भव है दिनकर जी कर्ण की दानशीलता में समाजवाद के प्रारम्भिक बीज देख रहे हैं जिससे निर्धन या वंचित को कुछ दिया जा सके। केवल इतना ही नहीं इसमें गाँधी जी का न्यास सिद्धान्त भी दिखायी देता है जब चतुर्थ सर्ग में याचक (इन्द्र) से कर्ण कहता है :

आओ उऋण बनूँ तुमको भी न्यास तुम्हारा देकर,
उपकृत करो मुझे, अपनी संचित निधि मुझसे लेकर।

अरे, कौन है भिक्षु यहाँ पर? और कौन दाता है?
अपना ही अधिकार मनुज नाना विधि से पाता है।

भारत में दान की महिमा भी बहुत गायी गयी है। दिनकर जी ने इस कृति में दान की महिमा को जीवन के एक बड़े दृष्टिकोण के रूप में प्रस्तुत किया है :

जीवन का अभियान दान बल से अजस्र चलता है
उतनी बढ़ती ज्योति स्नेह जितना अनल्प जलता है।

और दान में रोकर या हँसकर हम जो देते हैं
अहंकारवश उसे स्वत्व का त्याग मान लेते हैं।

यह न स्वत्व का त्याग दान तो जीवन का झरना है
रखना उसको रोक मृत्यु के पहले ही मरना है।
किस पर करते कृपा वृक्ष यदि अपना फल देते हैं?
गिरने से उसको सँभाल क्यों रोक नहीं लेते हैं?

सम्भवतः दिनकर जी प्रकृति की स्वाभाविक प्रक्रियाओं को उसकी दानशीलता के रूप में ही देख रहे हैं जिसे पहले यज्ञ कहा जाता था, परोपकार या परार्थ उत्सर्ग इसके मूल में था–

ऋतु के बाद फलों का रुकना, डालों का सड़ना है,
मोह दिखाना देय वस्तु पर आत्मघात करना है।
देते तरु इसलिए कि रेशों में मत कीट समायें,
रहें डालियाँ स्वस्थ और फिर नये-नये फल आयें।

सरिता देती वारि कि पाकर उसे सुपूरित घन हो,
बरसे मेघ भरे फिर सरिता, उदित नया जीवन हो।
आत्मदान के साथ जगज्जीवन का ऋजु नाता है,
जो देता जितना बदले में उतना ही पाता है।

क्या सामाजिक विषमताओं को दिनकर जी दान भावना को बढ़ाकर दूर करना चाहते थे? ऐसा नहीं लगता। लेकिन, गाँधी जी की न्यास भावना (ट्रस्टीशिप) का संकेत ज़रूर निहित है। उस समय सामाजिक रूप से यह दृष्टिकोण रहा होगा जिसमें किसी बड़े उद्देश्य के लिए त्याग करने या दान कर देने का महत्त्व स्वतः उभर आता है। किसी-न-किसी रूप में यह अब भी है। इसी भावना से जनता ने महात्मा गाँधी को आज़ादी के संघर्ष को आगे बढ़ाने के लिए संसाधन जुटाया था, इसी के बल पर सुभाष चन्द्र बोस ने आज़ाद हिन्द सेना का गठन भी किया था। आज़ादी के लिए हँसते हँसते प्राण देने वाले क्रान्तिकारियों के मन में भी यही भाव रहा जिससे उन्होंने जीवन को बलिदान कर दिया। आगे चलकर भूदान कराने वाले विनोबा या जीवन दान करने वाले जयप्रकाश के भीतर भी यही आदर्श दिखायी देता है। इसीलिए दिनकर कहते हैं :

दान जगत का प्रकृत धर्म है मनुज व्यर्थ डरता है
एक रोज़ तो हमें स्वयं सब कुछ देना पड़ता है।

इस अवसर पर जितना कहा जा सकता था दिनकर जी ने बहुत सफ़ाई से उसे व्यक्त कर दिया है। सामाजिक परिवर्तन के लिए यह भावना आधुनिक युग के मिज़ाज से उन्नीस पड़ेगी। दान भावना की ज़रूरत व्यक्तिगत स्तर पर काम्य और प्रशंसनीय भी हो सकती है, लेकिन सामाजिक परिवर्तन के लिए यह सम्यक् नहीं हो सकती। डॉ. राम मनोहर लोहिया ने अनेक स्थलों पर सवर्णों को अपने पारम्परिक अधिकार छोड़ने के लिए कहा है जिसका भाग वंचितों को दिया जा सके। नयी समाज व्यवस्थाओं में हमारे देश में इसे राज्य की ओर से संविधानप्रदत्त आरक्षण के मध्यमार्गी नज़रिये से भी देखा जा सकता है। कर्ण की इन उक्तियों के भीतर से इसी तरह के संकेत मिलते हैं। सामूहिक रूप से दाता वर्ग में अपना भाग या हिस्सा स्वतः देने की भावना जब संकीर्णता में बदल जाती है, तब आरक्षण विरोधी स्वर भी सुनायी पड़ने लगते हैं जो इन दिनों दिखायी दे रहा है। तब दिनकर जी की ये पंक्तियाँ सार्थक लगने लगती हैं। क्या कर्ण अपनी दान भावना से प्रभुवर्ग के प्रति वंचित वर्ग के उबाल को कम करने के लिए सेफ्टी वाल्व का काम कर रहा था? कहा नहीं जा सकता। जो भी हो तत्कालीन समाज में प्रचलित वही भावना आज भी चैरिटी के रूप में विद्यमान है जिसका महत्त्व कम नहीं है।

इस कृति की शुरुआत 'जय हो' से हुई है और 'ज' की आवृत्ति काव्य के अग्निधर्मी स्वरूप को प्रदर्शित करती है :

जय हो, जग में जले जहाँ भी नमन पुनीत अनल को
जिस नर में भी बसे, हमारा नमन तेज़ को बल को।

रश्मिरथी के अन्त में भी 'ज' ही है। सम्भवतः दिनकर जी पारम्परिक अनुप्रास को साध रहे थे :

मनुजता का नया नेता उठा है
जगत से ज्योति का जेता उठा है।

ये पंक्तियाँ दिनकर के आलोचकों के लिए उन्हें 'जयकारवादी' कवि सिद्ध करने के लिए पर्याप्त थीं। लेकिन दिनकर जयकारवादी नहीं थे। बहुत प्रारम्भ में ही बिहार में जातिवाद अपने चरम पर आ पहुँचा था। उन्होंने सन् 1939 में जब दिनकर जी की आयु 30-31 वर्ष की थी, पं. बनारसी दास चतुर्वेदी को लिखे पत्र में इस बात का उल्लेख किया है—"...बिहार में कायस्थ, राजपूत और भूमिहार की फीलिंग बड़े ज़ोरों से चल रही है और साहित्य क्षेत्र भी इससे अछूता नहीं बच रहा है।

इसका दुःख है। इस फीलिंग का कुछ डंक मुझे भी लग रहा है अन्यथा मैं अपने जीवन को कुछ दूसरा रूप देने में समर्थ हो सकता था।" (पृ. 320, दिनकर व्यक्तित्व और रचना के आयाम, सं. गोपाल राय, सत्यकाम, सुहानी बुक्स, दिल्ली, 2009)। इससे पता चलता है कि दिनकर जी सामाजिक प्रतिगामिता और उसके जातिगत ध्रुवीकरण से कितनी गहराई तक उद्वेलित थे। यद्यपि किसी नवोदित सम्भावनाशील युवक के लिए भारतीय समाज में जातिगत बन्धनों को पार कर सभी के समक्ष अपने को सिद्ध कर पाना और अपने हिस्से की कीर्ति जय करना दुस्तर ही रहा है, तिस पर अवैध या जारज सन्तान के लिए तो असम्भव ही है। यह वैधता का ही मामला नहीं है अस्मिताओं के घेरे के परिरक्षण का भी मामला है। इसे चुनौती देने वाला हरेक व्यक्ति असह्य है, परित्याज्य और आत्यन्तिक रूप से अपर है। वह प्रत्यक्ष ही 'अयोग्य' और 'जातिबाह्य' है। परिणामतः अनौरस और निंद्य है। ऐसे अज्ञात कुलशील वाले को पारम्परिक श्रम विभाजित समाज में स्थान भी इसीलिए मिल सका क्योंकि प्रतिलोम विवाहों से जन्मे सूत जातियों के वंश में कर्ण का लालन-पालन हो गया। यह महज़ एक संयोग भर है। यदि जन्मना कवच-कुण्डल विभूषित कर्ण जैसे अर्धदैवीय व्यक्तित्व वाले जैसे शूर को कुल और जाति के उल्लेख के बिना राजपुरुषों से प्रतिद्वन्द्विता का अधिकार नहीं था तो इसमें आश्चर्य ही क्या! कर्ण का प्रवेश ही इस वीर-कथानक में तब होता है जब पाण्डवों से घनघोर ईर्ष्या रखने वाले दुर्योधन को अर्जुन को चुनौती देने वाले प्रतिद्वन्द्वी की उत्कट आवश्यकता थी।

यह वीरगाथात्मक परिणतियों की नियति को और उद्दीप्ति और संवेग प्रदान करने वाली घटना होती है जिसमें घटनाओं की त्वरा उसे चुनी हुई नियति की ओर ले जाती है। कर्ण के चरित्र का बहुलांश रंगभूमि में अचानक ही घटित हुए उसी संयोगात्मक चुनाव और अंगदेश के राज्यारोहण के अवसर पर तय हो गया। एक अपमानित, लांछित और अवहेलित युवा की वास्तविक खोज जिसमें उसकी शूरता का प्रत्यक्षीकरण सम्भव था, उसका यह चरमोत्कर्ष था क्योंकि एक तरह से अज्ञात-कुल-जन्मा कर्ण के लिए यह व्यक्तित्व की सम्प्राप्ति थी। वह इस उपकार से कभी उबर नहीं पाया। देखा जाय तो दुर्योधन की ओर से यह मित्रता की नहीं बल्कि चालाक दूरदर्शिता की कार्यवाही थी, लेकिन स्वयं कर्ण ने उसे मित्रधर्मिता के रूप में पर्यवसित कर दिया। महाभारतकालीन प्रचलनों से यह भी स्पष्ट है कि सामाजिक अवसरों के लिए किये गये कार्य और लिए गये प्रणों में सर्वाधिक महत्त्व उन प्राथमिक प्रणों के ही होते थे जो व्यक्ति के पौरुष के उद्दाम प्रवाह पर अंकुश लगा देते हैं। ऐसी दुर्दान्त परिस्थितियों के कारण ही चरित नायक

अपने प्रणों और प्रतिज्ञाओं में अपने चरित्र को एक बृहत्तर सिद्धि की ओर ले चलते हैं। इससे उनका आत्मगौरव पुष्ट होता है और लोककीर्ति अक्षुण्ण रहती है। यह यश कामना ही चरित नायकों (प्रोटैगोनिस्ट) की प्रधान कामना है। इसी लोकयश या कीर्ति के लिए शूर जीते-मरते हैं। अपकीर्ति तो उनके लिए साक्षात् मृत्यु है; इसलिए युद्ध छोड़ना, पीठ दिखाना, छल से किसी को मारना शूरोचित नहीं माने गये हैं। धर्मपथ पर चल कर प्राणोत्सर्ग कर देना वीरगाथाओं का चरम मूल्य है। याद करें भीष्म पर्व में (गीता में) अर्जुन जब युद्ध नहीं करना चाहता है तब सबसे बड़ी बात श्रीकृष्ण उससे यही कहते हैं कि इससे तेरी कभी न समाप्त होने वाली अपकीर्ति बची रह जायेगी। भारोपीय वीरगाथाओं के युग में यशोकाया में अमर रहने की यही क़ामना बलवत्तम है। यह एक प्रकार से आत्मबल की परीक्षा भी है जिसमें प्रण करने वाले की कसौटी उसके द्वारा लिए गये प्रण ही बन जाते हैं। अतः कर्ण द्वारा लिए गये प्रण—कि वह अर्जुन को जब तक नहीं मार देता तब तक अन्यों से अपने पाँव नहीं धुलवायेगा, या सूर्य पूजन के समय जो भी याचक उससे कुछ याचना करेगा उसे अवश्य ही दान कर देगा—इससे व्यक्तित्व की लोकसिद्धि सम्भव होती है, भले ही कोई और अवसर अपने चरित्र को सिद्ध करने का न मिले।

अक्सर ही महाकाव्यों के विकास में दैव और संयोग एक प्रधान कारक हैं, लेकिन, ये प्रतिज्ञाएँ भी कम महत्त्व की नहीं हैं। महाभारत के सभी प्रमुख पात्रों ने कोई-न-कोई प्रण कर रखा है और जैसे भी हो किसी-न-किसी प्रकार से उसकी रक्षा अवश्य की गयी है। उस अवसर पर भी दैव और संयोगों का बहुत हाथ है। वस्तुतः इसी टेक्नीक से महाकवि पात्रों को इच्छित दिशा की ओर कवि-न्याय की रक्षा करते हुए मोड़ देते हैं। इसलिए हम देखते हैं कि कर्ण की ओर से दुर्योधन के प्रति अनुगृहीत मित्रता का बोध गहरा होने पर भी वह अपने द्वारा लिए गये प्रणों को उलाँघ नहीं पाता। अर्जुन से द्वन्द्वयुद्ध का आकांक्षी वह स्वयं ही दुर्योधन से मित्रता चाहता है :

कृतं सर्वमहं मन्ये सखित्वं च त्वया वृणे।
द्वन्द्वयुद्धं च पार्थेन कर्तुमिच्छाम्यहं प्रभो।।

(आदिपर्व, सम्भव पर्व, 135/15)

प्रण पहले हैं मित्रता बाद में। दुर्योधन से उसकी मैत्री उन्हीं प्रणों के भीतर-भीतर चलती रहती है। मित्रता एक मूल्य है, इसका बखान वह करता ही रहता है। स्वयं दिनकर जी ने तृतीय सर्ग में कहा है :

मित्रता बड़ा अनमोल रतन।
कब इसे तोल सकता है धन
सुरपुर से भी मुख मोड़ूँगा
केशव मैं उसे न छोड़ूँगा।

लेकिन, तभी तक वह रक्षणीय है जब तक वह चरितनायकों के व्यक्तिगत प्रणों पर आघात न करती हो। वैयक्तिक प्रणों और बाह्य दायित्वों के भीतरी संघर्ष में से गुज़र कर ही उसकी लोकैषणा प्रकट होती है। कर्ण इन दोनों ही ध्रुवों पर तना हुआ चलता रहता है और मृत्यु के पार हो जाता है।

मृत्यु सदैव ऐसे वीरगाथात्मक काव्यों में चरितनायकों को गौरव प्रदान करती है। वह बाह्य घटना नहीं है, बल्कि त्रासजनित गौरवबोध को प्रकट करने वाली अपरिहार्य परिणति है। उसके बिना चरितनायक अपनी अर्थवत्ता को प्रकट नहीं कर पाते। उदाहरण के लिए कर्ण की दानवीरता का प्रण एक ऐसी ही बात है, अपने मित्र दुर्योधन की सम्पूर्ण विजय का उत्कट आकांक्षी होकर भी वह इन्द्र को कवच-कुण्डल का दान कर देता है। उसके यही प्रण उसे क्रमशः कमज़ोर, वेध्य और शरव्य बना देंगे। ब्राह्मण के छद्मवेश में इन्द्र के द्वारा कवच-कुण्डल माँगे जाने पर सब रहस्य जानते हुए भी वह इसी यशोकामना से अभिभूत है कि देवराज इन्द्र उसके समक्ष याचक बन कर आये हैं और इस एक परिघटना से पृथ्वी का स्थान स्वर्ग से बढ़ गया है जिसका प्रत्यक्ष हेतु वह स्वयं है। इस विलक्षण दानक्रिया में ही कर्ण के अर्धदैवीय होने की सिद्धि भी है, क्योंकि अर्धदैवीयता सदा पृथ्वी की पक्षधर होती है। कर्ण की अर्धदैवीयता इसी कारण है कि वह द्युलोकदेव सूर्य का मर्त्यकन्या से उत्पन्न पुत्र है।

हरेक अर्धदैवीय चरित वस्तुतः एक त्रासजनित चरित्र होता है। उसमें सम्भावनाएँ चरम पर होती हैं, लेकिन इसीलिए दुःसंयोग उसका पीछा नहीं छोड़ते। अपने अंगों को छील-छालकर कवच-कुण्डल दान करने यानी विकर्तन करने के कारण उसका एक नाम वैकर्तन भी है जबकि उसका मूल नाम पालनकर्ताओं की ओर से वसुषेण रखा गया था।

प्राङ्नाम तस्य कथितं वसुषेण इतिक्षितौ।
कर्णो वैकर्तनश्चैव कर्मणा तेन सोऽभवत्।।

(*आदि पर्व, सम्भव पर्व, श्लोक 110/31*)

तथापि रश्मि-विकिरण करने के कारण सूर्य, जो वसु भी हैं, का एक नाम विकर्तन है। विद्वानों ने यह भी अनुमान लगाया है कि कर्ण और अर्जुन की

प्रतिद्वन्द्विता के पीछे वैदिक सूर्य और इन्द्र का पारस्परिक संघर्ष है जो महाभारत काल तक चला आ रहा है। इन्द्र ने सूर्य के रथ से एक पहिया उखाड़ लिया था और अनन्तर ब्रह्मशाप के बहाने हम महाभारत में देखते हैं कि ऐन युद्धभूमि में अर्जुन से द्वैरथ युद्ध करते हुए कर्ण के रथ का पहिया भी पृथ्वी में धँस जाता है। यही उसकी मृत्यु का कारण भी बनता है। दिनकर जी ने चतुर्थ सर्ग में प्रण लेना, प्रण को पूरा करने के लिए जीवन उत्सर्ग, व्रत और व्रत-पालन के लिए जीवन के सर्वोच्च्य दान, या जीवन-दान के विषय में बहुत सुन्दर बातें कही हैं। उन्हें यह बात ठीक से पता है इसीलिए वह इसे यानी व्रत के अन्तिम मूल्य को एक मूल्य-विवेक की तरह प्रस्तुत करते हैं :

प्रण करना है सहज, कठिन है लेकिन, उसे निभाना,
सबसे बड़ी जाँच है व्रत का अन्तिम मोल चुकाना।
अन्तिम मूल्य न दिया अगर, तो और मूल्य देना क्या?
करने लगे मोह प्राणों का तो फिर प्रण लेना क्या?

सस्ती क़ीमत पर बिकती रहती जब तक कुर्बानी,
तब तक सभी बने रह सकते हैं त्यागी, बलिदानी।
पर, महँगी में मोल तपस्या का देना दुष्कर है,
हँस कर दे यह मूल्य, न मिलता वह मनुष्य घर-घर है।

इस मूल्य विवेक को दिनकर जी केवल महाभारत काल तक ही सीमित नहीं रखते, बल्कि उसे काव्य रचना के वर्तमान प्रयोजन तक भी ले आते हैं :

व्रत का अन्तिम मोल राम ने दिया, त्याग सीता को,
जीवन की संगिनी, प्राण की मणि को, सुपुनीता को।
दिया अस्थि देकर दधीचि ने, शिवि ने अंग कुतर कर,
हरिश्चन्द्र ने कफ़न माँगते हुए सत्य पर अड़ कर।

ईसा ने संसार-हेतु शूली पर प्राण गँवा कर,
अन्तिम मूल्य दिया गाँधी ने तीन गोलियाँ खाकर।
सुन अन्तिम ललकार मोल माँगते हुए जीवन की,
सरमद ने हँसकर उतार दी त्वचा समूचे तन की।

हँसकर लिया मरण ओठों पर, जीवन का व्रत पाला,
अमर हुआ सुकरात जगत में पीकर विष का प्याला।

मरकर भी मनसूर नियति की सह पाया ना ठिठोली,
उत्तर में सौ बार चीख कर बोटी-बोटी बोली।

इससे स्पष्ट है कि कर्ण का चरित्र कवि को क्यों प्रिय है! यद्यपि कर्ण दुर्योधन के साथ है और उसके सभी षड्यन्त्रों में न केवल भागीदार, बल्कि उत्प्रेरक होने से अधिक दोषी भी, लेकिन, यह उसका बाहरी और मजबूरी में अपनाया गया व्यक्तित्व है जिसे वह दुर्योधन के प्रति रागभावना के वशीभूत होकर प्रकट कर रहा है। इससे उसका व्यक्तित्व कदर्य और अवशंसित जान पड़ता है। द्रौपदी के अपमान में सर्वाधिक निम्न वाणी उसी की है जिससे द्रौपदी विदग्धधर्मिता अनुभव करती है। दाक्षिणात्य वीर गाथाओं में द्रौपदी और कर्ण की प्रच्छन्न रागभावना मानी गयी है, सम्भवतः कर्ण को वह पाना चाहती थी। स्वयं कर्ण के भीतर अन्तःकरण में उसके प्रति विचित्र अमर्ष है जो अचानक ही कुत्सित वाणी के रूप में फूट पड़ा है। यह कुत्सित वाणी इतनी महत्त्वपूर्ण है कि उसकी मृत्यु पर गहरा शोक मनाने वाले धृतराष्ट्र उसके दुर्जय गुणों के साथ इस बात का भी आगे बढ़कर उल्लेख करते हैं–

"रण भूमि में जिसके भय से डरे हुए पुरुष शिरोमणि धर्मराज युधिष्ठिर ने तेरह वर्षों तक कभी अच्छी नींद नहीं ली, जिस महामनस्वी बलवान् सूत पुत्र के बल का भरोसा करके मेरा पुत्र दुर्योधन पाण्डवों की पत्नी को बलपूर्वक सभा में घसीट लाया और वहाँ भी भरी सभा में उसने पाण्डवों के देखते-देखते समस्त कुरुवंशियों के समीप पांचाल राजकुमारी को दास पत्नी बतलाया, साथ ही जिसने उसे सम्बोधित करके कहा–'कृष्णे! तेरे पति अब नहीं के बराबर हैं। सुन्दरि! अब तू दूसरे किसी पति का आश्रय ले'–पूर्वकाल में जिस सूत पुत्र ने सभा में रोषपूर्वक द्रौपदी को ये कठोर बातें सुनायी थीं, वह स्वयं शत्रुओं द्वारा कैसे मारा गया?" (कर्ण पर्व/नवम् अध्याय, श्लोक 57-61)

यहाँ यह ध्यातव्य है कि महाभारत काल में दासी अपने स्वामी की पण्य और भोग्या, मात्र एक स्त्रीकाय जीव है। स्त्री का यह मूल्यापघटन कर्ण द्वारा समर्थित और उत्प्रेरित होने से विगर्हणा के योग्य माना गया है और यही कारण है कि सभी पुरुषोचित दिव्योपम गुणों के स्वामित्व के बावजूद कर्ण का चरित्र स्वयं में विडम्बना बन कर रह गया है, अधिकांशतः उसकी फलसिद्धि एक केन्द्रापसरित और त्रासजनित विवेकहीनता में ही अपघटित हो गयी है। इसके सापेक्ष अर्जुन का चरित्र अधिक खुला और प्रशंसनीय बन गया है, जबकि कर्ण का वध करने में उसने भी उसी धर्महीनता का परिचय दिया है। लेकिन, उसे कर्ण अथवा कौरवों

की ओर से किये गये अन्याय की प्रतिक्रिया के रूप में श्रीकृष्ण द्वारा समर्थित दिखाया गया है जिससे अर्जुन दोषमुक्त दिखायी देता है। द्रौपदी के अपमान और अभिमन्युवध की धर्महीन योजना में कर्ण की सहभागिता और सहगामिता अर्जुन को श्रीकृष्ण का वचन मानने के लिए विवश कर देती है। यह कर्ण की नियति को चरम बिन्दु की ओर ले जाता है। अन्ततः वह अर्जुन के समक्ष जब आता है तब वह 1. कवच-कुण्डल विरहित, 2. इन्द्र प्रदत्त एकघ्नी से हीन, आदि पर्व में कर्ण को स्वप्न में ही सूर्यदेव ने बता दिया था कि इन्द्र कवच-कुण्डल माँगने आयेंगे जिसे देना नहीं है। जब कर्ण ने कहा कि यह असम्भव है तब सूर्य ने ही उसे एकघ्नी माँग लेने की बात कही थी। तभी कर्ण ने माँगते हुए कहा :

इच्छामि भगवद्दत्तां शक्तिं शत्रु निबर्हणीम्।

(आदि पर्व के अन्तर्गत सम्भव पर्व, 110/29)

3. कुन्ती से मिलकर भावनात्मक रूप से आहत, 4. ब्रह्मशाप से रथ-विरथ और गुरु परशुराम के शाप से ब्रह्मास्त्र से विस्मृत, 5. अपने सारथी शल्य से अवहेलित दिखायी देता है। वस्तुतः इस भयानक नियति की ओर वह केवल शूरोचित मृत्युकामना से ही धावमान है। इसलिए धर्म-अधर्म के सवालों को जब वह बीच में लाता है लेकिन उसके धर्मशरण्य वचन हास्योपकारक वाणी के रूप में उड़ जाते हैं। इस समय दिनकर जी ने श्रीकृष्ण और कर्ण के संवाद की अनूठी आयोजना की है। कर्ण द्वारा कथित अशूरोचित दुर्वचनों का परिष्कार दिनकर जी ने सप्तम सर्ग में उसके मुँह से यह कहलाकर किया है :

अभी भी शुभ्र उर की चेतना है,
अगर है तो यही बस वेदना है—
वधूजन को नहीं रक्षण दिया क्यों,
समर्थन पाप का उस दिन किया क्यों?
न कोई योग्य निष्कृति पा रहा हूँ
लिए यह दाह मन में जा रहा हूँ।

यह स्पष्ट है कि हमारे कवि की दृष्टि कर्ण के आन्तरिक गुणों पर है जिससे उसकी आत्मजयिता और लोकैषणा के लिए उसकी दानवीरता प्रशंसित होती चलती है। दानवीरता भी वीरोचित कार्य है क्योंकि इसके मूल में उत्साह है। उसे धर्मवीरता, कर्मवीरता और युद्धवीरता से किसी भी तरह कम नहीं आँका जा सकता। कर्ण को हमारे पारम्परिक समाज ने दानवीर के रूप में ही सँजोया है।

वही उसका चरम पुरुषार्थ है। उसकी युद्धवीरता संकटग्रस्त दिखायी देती है क्योंकि जब उसके कवच-कुण्डल उसके साथ थे, तब भी वह अर्जुन को नहीं जीत सका था। तब तो श्रीकृष्ण उसके सारथी भी नहीं थे। महाभारत का विराट पर्व ही इसका साक्षी है। इसलिए समाज ने कर्ण का ठीक मूल्यांकन किया है। महाभारत के इस त्रासजनक चरित्र सूतपुत्र शूर कर्ण की लोककीर्ति इस मायने में असमाप्त है। यही कारण है कि लोकमन में वह वीर (warrior) से अधिक शूर (hero) है।

यह नहीं माना जा सकता कि स्वयं दिनकर जी कर्ण चरित्र की इन सुविख्यात सीमाओं से परिचित न हों। वह बहुअधीत और सुपरिचित होकर भी कर्ण को किन्हीं अन्य बातों का काव्यचरित्र बनाना चाहते हैं। यही उनकी उपलब्धि और सीमा है। दरअसल यहीं से समस्या भी प्रारम्भ होती है।

स्वयं दिनकर जी ने चतुर्थ सर्ग में इस काव्य के उद्देश्य को स्पष्ट कर दिया है। जब देवराज इन्द्र कर्ण से कवच-कुण्डल का दान लेना चाहते हैं तब जिस तरह वह अपने को आदर्श घोषित करता है वह महत्त्वपूर्ण है :

मैं उनका आदर्श जिन्हें कुल का गौरव ताड़ेगा,
'नीचवंशजन्मा' कहकर जिनको जग धिक्कारेगा।
जो समाज की विषम वह्नि में चारों ओर जलेंगे,
पग-पग पर झेलते हुए बाधा निःसीम चलेंगे।

मैं उनका आदर्श, कहीं जो व्यथा न खोल सकेंगे,
पूछेगा जग; किन्तु, पिता का नाम न बोल सकेंगे।
जिनका निखिल विश्व में कोई कहीं न अपना होगा,
मन में लिए उमंग जिन्हें चिर-काल कलपना होगा।

इन पंक्तियों में पहली बार यह बात की गयी है कि कर्ण किन लोगों का 'आइकन' है। लेकिन, आश्चर्य है कि दिनकर जी की सम्पूर्ण सदिच्छा के बावजूद कर्ण भारतीय राजनीति की तमाम गहमागहमी में कहीं किसी भी वर्ग का 'आइकन' नहीं बन सका है। और तो और, वह जिस तरह का पैदाइशी अनाथ है, वह उनका अथवा अवैध सन्तानों का भी प्रतीक या आदर्श नहीं बन सका है। न वह दलितों का प्रतीक बन पाया है और न ही शोषितों, मजलूमों और वंचितों का। ऐसे युवाओं ने भी कभी उसे अपना प्रतीक नहीं बनाया है जो विशिष्ट सम्भावनाओं से लैस हैं और वर्तमान सामाजिक और जातिवादी भारतीय

संरचना में निचले पायदान पर छूट गये हैं। स्वयं कवि के प्रान्त बिहार में भी जहाँ जातिवादी संरचनाओं का संजाल बहुत कठोर और विस्तृत हुआ है, वहाँ से भी किसी युवा नेता ने कर्ण को अपना आदर्श नहीं बनाया है। श्रीकृष्ण ने उसकी मृत्यु पर जो शोक प्रकट किया है उसमें उसके लिए यह कहा है :

हृदय से निष्कपट पावन क्रिया का
दलित तारक, समुद्धारक त्रिया का।

इसी सर्ग में स्वयं कर्ण जब युद्धाकांक्षी होकर अपनी सोयी हुई शक्तियों का मनोवैज्ञानिक आवाहन कर रहा है और अपने पुण्यबल को सँजो रहा है, वहाँ भी वह अपने इस गुण से यानी स्त्री-समादर से अर्जित पुण्यों का आवाहन करता है :

हृदय से पूजनीया मानकर के,
बड़ी ही भक्ति से सम्मान करके,
सु-वामा जाति को सुख दे सका हूँ,
अगर आशीष उनसे ले सका हूँ,
समर में तो हमारा वर्म हो वह,
सहायक आज ही सत्कर्म हो वह।

हालाँकि, श्रीकृष्ण उसकी इस बात को नकारकर ही व्यंग्यपूर्वक कहते हैं :

सुवामा जाति को आदर दिया जो
बहुत सत्कार तुम सबने किया जो

तब भी कभी स्त्री आन्दोलनों में काम करने वालों की दृष्टि भी कर्ण के इस पक्ष पर नहीं गयी है। आज जबकि सभी सामाजिक संगठन और वर्ग प्रतीकों की खोज में शूर्पणखा, रावण और महिषासुर तक को भी अपना आइकन बनाने के लिए उत्कट हैं तब यह एक रहस्य ही लगता है कि क्यों कर्ण पर दिनकर जी के अलावा किसी अन्य सामाजिक दबाव समूह का ध्यान नहीं गया।

4

इस कृति को हम 'जाति विरोधी' चिन्तन की दिशा में एक प्राथमिक साहित्यिक प्रयत्न के रूप में भी देख सकते हैं। स्वाधीनता आन्दोलन में जिस तरह छुआछूत केन्द्र में आ गया था जातिवाद उस तरह हमारी स्वाधीनता के मुद्दे से नहीं जुड़ा। लेकिन आज़ाद देश में यह चुनाव जीतने के हथकण्डे के रूप में पहले सामान्य निर्वाचन से ही केन्द्र में आ गया था। स्वयं कांग्रेस पार्टी जातीय समीकरणों के

आधार पर अपने मतदाता क्षेत्रों में उम्मीदवार जाति और धर्म के आधार पर उतारने लगी थी। बिहार में जातिवाद का उल्लेख दिनकर जी ने बनारसीदास चतुर्वेदी जी को लिखे पत्र में किया है। पहले अध्याय में जब रंगभवन में शस्त्र परीक्षा चल रही है, वहाँ कर्ण द्वारा अर्जुन को द्वन्द्व युद्ध के लिए ललकारे जाने पर दिनकर जी ने 'जाति' पर ज़ोर दिया है :

अर्जुन से लड़ना हो तो मत गहो सभा में मौन,
नाम-धाम कुछ कहो, बताओ कि तुम जाति हो कौन?

जबकि महाभारत में ऐसे द्वन्द्व को टालने के उद्देश्य से कृपाचार्य उसके माता-पिता और कुल का परिचय पूछते हैं :

त्वमप्येवं महाबाहो मातरं पितरं कुलम्।
कथयस्व नरेन्द्राणां येषां त्वं कुलभूषणम्।।

(आदि पर्व, सम्भव पर्व, 135/32)

ज्ञात होता है कि महाभारत काल में जाति अभी अस्मितासूचक बन कर सामने नहीं आयी थी जिस तरह वह दिनकर जी के समय में बाधा बनकर मुखर हो गयी थी तथा जिसके कारण कठिनाइयों का अनुभव कर ही उन्होंने बनारसी दास चतुर्वेदी को चिट्ठी में अपनी बात कही थी। वहाँ जाति का प्रश्न नहीं है, नीच कुल और हीन आचार (वृथाकुल समाचार) का प्रश्न ही प्रधान है। लेकिन यहाँ पर दिनकर जी को अपनी बात कहने का अवसर मिल गया। ठीक उसी समय दुर्योधन कृपाचार्य से कहता है कि शास्त्रीय सिद्धान्त के अनुसार राजाओं की तीन योनियाँ हैं—*सत्कुलीनश्च, शूरश्च, यश्यच सेनां प्रकर्षति*। यानी उत्तम कुलज, शूर और सेनापति। यहाँ पर दुर्योधन कर्ण को शूर कहता है, साथ ही उसे अंगदेश का राजा भी बना देता है। दिनकर जी ने यहीं से, इसी प्रवेश से कर्ण चरित्र को उठाया है। रश्मिरथी की शुरुआती पंक्तियाँ (ओपेनिंग लाइन्स) इसी तर्क के पक्ष में हैं जो बात स्वयं दुर्योधन ने कर्ण की शूरता के कारण कही हैं—*शूराणां च नदीनां च दुर्विदाः प्रभवाः किल्*। दिनकर जी ने लगभग इसी बात को यों कहा है :

मूल जानना बड़ा कठिन है नदियों का वीरों का
धनुष छोड़कर और गोत्र होता क्या रणधीरों का?

(वही, 136/11)

जगत् में कहीं भी पुनीत अग्नि जल रही हो, उसे नमस्कार है; किसी भी मनुष्य में तेज़ और बल हो उसको नमस्कार है। किसी भी डाली पर खिलकर

शोभित होने वाले फूल नमस्करणीय हैं क्योंकि विवेकवान लोग किसी गुण के स्रोत और शक्ति की जड़ नहीं ढूँढ़ा करते :

जय हो जग में जले जहाँ भी नमन पुनीत अनल को
जिस नर में भी बसे हमारा नमन तेज़ को बल को
किसी वृन्त पर खिले विपिन में पर नमस्य है फूल
सुधी खोजते नहीं गुणों का आदि, शक्ति का मूल।

यहाँ पर स्पष्ट हो जाता है कि कर्ण चरित्र का सम्भावित विकास कवि के हाथों किधर जायेगा। संक्षेपतरू कर्ण अपने शौर्य को रंगभवन में प्रदर्शित करने से इसीलिए वंचित रह जाता है क्योंकि वह उच्चकुलोत्पन्न नहीं है। यह एक ठेस है जिससे उसके चरित्र में कुण्ठा पनपती है। एक सम्भावित यश या कीर्ति जो पाण्डुपुत्र अर्जुन को पराजित करके मिल सकती थी, वह अधूरी रह जाती है। यहाँ पर यह भी देखने योग्य है कि कर्ण के भीतर अर्जुन से अज्ञात वैर स्वतः प्रकट हुआ है क्योंकि रंगभवन कौरवों-पाण्डवों का सम्मिलित युद्धाभ्यास मात्र था, वह वास्तविक युद्ध नहीं था। कर्ण का अचानक वहाँ प्रवेश करना और सीधे द्वन्द्व युद्ध की चुनौती देना अवसरानुकूल नहीं था। यहीं से कौरवों और पाण्डवों की छिपी प्रतिद्वन्द्विताएँ आगे बढ़कर स्थायी वैर का रूप धारण करती हैं। लेकिन, वीरगाथाओं में प्रायः त्रासजनित पात्र सहसा ही नदी को वेलाकुल करते हैं, धारा को क्षुब्ध कर देते हैं। इससे यह भी सूचित होता है कि सूर्य और इन्द्र का पहले से चला आता वैर ही अर्जुन के प्रति अचानक उमड़ आया है। अर्जुन द्वारा अपने आचार्य से सीखी विद्या के प्रदर्शन के समान्तर कर्ण को भी यह अवसर प्रदान किया गया कि वह भी प्रदर्शन करे। कर्ण ने अपना प्रदर्शन ही नहीं किया, बल्कि सीधे द्वन्द्व-युद्ध की चुनौती भी दे डाली—*द्वन्द्वयुद्धं च पार्थेन कर्तुमिच्छामि*। दिनकर जी ने भी लिखा :

द्वन्द्व युद्ध के लिए पार्थ को फिर उसने ललकारा।

इसका कारण यही है कि क्षत्रियोचित या क्षत्रियानुकूल विकसित किये गये प्रारम्भिक महाभारत में इस तरह के उपाख्यान बहुतायत में हैं। यहाँ चरित्र इसी तरह अचानक प्रकट होते हैं और लोकयश के लिए जीने मरने लगते हैं। दुर्योधन भी ऐसे पात्र को अचानक उपस्थित देख अपने अचेतन मन की तृप्ति के लिए कर्ण से न समाप्त होने वाली मैत्री सुदृढ़ कर लेता है—*अत्यन्तं सख्यमिच्छामि*। कर्ण-दुर्योधन की यह मैत्री केवल मैत्री नहीं है, बल्कि कौरव-पाण्डव बैर को उद्दीप्त

करने वाली सन्धि है अनन्तर जिससे भीषण अनर्थ हुआ। इसलिए यह मैत्री मानव धर्म या महाभारत प्रतिपादित परम मूल्य आनृशंस्य के विवेक से बहुत दूर होने से मैत्री के मूल्य के रूप में लोक के मन को विकसित नहीं करती। इससे अधिक दृढ़ मैत्री और सख्य भावना अर्जुन और कृष्ण की बन जाती है जो लोकोपकारक बन कर उभरती है। महाभारतकार ने बहुत प्रारम्भ में ही यह बता दिया है कि अर्जुन और कर्ण दोनों समबल हैं और स्कन्धवत हैं। दुर्योधन यदि मन्यु (क्रोध या बैर) रूपी महावृक्ष है तो कर्ण उसका स्कन्ध (शाखा) है, उसी तरह अर्जुन स्कन्ध (शाखा) है धर्मरूपी उस वृक्ष का जो स्वयं युधिष्ठिर हैं। अतः यह मित्रता मूलतः मन्यु या बैर की शाखा को बढ़ाने वाली होने से लोकयश को क्षीण करती है। स्वयं दिनकर जी ने दुर्योधन और कर्ण की इस मित्रता को मित्रता से अधिक दुर्योधन के प्रति कृतज्ञताबोध के रूप में ही प्रस्तुत किया है :

है ऋणी कर्ण का रोम रोम
जानते सत्य यह सूर्य सोम।

अज्ञातकुलज होने या सूतवंशपालित होने के कारण ही रश्मिरथी के दूसरे सर्ग में कर्ण और परशुराम का गुरु-शिष्य भावित परम सम्बन्ध आहत होता है और कर्ण शापग्रस्त हो जाता है। यह भी उसकी दुर्नियति का कारक बन जाता है जबकि उसकी शिष्यता अचूक और अमोघ है। जिस स्वाभाविक शूरता से लैस होने के कारण पहले अध्याय में उसे अर्जुन से द्वन्द्वयुद्ध के लिए दुर्योधन अंगराज बना रहा है, वही वीरोचित प्रवाह इस दूसरे सर्ग में उसकी पोल खोल देता है। वह झूठ बोलकर परशुराम का शिष्य बनता है। वैसे भी सच बोलने पर भी क्षत्रिय होने के कारण परशुराम उसे धनुर्विद्या नहीं सिखा सकते थे क्योंकि उन्होंने भी प्रण किया हुआ है। वह भी एक भिन्न स्तर पर सक्रिय त्रासद महाचरित्र हैं जिनकी उपस्थिति परिवर्तनकारी होती है। वह कर्ण को विजय नामक धनुष और अग्निप्रणीत रथ प्रदान करते हैं। अर्जुन को जीतने की प्रबल तृष्णा के कारण ही वह परशुराम का शिष्य बनता है, इसी से पता चलता है कि अर्जुन के प्रति कर्ण का द्वेष बहुत अचेतन और गहरा है। यह अभीप्सा और उसका मिथ्याचरण उसके चरित्र को न केवल कमज़ोर कर देता है बल्कि अभिशप्त भी बना देता है। यदि पश्चिमी दृष्टि से देखें ग्रीक नाटकों में जिस तरह नियति के एक मोड़ को प्रकट होने देने के लिए उसके बीज पहले ही डाल दिये जाते हैं, ठीक वैसे ही महाभारत में भी यह दिखायी देता है। यही बात शेक्सपियर के प्रसिद्ध त्रासदी नाटकों में भी विन्यस्त दिखायी देती है। ये गुण-दोष ही त्रासद अर्धदैवीय चरित्रों

को किसी-न-किसी तरह से कथा-विस्तार में आगे उनकी परम नियति अर्थात् मृत्यु की ओर ठेलकर ले चलते हैं। 'पोएटिक जस्टिस' के हिसाब से स्वयं महाभारतकार के लिए भी उदात्त गुणों के स्वामी कर्ण को त्रासद मृत्यु की ओर ज़बरदस्ती ढोकर ले चलना बहुत कठिन था। दिनकर जी का असाधारण कवित्व इन सभी सूक्ष्म तलों पर बेहद सक्रिय होकर कर्ण के चरित्र को हृदयंगम करते हुए पूरी तरह रूपायित कर पाता है। यही कारण है कि आज से सत्तर वर्ष पूर्व इस कृति की भूमिका में विनम्रतापूर्वक कहने के बावजूद 'कर्ण-चरित रूपी समुद्र' को पार करने के लिहाज़ से 'रश्मिरथी' ही जलयान सिद्ध हुई, दूसरे कवियों द्वारा कर्ण पर लिखे गये अन्य चरित 'डोंगी' भर ही बचे।

कर्ण के चरित्र को विकसित करने में चतुर्थ सर्ग और पंचम सर्ग का सर्वाधिक महत्त्व है। इन दोनों सर्गों में उसका व्यक्तित्व अनुद्धत शील का संस्पर्श पाकर निखर उठा है। जहाँ दानवीरता की भूमिका चौथे सर्ग को सम्भव बनाती है वहीं पर पाँचवाँ सर्ग कुन्ती से कर्ण के ममतामय मिलन और आलिंगन की सूचना देता है। इन दोनों सर्गों में कर्ण ने कुछ दिया है और बदले में कुछ प्राप्त भी किया है। चौथे सर्ग में कवच-कुण्डल देकर उसने इन्द्र से एकघ्नी प्राप्त की है और पाँचवें सर्ग में अपनी जैविक माता कुन्ती से मिलकर माता की वह ममता प्राप्त की है। दिनकर जी ने लिखा है :

माँ ने बढ़कर जैसे ही कण्ठ लगाया,
हो उठी कण्टकित पुलक कर्ण की काया।
संजीवन सी छू गयी चीज़ कुछ मन में,
बह चला स्निग्ध प्रस्रवण कहीं से मन में।
पहली वर्षा में मही भीगती जैसे
कुछ काल कर्ण भी रहा भीगते वैसे।

उसके बाद कर्ण का स्वर अतिशय विनम्र हो उठा, उराने एक तरट की धन्यता महसूस की। कुन्ती की वास्तविक आशंका और दुश्चिन्ता यही है कि कल से जो संग्राम छिड़ने वाला है उसमें कर्ण अपने ही भाइयों का वध करना चाहता है। सम्भव है कि रहस्य जान कर वह युद्ध से विरत हो जाय। यही सोचकर कुन्ती जैसे-तैसे छिपती-छिपाती कर्ण से मिलने के लिए आती है। दिनकर जी ने अपनी कल्पना और अद्‌भुत प्रतिभा से इसे जीवन्त कर दिया है। इसमें जो काव्यात्मकता प्रकट हुई है वह विरल घटना के आश्रय से और भास्वर होकर जगमगा उठी है।

कुन्ती अपना निवेदन प्रस्तुत करती है, लेकिन, कर्ण अर्जुन से चिरकालिक प्रतिद्वन्द्विता की अपनी बात पर स्थिर और अडिग है। वह यहाँ पर भी दुर्योधन से अपनी मैत्री के बहाने अपनी कृतज्ञता को ही प्रकट करता दिखाई देता है :

दें छोड़ भले ही कभी कृष्ण अर्जुन को,
मैं नहीं छोड़ने वाला दुर्योधन को।
कुरुपति का मेरे रोम रोम पर ऋण है
आसान न होना उससे कभी उऋण है।
छल किया अगर, तो क्या जग में यश लूँगा?
प्राण ही नहीं, तो उसे और क्या दूँगा?

विशेष बात यह है कि वह कुन्ती के चार पुत्रों को अभय दान देता है जिसका सर्वदा उसने निर्वाह किया। रश्मिरथी के छठे सर्ग में युधिष्ठिर को पाकर भी उसने छोड़ दिया जो उनके लिए मरणान्तक कष्टप्रद हो गयी। सातवें सर्ग में चार पाण्डवों को जीवित छोड़ देने के प्रश्न पर अपने सारथी शल्य से वह कहता है :

समझोगे नहीं शल्य इसको, यह करतब नादानों का है,
यह खेल जीत से बड़े किसी मकसद के दीवानों का है।
कुछ जुटा रहा सामान खमण्डल में सोपान बनाने को,
ये चार फूल फेंके मैंने ऊपर की राह सजाने को।

इन घटनाओं से भी उसकी रणकण्डू या युद्धाकांक्षी मनःस्थिति कमज़ोर हुई है। चौथा सर्ग उसकी शारीरिक दुर्जयता को क्षीण करता है और पाँचवाँ सर्ग उसे भीतर से कमज़ोर बना देता है, लेकिन (अर्जुन के) लक्ष्यवेध हेतु किंचित् उदग्र भी। वह अर्जुन की शक्ति को भी समझता चलता है। उसका अन्त जैसे-जैसे पास आता जा रहा है, वह एक शूर की तरह गरिमामय मृत्यु की ओर बढ़ चलता है। वह युद्ध करते हुए वीरोचित तरीक़े से अपने प्राणों का उत्सर्ग चाहता है। यह एक अवचेतन तन्द्रा है जिसमें प्रवेश के बिना वह मृत्यु का वरण नहीं कर सकेगा। इसी मृत्यु में ही उसका शूरत्व स्थिर और यशकाय में सुरक्षित बचेगा :

अहा भावस्थ होता जा रहा हूँ,
जगा हूँ या कि सोता जा रहा हूँ?
बजाओ, युद्ध के बाजे बजाओ,
सजाओ, शल्य! मेरा रथ सजाओ।

5

युद्ध शताब्दियों से मानव सभ्यता के केन्द्र में रहा है। उसी ने जीवन के सर्वाधिक बड़े मूल्यों का नियमन किया है। लेकिन, युद्ध के बरअक्स सामाजिक शान्ति की दिशा में भी उच्चतर मनुष्यता ने निरन्तर चिन्तन किया है। स्वयं रश्मिरथी में भगवान श्रीकृष्ण ने भीषण विध्वंस बचाने के लिए ही दुर्योधन को समझाने की कोशिश की है। दिनकर जी ने बहुत ठीक से इसे सामने रखा है :

मैत्री की राह बताने को
सबको सुमार्ग पर लाने को
दुर्योधन को समझाने को
भीषण विध्वंस बचाने को
भगवान हस्तिनापुर आये
पाण्डव का सन्देशा लाये।

युद्ध को लेकर सबसे अधिक चिन्तनशील कवि दिनकर हैं, इसमें सन्देह नहीं। रश्मिरथी के पहले ही दिनकर जी कुरुक्षेत्र की रचना कर चुके थे। युद्ध की ज़रूरत समाज को तब पड़ती है जब प्रतिकार आवश्यक हो गया हो। क्षमा, दया, तप और त्याग के महान मूल्यों की बदौलत उससे बचा नहीं जा सकता। दिनकर न तो पूरी तरह युद्ध के पक्ष में हैं और न ही शान्ति के। इस बिन्दु पर वह हम सभी भारतीयों की तरह परिस्थिति के अनुसार आचरण करते हैं। रश्मिरथी के तीसरे सर्ग में श्रीकृष्ण के समझाने के बावजूद दुर्योधन उनके शान्ति प्रस्ताव को ठुकरा कर उन्हें बन्दी बनाना चाहता है। पूरे महाभारत में युद्ध की आशंका से सबसे अधिक व्यथित भगवान श्रीकृष्ण ही हैं। वह युद्ध को रोकना चाहते हैं। उन्हें यह बात बहुत ठीक से पता है कि कर्ण का साहाय्य पाकर ही दुर्योधन युद्ध के लिए उद्यत है। इसीलिए वह कर्ण से कहते हैं :

कौरव को तज रण रोक सखे
भू का हर भावी शोक सखे।

इतना ही नहीं वह युद्ध के दुष्परिणामों को कर्ण के समक्ष उपस्थित भी करते हैं :

मैंने कितना कुछ कहा नहीं?
विष-व्यंग कहाँ तक सहा नहीं?
पर, दुर्योधन मतवाला है,

कुछ नहीं समझने वाला है
चाहिए उसे बस रण केवल,
सारी धरती कि मरण केवल।

हे वीर ! तुम्हीं बोलो अकाम,
क्या वस्तु बड़ी थी पाँच ग्राम?
वह भी कौरव को भारी है,
मति गयी मूढ़ की मारी है
दुर्योधन को बोधूँ कैसे?

इस रण को अवरोधूँ कैसे?
सोचो क्या दृश्य विकट होगा,
रण में जब काल प्रकट होगा?
बाहर शोणित की तप्त धार,
भीतर विधवाओं की पुकार
निरशन, विषण्ण बिल्लायेंगे,
बच्चे अनाथ चिल्लायेंगे।

चिन्ता है, मैं क्या और करूँ?
शान्ति को छिपा किस ओट धरूँ?
सब राह बन्द मेरे जाने,
हाँ, एक बात यदि तू माने,
तो शान्ति नहीं जल सकती है,
समराग्नि अभी टल सकती है।

पा तुझे धन्य है दुर्योधन,
तू एकमात्र उसका जीवन
तेरे बल की है आस उसे,
तुझसे जय का विश्वास उसे
तू संग न उसका छोड़ेगा,
वह क्यों रण से मुख मोड़ेगा?

द्वितीय विश्वयुद्ध की स्थिति को लेकर भारत की राजनीतिक परिस्थितियों में जो विचार करना था वह कलिंग विजय और कुरुक्षेत्र में दिनकर जी कर चुके थे। लेकिन युद्ध की असह्यता और आवश्यकता को लेकर उनका मन सदा प्रश्नाकुल रहा :

नरता कहते हैं जिसे, सत्व
क्या वह केवल लड़ने में है?
पौरुष क्या केवल उठा खड्ग
मारने और मरने में है?

तब उस गुण को क्या कहें
मनुज जिससे न मृत्यु से डरता है?
लेकिन, तक भी मारता नहीं,
वह स्वयं विश्व-हित मरता है।

है वन्दनीय नर कौन? विजय-हित
जो करता है प्राण हरण?
या सबकी जान बचाने को
देता है जो अपना जीवन?

चुनता आया जय-कमल आज तक
विजयी सदा कृपाणों से,
पर, आह निकलती ही आयी
हर बार मनुज के प्राणों से।

आकुल अन्तर की आह मनुज की
इस चिन्ता से भरी हुई,
इस तरह रहेगी मानवता
कब तक मनुष्य से डरी हुई?

पाशविक वेग की लहर लहू में
कब तक धूम मचायेगी?

कब तक मनुष्यता पशुता के
आगे यों झुकती जायेगी?

महाभारत का पूरा कलेवर ही युद्धमुखी है, मानो युद्ध ही मानव जीवन की सभी समस्याओं का निदान है। दुर्योधन युद्धाकांक्षी है, जबकि पाण्डव शान्तिपोषक दिखते हैं। दिनकर जी ने षष्ठ सर्ग में यह प्रश्न उठाया है कि समाज में शान्ति के ख़ातिर क्या पाण्डवों के एक बार फिर वन चले जाने से शान्ति बच सकती थी या नहीं :

पाण्डव यदि केवल पाँच ग्राम लेकर सुख से रह सकते थे,
तो विश्व-शान्ति के लिए दुःख कुछ और न क्या सह सकते थे?
सुन कुटिल वचन दुर्योधन का केशव ने क्यों यह कहा नहीं—
हम तो आये थे शान्ति हेतु, पर, तुम चाहो जो, वही सही।

तुम भड़काना चाहते अनल धरती का भाग जलाने को,
नरता के नव्य प्रसूनों को चुन-चुन कर क्षार बनाने को।
पर, शान्ति-सुन्दरी के सुहाग पर आग नहीं धरने दूँगा,
जब तक जीवित हूँ, तुम्हें बान्धवों से न युद्ध करने दूँगा।

लो सुखी रहो, सारे पाण्डव फिर एक बार वन जायेंगे,
इस बार, माँगने को अपना वे स्वत्व न वापस आयेंगे।
धरती की शान्ति बचाने को आजीवन कष्ट सहेंगे वे,
नूतन प्रकाश फैलाने को तप में मिल निरत रहेंगे वे।

शत लक्ष मानवों के सम्मुख दस-पाँच जनों का सुख क्या है?
यदि शान्ति विश्व की बचती हो, वन में बसने में दुख क्या है?
सच है कि पाण्डुनन्दन वन में सम्राट् नहीं कहलायेंगे,
पर, काल-ग्रन्थ में उससे भी वे कहीं श्रेष्ठ पद पायेंगे।

लेकिन स्वयं दिनकर जी यह भी जानते हैं कि किसी भी क़ीमत पर शान्ति स्थापित करने के लिए युद्धाकांक्षी समाज में भीतर-भीतर चलने वाली भावनाएँ केवल शान्तिवादियों के लिए ही सुगम हो सकती हैं। इसके बरअक्स स्वयं जनता का भी एक इतिहासविंद्ध पक्ष होता है, लोकमन होता है जिसके लिए किसी भी क़ीमत पर शान्ति परम मूल्य नहीं हो सकता। अन्ततः न्याय ही परम मूल्य है

जिसे स्थापित करने के लिए युद्ध अपरिहार्य हो जाता है। शान्ति की क़ीमत चुका कर ही हम युद्ध के लिए अग्रसर होते हैं :

पर, नहीं, विश्व का अहित नहीं होता क्या ऐसा कहने से?
प्रतिकार अनय का हो सकता क्या उसे मौन हो सहने से?
क्या वही धर्म, लौ जिसकी दो-एक मनों में जलती है।
या वह भी जो भावना सभी के भीतर छिपी मचलती है।

सबकी पीड़ा के साथ व्यथा अपने मन की जो जोड़ सके,
मुड़ सके जहाँ तक समय, उसे निर्दिष्ट दिशा में मोड़ सके।
युगपुरुष वही सारे समाज का विहित धर्मगुरु होता है,
सबके मन का जो अन्धकार अपने प्रकाश से धोता है।

यदि मानव सभ्यता के लिहाज़ से देखें तो सभ्य बनने की प्रक्रिया में हमने अपनी पाशविक वृत्तियों का निरन्तर उपशमन और दमन किया है। लेकिन इसके साथ ही साथ हमारी सभ्यता ने अब युद्ध के ऐसे तौर-तरीक़े भी खोज लिए हैं जिसमें हम बिना किसी संवेदना का अनुभव किये हुए ही परमाणु बम तक गिरा सकते हैं। मानवता ने अभी तक यह ठीक से नहीं समझा है कि पृथ्वी पर मनुष्य सभ्यता के विकास का चरम उद्देश्य क्या है? एक तरफ़ वह मानवता की रक्षा करने के लिए मानवाधिकारों की बात करता है और दूसरी तरफ़ मानवता का संहार करने वाले अस्त्र-शस्त्रों का क्रय-विक्रय भी करता है और युद्ध को ज़रूरी भी मानता है। यही सबसे बड़ा द्वन्द्व है, द्वाभा है। इसी द्वन्द्व या द्वाभा को पौराणिक भाषा में द्वापर भी कहा गया है। दिनकर जी का कहना है कि यही द्वन्द्व जो आज हमें ग्रसित किये हुए है, और जिससे छुटकारा नहीं मिलता, लगभग इसी तरह का विचार महाभारत के समय में भी मनुष्यता को व्याकुल और व्यथित किये हुए था। कुरुक्षेत्र में दिनकर ने पहले ही कहा था :

जब तक मनुज मनुज का यह सुखभाग नहीं सम होगा,
शमित न होगा कोलाहल संघर्ष नहीं कम होगा।

एक सीमा तक यह जो सामाजिक असमानता है वही मूलतः संघर्ष की कारक है। जब तक मानवता इसका समाधान नहीं कर लेती, शान्ति की समस्या असमाधानित ही रहेगी। लेकिन फिर, फिर उस युद्धवृत्ति का क्या होगा जो कर्ण जैसे सम्भावनाशील युवाओं के मन में द्वन्द्व की भावना से उठा करती है? उधर इशारा फ्रैंसिस फुकुयामा ने 'एंड ऑफ़ हिस्ट्री' में किया है। आज भी हम उदार

लोकतान्त्रिक अमरीकी पूँजीवादी समाज में द्वन्द्व को बरकरार रखने के लिए ओलंपिक्स या इस तरह की प्रतियोगिताओं का आयोजन किया करते हैं। इसमें प्रदर्शन करते हुए युवाओं को अपनी सार्थकता का अनुभव होता लहते हैं और अस्मिता स्थापन सम्बन्धी उनकी अभीप्सा गुणानुक्रम में जयी होती रहती है। राज्यों के लिए इस तरह की युद्धाकांक्षा से निपटने का यही तरीक़ा होना चाहिए जिससे महाभारतकालीन कर्ण सरीखे युवाओं के समान ही उन्हें रंगभवन में अपनी क्षमताओं को सिद्ध करने का अवसर मिला करे। अन्यथा इसी वृत्ति के आश्रय से अवांछित सामाजिक संघर्ष जन्म लेंगे और उसका दुष्परिणाम सारी मानवता को भी भुगतना होगा। कर्ण की अस्मिता की समय रहते पहचान हो गयी होती तो महाभारत नहीं हो पाता। इसी बात को ठीक से रेखांकित करने में रश्मिरथी की सार्थकता है। कवि दिनकर की उपलब्धि को मैं इसी रूप में देखता हूँ। जाति का प्रश्न, पौरुष का प्रश्न और सामाजिक न्याय-अन्याय का प्रश्न ही धर्म-अधर्म के प्रश्न, मानापमान के प्रश्न और युद्ध और शान्ति के प्रश्न के रूप में बदल गया दिखता है। हाँ, कुन्ती के पक्ष से अविवाहित मातृत्व की समस्या असमाधिनत ही दिखती है, यह विषय स्त्री-विमर्श का भी विषय है लेकिन इस कृति की सीमाओं में इसका निस्तारण सम्भव नहीं था। तथापि दिनकर जी ने रश्मिरथी के पंचम सर्ग में कर्ण के मुँह से कहलाया है कि कुन्ती ने कर्ण का परित्याग करके वस्तुतः सामाजिक सुरक्षा को चुन लिया :

उलटे मुझको असहाय छोड़कर दल में
तुम लौट गयीं इज़्ज़त के बड़े महल में।

जबकि प्रेम का मूल्य चुकाने के लिए उसे समाज के धर्मध्वजाधारियों के सम्मुख चिल्लाकर कहना चाहिए था :

सुन लो, समाज के प्रमुख धर्म-ध्वज-धारी,
सुतवती हो गयी मैं अनब्याही नारी।
अब चाहो तो रहने दो मुझे भवन में
या जातिच्युत कर मुझे भेज दो वन में।

पर, मैं न प्राण की इस मणि को छोड़ूँगी,
मातृत्व-धर्म से मुख न कभी मोड़ूँगी।
यह बड़े दिव्य उन्मुक्त प्रेम का फल है,
जैसा भी हो, बेटा माँ का सम्बल है।

यही नहीं कर्ण यह भी कहता है कि यदि तुमने मुझे छोड़ा न होता तो तुम बिन ब्याही माँ बनकर भी सती नारी कहलातीं :

पर, सह विपत्ति की मार अड़ी रहतीं तुम,
जग के समक्ष निर्भीक खड़ी रहतीं तुम।
पी सुधा ज़हर को देख नहीं घबरातीं,
था किया प्रेम तो बढ़ कर मोल चुकातीं।

भोगतीं राजसुख रह कर नहीं महल में,
पालतीं खड़ी हो मुझे कहीं तरु-तल में।
लूटतीं जगत् में देवि ! कीर्ति तुम भारी,
सत्य ही, कहातीं सती सुचरिता नारी।

इन पंक्तियों में स्त्री-विमर्श का एक सर्वथा नया आयाम भी खुलता दिखायी देता है। कुन्ती अपनी सामाजिक असहायता को जानती है :

पर, मैं कुमारिका थी, जब तू आया था,
अनमोल लाल मैंने असमय पाया था।
अतएव, हाय! अपने दुधमुँहे तनय से,
भागना पड़ा मुझको समाज के भय से।

बेटा, धरती पर बड़ी दीन है नारी,
अबला होती, सममुच, योषिता कुमारी।
है कठिन बन्द करना समाज के मुख को,
सिर उठा न पा सकती पतिता निज सुख को।

इस तरह 'रश्मिरथी' का पुनःपाठ करते हुए हम उन समस्त काव्यानुभवों के समक्ष एक बार पुनः उपस्थित होते हैं। तब इस कृति के कई प्रच्छन्न आयाम हमें चुनौती देते हैं। प्रतीत होता है कि अपने समय की रचनात्मक चुनौतियों का सामना करने की प्रबल इच्छा से ही यह कृति कविमानस से बाहर प्रकट हुई। महाभारत के उपेक्षित पात्र कर्ण को नये आलोक में प्रकाशित और प्रतिष्ठित करने के हेतु से ही कर्ण को कवि ने केन्द्र में रखा और भीष्म के बाद दिनकर की कविदृष्टि में बन-सँवर कर निखरा हुआ वह दूसरा पुरुष चरित्र है। रश्मिरथी की काव्यात्मक प्रांजलता तुलसीदास के 'रामचरितमानस' की तरह पाठकों का कंठहार बनी रही है

और लगता है आगे भी बनी रहेगी। हमें यह नहीं भूलना चाहिए कि कोई भी साहित्यिक कृति प्रथमतः अपने साहित्यिक गुणों के कारण ही लोकमन में आसन जमाती है। रश्मिरथी जैसे आख्यानपरक काव्य में प्रसंगानुकूल नवीन उद्भावनाएँ और विचारों की नवीनता तो काव्यवस्तु के रूप में उपस्थित हो ही गयी हैं, लेकिन, सबसे अधिक काव्यभाषा की ओजमयता ही रश्मिरथी को लोकप्रिय बनाती है। यहाँ पर दिनकर जी का अपना जीवन संघर्ष और ओजमय व्यक्तित्व कर्ण के व्यक्तित्व के साधर्म्य से और चमक उठा है। इस कृति में युद्धों का वर्णन उसी परम्परा का विकास है जिसमें 'पृथ्वीराज रासो' और 'रामचरितमानस' से लेकर 'साकेत'-'कामायनी' के युद्धवर्णन हम पढ़ते आये हैं। वीर रस पूर्ण कविता की यह चरम सिद्धि तो है ही। लेकिन इसके सापेक्ष रश्मिरथी में प्रकृति वर्णन के स्थल भी बहुत ही ख़ूबसूरत बन गये हैं। द्वितीय सर्ग में परशुराम के आश्रम का वर्णन, चतुर्थ और पंचम सर्ग में सूर्योपासना करते कर्ण का वर्णन, सन्ध्या का वर्णन और सातवें सर्ग में उदयाचल का यह वर्णन :

निशा बीती गगन का रूप दमका
किनारे पर किसी का चीर चमका।
क्षितिज के पास लाली छा रही है,
अतल से कौन ऊपर आ रही है?

सँभाले शीश पर आलोक मण्डल,
दिशाओं में उड़ाती ज्योतिरंचल,
किरण में स्निग्ध आतप फेंकती-सी,
शिशिर कम्पित द्रुमों को सेंकती-सी।

खगों का स्पर्श से कर पंख मोचन,
कुसुम के पोंछती हिमसिक्त लोचन,
दिवस की स्वामिनी आयी गगन में,
उड़ा कुंकुम जगा जीवन भुवन में।

6

अन्तिम बात। 'रश्मिरथी' का नामकरण उस प्रेरणा से दीप्त जान पड़ता है जिसमें स्वयं महाभारत में ही रथ को एक रूपक की तरह प्रस्तुत किया गया है। तुलसीदास ने रामचरितमानस के लंकाकाण्ड में रथ के रूपक का बहुत सुन्दर वर्णन किया है।

युद्धभूमि में रावण को रथी और भगवान राम को विरथ देख विभीषण अधीर होकर पूछता है कि रावण बहुत बलवान है, आप उसे कैसे जीत सकेंगे। इसके प्रत्युत्तर में राम कहते हैं कि सखा, जिससे विजय मिलती है वह रथ अन्य ही होता है—*जेहि जय होइ सो स्यन्दन आना*। वह रथ ऐसा है जिसमें शौर्य और धैर्य के पहिये लगे हैं, सत्य और शील ही उसकी दृढ़ ध्वजा और पताका है :

सौरज धीरज जेहि रथ चाका।
सत्य सील दृढ़ ध्वजा पताका।।
बल विवेक दम परहित घोरे।
छमा कृपा समता रजु जोरे।।

कुछ इसी भावना से कर्ण भी रश्मिरथ का आवाहन करता है।

युद्धभूमि में अर्जुन से युद्ध करते हुए उसका रथचक्र पृथ्वी में धँस गया है। पर कहा जा चुका है कि अर्धदैवीय चरित्रों को ऐसी नियति की ओर ले चलने में दैव का बहुत बड़ा योग रहता है। यहाँ पर कर्ण को जो ब्राह्मण द्वारा शाप मिला हुआ है, वह सक्रिय हो गया है। वह फँसे रथचक्र को अपने पौरुष से निकालने का सारा प्रयत्न करके थक चुका है। तब वह कहता है :

मही, ले सौंपता हूँ आप रथ मैं
गगन में खोजता हूँ अन्य पथ मैं
भले ही लील ले इस काठ को तू
न पा सकती पुरुष विभ्राट को तू।

फिर, दिनकर जी ने उस रश्मिरथ का वर्णन किया है जिसे कर्ण ने अपने पौरुष, तप, त्याग, दानबल और उज्ज्वल चरित्र से रचा है। वह सूर्य पुत्र है। अर्जुन द्वारा मारे जाने के बाद उसकी प्रभा सूर्य से मिलकर एकात्म हो जाती है।

महानिर्वाण का क्षण आ रहा है, नया आलोक-स्यन्दन आ रहा है;
तपस्या से बने हैं यन्त्र जिसके, कसे जप-याग से हैं तन्त्र जिसके;
जुते हैं कीर्तियों के वाजि जिसमें, चमकती है किरण की राजि जिसमें;
हमारा पुण्य जिसमें झूलता है, विभा के पद्म-सा जो फूलता है।

रचा मैंने जिसे निज पुण्य-बल से, दया से, दान से, निष्ठा अचल से;
हमारे प्राण-सा ही पूत है जो, हुआ सद्धर्म से उद्भूत है जो;
न तत्त्वों की तनिक परवाह जिसको, सुगम सर्वत्र ही है राह जिसको;
गगन में जो अभय हो घूमता है, विभा की ऊर्मियों पर झूमता है।

अहा! आलोक-स्यन्दन आन पहुँचा, हमारे पुण्य का क्षण आन पहुँचा।
विभाओ सूर्य की! जय-गान गाओ, मिलाओ, तार किरणों के मिलाओ।
प्रभा-मण्डल! भरो झंकार, बोलो! जगत् की ज्योतियो! निज द्वार खोलो!
तपस्या रोचिभूषित ला रहा हूँ, चढ़ा मैं रश्मि-रथ पर आ रहा हूँ।

महाभारतकार और दिनकर ने लगभग एक ही प्रकार के शब्दों और भावों में कर्ण की मृत्यु का वर्णन किया है। कर्ण अपनी अन्तिम यात्रा के लिए उसी रश्मिरथ का आवाहन करता है जो उसकी तपश्चर्या से बना हुआ है, इसीलिए वह 'रश्मिरथी' है।

सहायक सन्दर्भ

1. महाभारत, गीता प्रेस, गोरखपुर, 2015
2. रश्मिरथी, रामधारी सिंह दिनकर, लोकभारती प्रकाशन, इलाहाबाद, 2014
3. दिनकर, व्यक्तित्व और रचना के आयाम, सुहानी बुक्स, दिल्ली, 2009
4. दिनकर अर्धनारीश्वर कवि, नन्द किशोर नवल, राजकमल प्रकाशन, नयी दिल्ली, 2013
5. युगचारण दिनकर, सावित्री सिन्हा, नेशनल पब्लिशिंग हाउस, नयी दिल्ली, 1963
6. आलोचना का नया पाठ, गोपेश्वर सिंह, किताबघर प्रकाशन, नयी दिल्ली, 2011
7. Karna in Epic Mahabharat, Kevin McGrath, (Brill's Indological Library, Lieden, Boston, 2004
8. Karna the unsung hero of Mahabharat, Umesh Kotshu, Ashutosh Zutsi, Frog Books, Mumbai, 2015
9. Textuality and intertextuality in the Mahabharat : Myth, Meaning and Metamorphosis, PradeepTrikha, Sarup and Sons, New Delhi, 2006

कर्ण का मिथक

–शंभुनाथ

महाभारत एक ऐसा महाकाव्य है जिसमें भारतीय जीवन की विडम्बनाएँ एक बड़े फलक पर व्यक्त हुई हैं। इसमें 'अन्याय' के विभिन्न रूप आये हैं जो आधुनिक समय में भी उद्घाटित हुए। महाभारत और आधुनिक युग में कई बिन्दुओं पर समानता है। आधुनिक मन की एक बड़ी ख़ूबी है कि यह स्वतन्त्र चिन्तन की ओर लगातार बढ़ता रहा है। यह अतीत के पुनरुत्थान की जगह उसके प्रति विद्रोह करता आया है। उसने ऐसा अतीत से सम्बन्ध तोड़ते हुए नहीं, बल्कि उसकी रूढ़ियों और वर्जनाओं की आलोचना करते हुए किया है। भारतीय मिथकों से आलोचनात्मक सम्बन्ध ने भारत की परम्पराओं और अतीत के खजाने के पुनरावलोकन की नयी दृष्टियाँ दीं। प्राचीन युगों में भी अतीत को नये कोणों से देखा जाता रहा है। उसके अदृष्ट पहलू उजागर होते रहे हैं। उस परम्परा में आधुनिक मन को अतीत की विडम्बनाओं और रूढ़ियों से आज़ाद करने की कोशिशें नवजागरण और राष्ट्रीय आन्दोलनों के समय तीव्र हो गयीं। भारतीय जीवन के ये क़रीब डेढ़ सौ साल बहुत हलचल भरे थे और जिज्ञासाओं से भरे थे।

20वीं सदी के आख़िरी सालों में अतीत को लेकर पुनरुत्थानवादी दृष्टि उभार पर आयी। मिथकों का अर्थ धार्मिक रूढ़िवाद द्वारा निर्धारित होने लगा। उनको घेर कर कूपमंडूकता और दिखावे बढ़ने लगे। अब पहले जैसे सुधारवादी आन्दोलन या राष्ट्रीय आन्दोलन उपस्थित नहीं थे। इनकी जगह लोकप्रियतावादी नारे थे। लोगों में तर्क, बुद्धि और मानवीय संवेदना के साथ सोचने की शक्ति कम होने लगी थी। वस्तुतः अतीत को लेकर पुनरुत्थानवाद और उच्छेदवाद दोनों अतिवाद हैं। ये परस्पर एक-दूसरे को लहकाते हैं। इनका अपना एक बाज़ार रहा है—मुनाफ़े का चक्रव्यूह! दरअसल उत्तर-आधुनिक समय में जीवन की प्रेरणाओं

के स्रोत बदलने लगे। अब प्रेरणाओं का मुख्य स्रोत अधिक-से-अधिक फ़ायदा या लूट है। इसके बिना तबीयत से कुछ करने की इच्छा नहीं होती।

महाभारत में कर्ण कुन्ती से जन्मा होकर भी सूतपुत्र माना गया था। वह कुन्ती की अवैध सन्तान है और एक निम्न समझी जाने वाली जाति के परिवार में पला है। वह पाण्डवों के विरुद्ध दुर्योधन का साथ देता है। इसके बावजूद, उच्च गुणों और क्षमताओं से सम्पन्न ही नहीं, वह पर्याप्त स्वाभिमानी भी है। उसकी तरफ़ आधुनिक लेखकों का ध्यान .ज्यादा आकर्षित हुआ। उसे नियति की ऐसी विडम्बना के शिकार महानायक के रूप में देखा गया जिसके लिए वह ख़ुद ज़िम्मेदार न था। दिनकर का काव्य 'रश्मिरथी' (1952) धार्मिक रूढ़िवाद का विरोध करता है और कर्ण को एक नयी नज़र से देखता है।

महाभारत का समाज वर्णव्यवस्था पर आधारित था, हालाँकि वर्ण संकरता भी थी। आदि पर्व में मामूली रूप से, लेकिन वन पर्व में विस्तृत रूप से कर्ण की कथा है। ख़ुद वेदव्यास, जो महाभारत के रचनाकार माने जाते हैं, कर्ण को कहीं दीन और त्रस्त नहीं दिखाते, बल्कि दैवी गुणों से सम्पन्न एक महान दानी के रूप में चित्रित करते हैं। उनके सम्बन्ध में कृष्ण को भी कहना पड़ा है, *'त्वमेव कर्ण जानासि वेदवादन सनातनम्। त्वमेव धर्मशास्त्रेसु सूक्ष्मेषु परिनिष्ठितः।'* यह इसका संकेत है कि महाभारत में समाज की पतनावस्था के बावजूद आत्मनिरीक्षण ख़त्म नहीं हुआ था।

आधुनिकता का एक महत्त्वपूर्ण मूल्य आत्मनिरीक्षण या बौद्धिक आत्मसाक्षात्कार है। इस युग में राजनीतिक नेताओं, दार्शनिकों और कवियों ने बार-बर आत्मनिरीक्षण किया, क्योंकि किसी भेदभाव से भरे समाज में आत्मपरिष्कार और पुनर्निर्माण के रास्ते आत्मनिरीक्षण से होकर ही बनते हैं। एक राष्ट्रवादी कवि द्वारा कर्ण के चरित्र को चुनना और उसके जीवन के मार्मिक बिन्दुओं को सामाजिक न्याय की चेतना के साथ व्यक्त करना एक महत्त्वपूर्ण बात थी। दिनकर की 'रश्मिरथी' काव्य शिल्प की दृष्टि से नयी कविता के शिल्प से भिन्न हो और पुराने छन्द में हो, लेकिन इसकी संवेदना और दृष्टि में आधुनिकता है। 'कुरुक्षेत्र' में युद्ध-विरोधी चेतना व्यक्त करने के बाद दिनकर के मानवतावाद का विस्तार कर्ण की पुनर्कल्पना में होता है। इससे स्पष्ट है कि राष्ट्रवाद में स्पेस था, नये भारत की चिन्ता थी। यह काव्य जाति विषमता और जाति के आधार पर श्रेष्ठता का विरोध करता है, कर्ण को असत कौरव पक्ष से लड़ते योद्धा की छवि में सीमित नहीं करता। इसकी पृष्ठभूमि महाराष्ट्र में चले फुले और अम्बेडकर के आन्दोलन हैं जिन्होंने भारतीय समाज में अन्तर्मन्थन तीव्र कर दिया था। 'रश्मिरथी' में कर्ण कहता है :

जाति-जाति रटते जिनकी पूँजी केवल पाखण्ड
मैं क्या जानूँ जाति? जाति हैं ये मेरे भुजदण्ड।...
मस्तक ऊँचा किये जाति का नाम लिए चलते हो
पर अधर्ममय शोषण के बल से पलते हो।
अधम जातियाँ से थर-थर काँपते तुम्हारे प्राण
छल से माँग लिया करते हो अँगूठे का दान।

महाभारत में एकलव्य भी एक ऐसा ही पात्र है जो वर्ण व्यवस्था का निर्मम शिकार हुआ। द्रोणाचार्य एकलव्य से आशंकित हो गये। एकलव्य उनकी प्रतिमा से प्रेरणा लेकर, बिना प्रत्यक्ष प्रशिक्षण के भी अर्जुन से बड़ा धनुर्धर बन रहा था। द्रोणाचार्य ने गुरु दक्षिणा के रूप में उसका अँगूठा काट लिया, जो शिक्षा में एक बड़े भेदभाव के रूप में देखा जाता रहा है। एकलव्य की कथा का यहाँ अन्त नहीं होता। दुर्योधन उसे सम्पूर्ण वन का राजा घोषित करता है। युद्ध के समय वह दुर्योधन के पक्ष से लड़ने के लिए आता है, लेकिन भीष्म-द्रोण को देख कर युद्ध में हिस्सा नहीं लेता और विरोध में वापस चला जाता है।

कर्ण निम्न जाति के कारण धनुर्विद्या के परीक्षण के अवसर पर द्रोणाचार्य से अवहेलित हुआ था। फिर भी उसमें ज्ञान और ताक़त अर्जित करने की इच्छा कम नहीं होती। वह असह्य दुख-कष्ट झेलता है। ये दुख-कष्ट उसे कंचन की तरह तपा देते हैं। वह सूर्य पुत्र होकर भी जीवन भर अँधेरे से जूझता है। कितने लोग चुपचाप दुख-कष्ट सह कर गुज़र जाते हैं, तब जाकर कर्ण की तरह बोलने और लड़ने वाला इन्सान उभरता है। कर्ण महाभारत जैसा नरसंहार नहीं चाहता था, *'निस्सार द्रोह की क्रिया व्यर्थ रण है।'* दिनकर की युद्ध को लेकर चिन्ता 'रश्मिरथी' में जारी रहती है। कर्ण इतने बड़े नरसंहार का विरोध करते हुए कहता है, *'कौरव विलीन जिस पथ पर हो जायेंगे/पाण्डव क्या उससे भिन्न राह पायेंगे?'* कर्ण को यदि अपने प्रतिस्पर्धी अर्जुन से लड़ने का मौक़ा पहले मिल जाता, वह बचे होने पर महायुद्ध का समर्थन नहीं करता। कर्ण कुछ इस तरह का नायक है, *'दुनिया में रह कर भी दुनिया से अलग खड़े जो जीते हैं।'* दिनकर को जहाँ अवसर मिला, उन्होंने युद्ध-विरोधी स्वर मुखरित किया।

स्त्री-पुरुष भेदभाव की तरह जाति भेदभाव आज तक भारत की एक बड़ी समस्या है। इसमें नये आयाम जुड़े हैं। दिनकर वर्ग को लेकर चिन्तित थे, जाति प्रथा को लेकर भी। उन्होंने बिहार में इसके सबसे बुरे रूपों को प्रत्यक्ष देखा था। हालाँकि वे इस सन्दर्भ में सुधारवाद या उद्धारवाद से आगे नहीं बढ़ पाये।

उस ज़माने के समावेशी राष्ट्रवाद में स्पेस होते हुए भी, दशा 'उद्धारकर्ता और उद्धार किये जाने वाले सम्बन्ध' से भिन्न नहीं थी। 'रश्मिरथी' में कवि ने भूमिका में लिखा है :

"यह युग दलितों और उपेक्षितों के उद्धार का युग है। अतः बहुत स्वाभाविक है कि राष्ट्रभारती के जागरूक कवियों का ध्यान उस चरित्र की ओर जाये जो करोड़ों वर्षों से हमारे सामने उपेक्षित एवं कलंकित मानवता का मूक प्रतीक बन कर खड़ा है।'

मूक के खुद बोलने से मूक को वाणी देना एक भिन्न मामला था। हालाँकि एक कठारे समाज में समवेदना को उचित महत्त्व देना ज़रूरी है, क्योंकि पृथकता में वास्तविक मुक्ति नहीं मिलती।

भारत में अतीत के बुरे तत्त्व ही ज़्यादा प्रभावशाली और लड़ाकू रहे हैं। उसके अच्छे तत्त्व अधिकांशतः राख से ढकी चिन्गारी की तरह रहे हैं। इतिहास में जय-पराजय से ही सत्य-असत्य का निर्णय होता रहा है। भारवि के 'किरातार्जुनीय' महाकाव्य में ऐसा ही हुआ था। 'सत्यमेव जयते' नहीं, जो जीत जाता है, वह सत्य बन जाता है!

कर्ण आशाओं में जीता हुआ एक लगातार हारता नायक है। वह कुन्ती का पुत्र होकर भी नहीं है। परशुराम से शस्त्र ज्ञान पाकर भी निम्न जाति का होने के कारण सब खो देना पड़ता है। इन्द्र छल करके जन्म से प्राप्त उसका कवच ले लेते हैं। वे अपना 'चेहरा' बचाने के लिए उसे एकाघ्नि दे जाते हैं। यह इन्द्र-पुत्र अर्जुन को बचाने के लिए सूर्य-पुत्र कर्ण से छल है और इन्द्र-सूर्य सत्ता संघर्ष का मिथकीय रूपक है। 'रश्मिरथी' का कर्ण अपनी व्यथा में आधुनिक मनुष्य की हताशा और सहज वेध्यता व्यक्त करता है, *'उधर करें बहुभाँति पार्थ की स्वयं कृष्ण रखवाली/और इधर मैं लड़ूँ लिए यह देह कवच से खाली।'* कर्ण संकेत देता है कि देवता से मनुष्य अच्छा है। कर्ण महान कहे जाने वालों के अत्याचार से पीड़ित इन्सान था।

दिनकर ने कर्ण के उदात्तीकरण में कोई कसर नहीं छोड़ी। वह जाति-विषमता से पीड़ित है, दलित अधिकारों के लिए चिन्तित है और सभी क़िस्म के कृत्रिम सामाजिक विभाजनों के प्रति क्षोभ से भरा है। इन चीज़ों के अलावा एक और बात है। वह अपने आन्तरिक सद्गुणों के प्रति आस्थावान बने रहते हुए यदि इन्द्र की दैवी शक्ति और अर्जुन की राजनीतिक क्षमता से अविचलित रहता है तो दुर्योधन के साथ मित्रता निभाने के बावजूद भीष्म-द्रोणाचार्य के प्रभुत्व का भी विरोधी है। उसके पास एक दृढ़ अन्तःकरण है। उसे न सत्ता का लोभ है और न सम्पत्ति का। वह महाभारत युद्ध में तब तक हिस्सा न लेने का संकल्प करता है,

जब तक भीष्म और द्रोणाचार्य सेनापति हैं। दुर्योधन की मित्रता भी कर्ण ने तब चुनी थी, जब पाण्डवों का भी चरित्र दुर्योधन की ही तरह प्रभुसत्तात्मक और विलासी था। यह वनवास है जिसमें, *'सह धूप धाम पानी पत्थर पाण्डव आये कुछ अधिक निखर।'* कर्ण की उदात्तता तब अपने चरमोत्कर्ष पर पहुँचती है, जब अर्जुन के साथ युद्ध के समय खाण्डव वन दहन के समय का खार खाया हुआ विषैला सर्प अश्वसेन कर्ण के तरकश में आकर कर्ण से कहता है कि अर्जुन के वध के लिए उसका उपयोग किया जाय। कर्ण यह अनैतिक प्रहार करने से इन्कार कर देता है। यह इस सिद्धान्त की प्रतिध्वनि है कि लक्ष्य के साथ साधन भी शुद्ध होने चाहिए। दूषित साधनों के इस्तेमाल से मिली विजय अपने पीछे बुराइयाँ और विकृतियाँ ले आती हैं। ऐसे कई उदाहरणों के बावजूद आज ऐसा नहीं सोचा जाता, क्योंकि राजनीति का नैतिकता से तलाक़ है।

'रश्मिरथी' में कर्ण का युधिष्ठिर के प्रति आदर भाव है। ख़ुद कृष्ण कर्ण को दुर्योधन के शिविर से पाण्डव शिविर में ले आना चाहते हैं, उसे कुन्ती की सन्तान कहकर मनाते हैं। कर्ण विश्वासघात नहीं करता, यह उसके चरित्र की श्रेष्ठता है। कुन्ती कर्ण से मिल कर अपना मातृ स्नेह प्रदर्शित करती है, वह नहीं डिगता। उसके जीवन की यह विडम्बना थी कि उसकी माता अपने स्नेह में एक राजनीतिक चाल लपेट कर आयी थी। कर्ण पहली बार रो पड़ा था। उसके अश्रुओं में शिकायत की आग थी। कुन्ती निस्तब्ध हो गयी थी। फिर भी कर्ण कुन्ती को ख़ाली हाथ न लौटा कर उसे चार पुत्रों का अभय देता है। उसकी लड़ाई सिर्फ़ अर्जुन से थी। कर्ण के अर्जुन से चिर विरोध की यदि मनोवैज्ञानिक व्याख्या की जाय तो यह वस्तुतः कुन्ती के मातृत्व पर अधिकार और सामाजिक प्रतिष्ठा के लिए था। कुन्ती कर्ण के जन्म के समय अविवाहित थी। सिर्फ़ इसलिए वह परिवार और यश से वंचित था। कुन्ती की यौन पवित्रता की धारणा से कर्ण का जीवन प्रभावित हुआ था।

'रश्मिरथी' के कर्ण-कुन्ती संवाद में कर्ण का व्यक्तित्व एक विशिष्ट आयाम पाता है। वह कुन्ती से कहता है कि अर्जुन के मारे जाने पर वह दुर्योधन के साथ विजयोत्सव न मनाकर पाण्डव दल में आ जायेगा, फिर 'पुनः निःस्व, दलितों का नेता होगा।' वह स्पष्ट कर देता है कि उसका दुर्योधन के पक्ष में होना सिर्फ़ अर्जुन से युद्ध का निमित्त है। इस कोण से देखा जाये तो कर्ण आत्मसम्मान के लिए दुर्योधन के पक्ष में खड़ा था। बाक़ी योद्धा किसी-न-किसी दम्भ, झूठ या आत्मछल पर टिके थे। कर्ण दुर्योधन पर चढ़ा नैवेद्य न होकर, मूल्यों और आत्मसम्मान के लिए लड़ रहा था। यहाँ संकेत मिल सकता है कि दलितों के आत्मसम्मान के लिए संघर्ष को मूल्यों के लिए संघर्ष से विच्छिन्न करके नहीं देखा जा सकता।

दरअसल ऐसा कोई संघर्ष अन्ततः अच्छे नतीजे नहीं देता, जो मानव चरित्र में सकारात्मक परिवर्तन न लाये। कर्ण महाभारत का ऐसा चरित्र है जो महानता के आतंक की छायाओं से प्रायः मुक्त है।

मैं उनका आदर्श जिन्हें कुल का गौरव ताड़ेगा
नीच वंश जन्मा कह कर जिनको जग धिक्कारेगा
जो समाज के विष वह्नि में चारों ओर जलेंगे
पग-पग पर झेलते हुए बाधा निस्सीम चलेंगे
मैं उनका आदर्श कहीं जो व्यथा न खोल सकेंगे
पूछेगा जग किन्तु पिता का नाम न बोल सकेंगे

राष्ट्रवाद की बाढ़ उतरने के बाद देखा गया कि जाति श्रेष्ठता का अहंकार छँटा नहीं है, बढ़ा है। दलितों पर अत्याचार बढ़े हैं, ख़ास कर जब से वे सामाजिक न्याय की माँग के साथ-साथ अपनी पीड़ा के सम्बन्ध में बोलने लगे हैं। उनकी मुखरता के साथ उनकी असहायता बढ़ी है। 'रश्मिरथी' ने एक नयी सामाजिक शक्ति के उदय का संकेत दिया है। इस कृति ने इस धारणा को तोड़ा कि गुणों की श्रेष्ठता का सम्बन्ध जाति की श्रेष्ठता से है। शील और ओज द्विजता के पर्याय नहीं हैं। कर्ण यह संकेत देता है कि वंचित वर्ग के लोग भी श्रेष्ठ हैं। ख़ुद अम्बेडकर इस मामले में अपना उदाहरण रख चुके थे। कर्ण महाभारत के क्षितिज पर मानवीय गरिमा के साथ उपस्थित है। यह भी उल्लेखनीय है कि कर्ण का वध करने के लिए घटोत्कच का षड़यन्त्र करके इस्तेमाल किया ग़या जो भीम का पुत्र था। कर्ण अर्जुन के लिए सँजो कर रखे एकाघ्नि बाण का उपयोग उस पर कर देता है। अर्जुन हमेशा के लिए सुरक्षित हो जाता है और कर्ण की हार तय हो जाती है। यह जैसे महाभारत युद्ध का मोड़ है।

कर्ण न्यायशील ढंग से लड़ता हुआ अभिमन्यु की ही तरह अन्ततः युद्ध के नियम तोड़ कर मारा जाता है, जब उसका रथ कीचड़ में धँसा था और वह निःशस्त्र था। वह एक विरोधी का चेहरा था, जिसे समाज से भरपूर शिकायत थी। कर्ण कृष्ण पर व्यंग्य करता है कि वे अपना सुदर्शन क्यों नहीं उठा लेते! मरते समय भी उसकी वीरता दहाड़ती है, यह न्याय के लिए दहाड़ थी। यह कर्ण के अच्छे कर्मों का फल था कि उसके मरने पर उसे ले जाने के लिए रश्मियों का रथ आता है। दिनकर ने कर्ण को इसीलिए 'रश्मिरथी' कहा। कृष्ण उसकी सराहना करते हुए उसे मनुजता का नेता घोषित करते हैं।

सामाजिक न्याय का प्रश्न और पुरुषार्थता

–विजय बहादुर सिंह

अत्यन्त प्रारम्भिक सामाजिक वर्णव्यवस्था या वर्णाश्रम धर्म की जो बुनियादें डाली गयी थीं, काल-विशेष में अवसर पाकर एक जाति-विशेष के वर्चस्व और अन्याय का कारण और आधार बनती चली गयीं। रोमिला थापर आदि कई इतिहासकारों और संस्कृति का इतिहास प्रस्तुत करने वाले अन्य विद्वानों के अनुसार 'वर्ण' शब्द का उल्लेख पहले और 'जाति' शब्द का बहुत बाद में मिलता है। मंगलदेव शास्त्री जैसे विद्वानों के मतानुसार "वैदिक संहिताओं में 'जाति' नहीं मिला है। ब्राह्मण-ग्रन्थों में भी शतपथ-ब्राह्मण (1। 8। 3। 6) के एक सन्दिग्ध स्थल को छोड़कर वर्ण के अर्थ में प्रयुक्त जाति शब्द हमको नहीं मिला है।" डॉक्टर अम्बेडकर ने शोध करने के पश्चात् यह मत प्रस्तुत किया है कि वेदों से यह प्रमाणित नहीं होता कि आर्यों का रंग दासों के रंग से भिन्न था। 'संस्कृति के चार अध्याय' शीर्षक अपने महाग्रन्थ में कवि दिनकर स्वयं लिखते हैं कि वर्ण का निर्धारण पहले व्यवसाय, स्वभाव, संस्कृति के आधार पर होता था। वह इसका भी खुलासा करते हैं कि मूल वैदिक काल में ब्राह्मण, क्षत्रिय और वैश्यों का वर्गीकरण नहीं हुआ था। यह व्यवस्था जब भी हुई हो, सबसे पहले मूल आर्यों के बीच ही हुई और कर्म-आधारित थी और कर्म के बदल जाने पर वर्ण के भी परिवर्तित हो जाने की स्वीकृति थी। क्षत्रिय-पुत्र अगर रक्षा का कर्म छोड़कर विद्या-साधना में लग जाये तो उसे ब्राह्मण-धर्म और ब्राह्मण-पुत्र का क्षत्रिय-कर्म अपना लेने पर क्षात्र-धर्म की पहचान स्वतः प्राप्त हो जाती थी। आर्य समाज के प्रवर्त्तक ऋषि दयानन्द ने भी इस प्रश्न पर अपना अभिमत प्रस्तुत करते हुए लिखा है कि समाज में वर्णव्यवस्था के निर्धारण का आधार गुण-कर्मानुसार होना चाहिए कि जन्म से। कबीर ने तो ललकारते हुए कहा कि ब्राह्मण अपने आपको सबसे ऊँचा और श्रेष्ठ मानता है तो वह स्वयं वहीं से क्यों जन्म लेता है जिससे शूद्र आदि जातियाँ जन्म लेती हैं।

इस विवाद को समूची परम्परा में इतनी-इतनी बार इतने कोणों और तरीक़ों से उठाया और विचार किया गया है कि बुद्ध से लेकर अम्बेडकर तक एक लम्बी सूची बन चुकी है। बुद्ध तो स्वयं क्षत्रिय ही थे। जैन धर्म के प्रवर्त्तक महावीर भी। किन्तु दोनों ने ही वर्णव्यवस्था के इस ढाँचे को अस्वीकार कर नया धर्म-चक्र-प्रवर्तन किया। इस क़िस्से से तो सभी परिचित हैं कि क्षत्रिय कुलोत्पन्न विश्वामित्र का ब्रह्मर्षि पद प्राप्त करना वसिष्ठ को इसलिए तर्कपूर्ण नहीं लगता था क्योंकि वे जन्मना ब्राह्मण नहीं थे। वर्णव्यवस्था की मूल-संकल्पना को जिस चतुराई से कर्म से न मानते हुए जन्म से प्रचारित और सिद्ध करने की कोशिशें कीं, उसके विरुद्ध परम्परा में व्यापक प्रतिक्रियाएँ हुईं। बौद्ध और जैन धर्म तो मूल वैदिक आर्यों की शाखा में जन्म लेने वाले क्षत्रिय राजकुमारों ने प्रवर्तित किया किन्तु मध्यकाल में उठ खड़े हुए भक्ति आन्दोलन ने इस जाति व्यवस्था के प्रति तीव्र प्रतिरोध दर्ज़ करते हुए यह नारा ही दिया—जात पाँत पूछै नहिं कोई। हरि को भजै सो हरि का होई। इसी युग में जन्म लेने वाले वैश्य समाज के सन्त गुरुनानक ने भी सिख धर्म (शिष्य>सिख) की स्थापना करते हुए मनुष्य-मनुष्य के बीच भेद स्थापित करने वाली इस वर्ण और जाति व्यवस्था को मानव-विरोधी करार देते हुए नकार दिया। हमारे अपने युग में अम्बेडकरवादियों ने जातिव्यवस्था का सिद्धान्त प्रस्तुत करने वाली 'मनुस्मृति' की प्रतियाँ सामूहिक तौर पर खुले आम जलाईं। इससे यह तो ज्ञात होता ही है कि इस वर्णव्यवस्था और जातिव्यवस्था के प्रति भारत के विकासशील समाज में कितनी घनघोर आपत्तियाँ और प्रतिक्रियाएँ जन्म लेती रही हैं।

याद करें तो वाल्मीकि रामायण में तपस्यारत शम्बूक के वध के अलावा महाभारत में एकलव्य के अँगूठा कटवाने से लेकर, वेणीसंहार नाटक, मध्ययुग के कबीर, आधुनिक युग के प्रेमचन्द, सियारामशरण गुप्त, दिनकर, भवानी प्रसाद मिश्र जैसे अनेकों ने इस अन्यायपूर्ण स्थिति को केन्द्रित कर अपनी रचनाएँ की हैं। इस सन्दर्भ में कवि भवानी प्रसाद मिश्र की कविता—'त्यौहार, घटटकन' देखने योग्य है।[1]

'रश्मिरथी' के प्रवेश-पृष्ठ पर ही दिनकर ने 'वेणीसंहार' नाटक का यह बहु-प्रचलित श्लोक उद्धृत किया है जो इस प्रकार है :

सूतो वा सूतपुत्रो वा यो वा को वा भवाम्यहम्।
दैवायत्तं कुले जन्मः मदायत्तं तु पौरुषम्।

1. "तू बताता है कि तेरी यह/ व्यवस्था है सनातन/चले आते हैं सदा से राव रंक रिनी महाजन... तू जँचाता पुण्य उनको/जो कि तेरे पाप हैं रे/वर उन्हें घोषित किये चलता/कि जो अभिशाप हैं रे, भवानी प्रसाद मिश्र, गीत फरोश, पृष्ठ 155

सातवीं शताब्दी के आस-पास जन्मे नाटककार भट्टनारायण ने वर्ण और जाति के आधार पर तय की जाती सामाजिकता और उससे जोड़कर निर्धारित की जाती प्रतिष्ठा को कठघरे में खड़ा करते हुए इस श्लोक को कर्ण के मुँह से कहलवाया है।

इस नाटक के चरित्रों की विशेषताएँ चित्रित करते हुए लिखा गया है कि अश्वत्थामा—जो गुरु द्रोण का पुत्र और ब्राह्मण था—बार-बार कर्ण को सूतपुत्र, सूतपुत्र कहकर उसकी हेयता को रेखांकित करने की कोशिश कर रहा था। (जबकि हेय तो वह कैसे भी नहीं था), जिसके प्रत्युत्तर में कर्ण ने उसके इस अपमानजनक और कड़वे कथन का प्रतिवाद करते हुए कहा—मैं सूत हूँ अथवा सूतपुत्र हूँ, जो कोई भी हूँ पर यह भी, इसके बावजूद एक बड़ा सच है कि 'मैं हूँ'। कर्ण के 'मैं हूँ' वाले इस कथन में बहुत गहरी और कालजयी व्यंजनाएँ हैं। दुनिया में ढेरों लोग हैं जो पैदा तो बड़े ख़ानदानों और ऊँची जातियों में होते हैं किन्तु प्रायः पौरुष शून्य हुआ करते हैं। बाबा साहब अम्बेडकर के ज़माने में भी ऊँची जातियों के ऐसे पौरुषहीन लोगों की काफ़ी बड़ी संख्या थी। अम्बेडकर दलित माने जाने वाली जाति में पैदा हुए थे पर आधुनिक भारत के संविधान निर्माताओं में शामिल हैं। समाज और लोक में प्रतिष्ठा का आधार क्या होना चाहिए? व्यक्ति का पौरुष या उसकी जातीय श्रेष्ठता और पौरुष शून्यता? कर्ण अश्वत्थामा के कथन का जवाब देता हुआ कहता है कि किसी ऊँची या नीची जाति में जन्म लेना मनुष्य के अपने अधीन नहीं है। तब इसमें उसका क्या दोष? लेकिन पौरुष तो हमेशा ही उसके अधीन है। इस आधार पर व्यक्ति की पहचान उसका पौरुष होना चाहिए न कि कुछ अन्य।

नाटककार भट्टनारायण ने इस श्लोक के माध्यम से उन समस्त आत्माभिमानी और पौरुषवान लोगों में यह सन्देश प्रसारित करने की पहल की कि व्यक्ति को उसके कुल और जाति से नहीं, उसके पुरुषार्थ से पहचाना जाना चाहिए।

दिनकर ने 'रश्मिरथी' में यह सवाल बुनियादी तौर पर उठाते हुए 'भूमिका' में लिखा है—यह बहुत स्वाभाविक है कि राष्ट्रभारती के जागरूक कवियों का ध्यान उस चरित की ओर जाये जो हज़ारों वर्षो से हमारे सामने उपेक्षित एवं कलंकित मानवता का मूक प्रतीक बनकर खड़ा रहा है। रश्मिरथी में स्वयं कर्ण के मुख से निकला है :

मैं उनका आदर्श, कहीं जो व्यथा न खोल सकेंगे,
पूछेगा जग, किन्तु, पिता का नाम न बोल सकेंगे;

जिनका निखिल विश्व में कोई कहीं न अपना होगा,
मन में लिए उमंग जिन्हें चिरकाल कलपना होगा।

कर्ण-चरित के उद्धार की चिन्ता इस बात का प्रमाण है कि हमारे समाज में मानवीय गुणों की पहचान बढ़ने वाली है। कुल और जाति का अहंकार विदा हो रहा है। आगे, मनुष्य केवल उसी पद का अधिकारी होगा जो उसके अपने सामर्थ्य से सूचित होता है, उस पद का नहीं, जो उसके माता-पिता या वंश की देन है।

एक कवि के रूप में दिनकर जी की यह चिन्ता उनकी करुणामूलक सहृदयता की परिचायक है। आचार्य शुक्ल और महादेवी के विचारों और दृष्टि से सोचें तो लेखक की ऐसी सहृदयता अथवा विशिष्ट भावुकता के बग़ैर यह कदापि सम्भव नहीं। इस सन्दर्भ में आचार्य शुक्ल का कथन है—'केवल असाधारणत्व की रुचि सच्ची सहृदयता की पहचान नहीं है।' यानी कि सच्चा सहृदय अथवा भावुक वह है जिसमें तुच्छ समझे जाने वाले व्यक्तियों के प्रति निर्बन्ध और अशेष सहानुभूति हो।

'कुरुक्षेत्र' जैसा चर्चित, विशिष्ट काव्य लिख चुकने के बाद दिनकर अगर कर्ण जैसे उपेक्षित चरित्र की ओर लौटे तो युग की गतिशील संवेदनाओं के साथ उनकी वह परिवर्तनकारी ऐतिहासिक दृष्टि भी काम कर रही है जो दलितों और उपेक्षितों को हज़ारों सालों के उनके नर्क से उबार कर उन्हें उचित न्याय और समान सामाजिक प्रतिष्ठा दिला सके। 'रश्मिरथी' के कवि दिनकर की अगर कोई विचारधारा यहाँ है तो यही है। भले ही यह परम्परागत भारतीय समाज की प्रधान विचारधारा न रही हो, पर एक चुभते हुए प्रश्न की तरह समूची परम्परा में स्थान पाती रही है जिसका श्रेय शम्बूक (रामायण) और एकलव्य-कर्ण (महाभारत) आदि के रचयिताओं को ही नहीं, 'सत्यकाम' जैसे चरित्रों के स्रष्टा उपनिषद् के ऋषियों को भी है। इसमें भी कोई विवाद या बहस नहीं है कि कुल और जाति की दृष्टि से हीन समझे जाने वाले इन चरित्रों में जैसी पौरुष-विशिष्टता और असाधारणता है, वैसी तो श्रेष्ठ कुल और जाति के माने जाने वालों में भी नहीं पायी जाती। प्राचीन ऐतिहासिक युग के मौर्य सम्राट चन्द्रगुप्त, मध्ययुग के कबीर, आधुनिक युग में ज्योतिबा फुले, सावित्रीबाई फुले और अम्बेडकर ऐसे ही कुछ उदाहरण हैं।

यह भी याद रखने की ज़रूरत है हमारे भारतीय चिन्तकों और मनीषियों के बीच ऐसे उदारचेता हमेशा रहते आये हैं जिन्होंने व्यक्तियों को उनके कुल और जाति के बल पर नहीं, बल्कि पौरुष के आधार पर पहचानने की कोशिश की है। इसका एक और प्राचीन उदाहरण तक्षशिला के आचार्य चाणक्य का है जिन्होंने

क्षत्रिय कुलोत्पन्न राजा पुरु के द्वारा चन्द्रगुप्त को वृषल कहे जाने पर उन्हें यह जवाब दिया—"महाराज! धर्म के नियामक ब्राह्मण हैं, मुझे पात्र देखकर, उसका संस्कार करने का अधिकार है।...राजन्य संस्कृति से पूर्ण मनुष्य को मूर्धाभिषिक्त बनाने में दोष ही क्या है!" (चन्द्रगुप्त नाटक, नौवाँ दृश्य, पहला अंक। जयशंकर प्रसाद) इस आधार पर समझा जा सकता है कि चिन्तक कवि प्रसाद का अपना अभिमत क्या है।

याद करें तो दुर्योधन ने कर्ण के पौरुष से चमत्कृत होकर ही उसे अंग देश का नृपति बना दिया किन्तु इसमें भी क्या सन्देह कि यह सब उसने अपने स्वार्थवश किया था। किसी चली आती अन्यायपूर्ण समाज-व्यवस्था को बदलने या चुनौती देने के लिए नहीं। था तो वह भी वर्णव्यवस्था का ही पोषक।

समकालीन भारतीय समाज, आज फिर वंश, कुल और जातिवाद के चंगुल में फँस और उलझ चुका है। सत्ता राजनीति में इसके विपुल उदाहरण देखे जा सकते हैं। परिणामतः योग्य और पुरुषार्थी जनों का लाभ यह भारतीय समाज नहीं ही उठा पा रहा है। ऐसी स्थिति में दिनकर का 'रश्मिरथी' काव्य हमें एक बार फिर यह सोचने का अवसर प्रदान करता है कि हम व्यक्ति के पुरुषार्थ को वरीयता दें या उसकी जाति और वंश को? इस दृष्टि से दिनकर का काव्य 'रश्मिरथी' प्रासंगिक भी है, महत्त्वपूर्ण भी।

दलित-विमर्श वाया 'रश्मिरथी'

–बी. आर. विप्लवी

सामान्यतः सार्थक साहित्य-सृजक-कवि-लेखक, विमर्शकार, रचनाकार और दार्शनिक, अपने समय की विसंगतियों से जूझता है और उसके बरअक्स आमतौर पर स्थापित रूढ़िगत ग़ैर-वाज़िब परम्पराओं और मान्यताओं को चुनौती देता है। दूसरे शब्दों में, उससे यह अपेक्षा की जाती है कि वह ऐसे साहित्य के हस्तक्षेप के ज़रिये नवोन्मुखी समाज की स्थापना में मददगार बने। निश्चित ही एक सफल साहित्यकार इन विसंगतियों से समाज को छुड़ाने के लिए नये-नये सुसंगत रास्तों की तलाश करता है, उन्हें स्थापित करता है तथा भविष्य के लिए अपनी योजना एवं उद्देश्य को परिभाषित करते हुए उसे लोकोपयोगी बनाकर, बहुजन समाज के लिए स्वीकार्य बनाने की कोशिश करता है। अन्यथा कुछ समय के लिए भले ही वह आयातित-क्रीत समर्थन के ज़रिये अपनी नक़ली चमक बिखेर ले, लेकिन, मनुष्यता-सापेक्ष और जाति-सम्प्रदाय-धर्म-मज़हब निरपेक्ष मूल्यांकन के बाद अन्ततः उसकी कलई खुलकर, झूठी आभा चुक जाने के लिए अभिशप्त होती है।

ज़ाहिर है, समय के साथ बदल रहे मानदण्डों पर, किसी भी रचना को बार-बार जाँचा-परखा एवं व्याख्यायित किया जाता है। इस पुनःपाठ में यदि रचना की किंचित सार्थकता एवं मूल्य बचा रह जाता है, तो यही उसे कालजयी बनाता है।

रश्मिरथी को पढ़ते हुए जब हम बार-बार उसे अपने समय के मानदण्डों पर जाँचते-परखते हैं तो सबसे पहली तो यही बात सामने आती है कि कोई रचना फिर-फिर पढ़ी जाती है तो अवश्य ही उसकी कहीं-न-कहीं, कोई-न-कोई सार्थकता ज़रूर है जो उसे पुनःपठनीय बनाती है। ऐसा ही दिनकर जी की अधिकांश रचनाओं के साथ घटित है जिसमें से 'रश्मिरथी' नामक खण्डकाव्य इसी श्रेणी में आता है जिसे बार-बार पढ़े जाने और उसे व्याख्यायित-पुनर्व्याख्यायित करने की आवश्यकता है।

'रश्मिरथी' एक कथा-काव्य है जिसका नायक कर्ण मिथकीय महाकाव्य 'महाभारत' का एक पात्र है। कर्ण, पाण्डवों की माँ कुन्ती का ही पुत्र है, किन्तु, कौमार्यावस्था में कुन्ती की कोख से जन्म लेने तथा कुन्ती द्वारा नवजात को गंगा की धार में चुपके से बहा दिये जाने के कारण, सामाजिक दृष्टि से, वह आजीवन औरस सन्तान यानी नाजायज़ औलाद होकर ही रहा। यही नहीं, बल्कि, उसका पालन-पोषण भी हिन्दू धर्म की चातुर्वर्ण्य-व्यवस्था में सबसे हेय समझे जाने वाले, सबसे निचले पायदान—चौथे शूद्र वर्ण में आने वाले एक कर्मकार रथ-चालक (सूत=शूद्र) के घर राधा नाम की स्त्री ने किया। जन्मना कवच-कुण्डलधारी कर्ण, जाति-वर्ण-हीनता एवं अज्ञात कुलशीलता के कारण अपने साथ होने वाली अवमानना, उपेक्षा एवं तिरस्कार की परवाह न करते हुए, अपने श्रमानुशासन, लगन, दृढ़ संकल्प एवं वीरोचित शौर्य के बल पर एक विशिष्ट धनुर्धारी बनकर अर्जुन का प्रतिद्वन्द्वी बना। रंगभूमि में कर्ण को राजवंशी न होने के कारण अपमानित होता देखकर दुर्योधन द्वारा कर्ण को अंग देश का नरेश घोषित किये जाने के कारण कर्ण को जो सार्वजनिक सम्मान हासिल होता है, उसके कारण वह दुर्योधन का आजीवन मित्र बनकर महाभारत युद्ध में उसके साथ अडिग खड़ा रहता है। रणभूमि में युद्धोचित परिपाटी और नैतिक नियमों को तिलांजलि देकर जब कर्ण को छल-छद्‌म के बूते मार गिरा दिया जाता है, यहीं से महाभारत-युद्ध दुर्योधन के विरुद्ध तथा पाण्डवों के पक्ष में निर्णायक साबित हो जाता है। पूरी की पूरी काव्य-कथा के संवादों में कुन्ती के बहाने नारी-विमर्श एवं कर्ण के बहाने दलित-बहुजन विमर्श की वैचारिकी दिनकर जी की सामाजिक-राजनीतिक दृष्टि की ऊर्जा पाकर, पुरज़ोर तरीक़े से फलित होती दिखाई देती है।

इसमें कोई शक की गुंजाइश नहीं है कि रश्मिरथी एक कालजयी खण्डकाव्य है। कथा की आवश्यकता के अनुरूप छन्दों का गठन तथा उसमें समाज-काल-परिस्थितियों की माँग के अनुरूप शब्दों का समुचित चयन बेजोड़ है। सधा हुआ छन्दानुशासन तथा कविता के निर्बाध बहाव के कारण पाठक की रुचि एवं लगाव का तारतम्य टूटने नहीं पाता, साथ ही साथ कथा की भाव-प्रवण प्रस्तुति, पाठक की कहानी में उत्सुकता बनाये हुए आगे ही आगे ले चलती है। कहीं भी ऊब, अनावश्यक दोहराव या पृष्ठ-प्रेषण का कथा-दोष सामान्यतः दिखाई नहीं देता है। कवित्व के स्तर पर रश्मिरथी के छन्दों में उर्दू ग़ज़लों की बह्र, वज़्न आदि के सदृश एक मांसल कसाव होने का कड़ा छन्दानुशासन स्पष्ट दिखाई देता है। साधारणतया बहुत कम लोग.यह जानते हैं कि दिनकर जी उर्दू साहित्य के

एक गम्भीर अध्येता एवं विद्यार्थी थे, किन्तु उनकी भाषा में संस्कृत-निष्ठता के कारण सामान्यतः कोई इस बात को सोच भी नहीं सकता।

रश्मिरथी के नायक कर्ण के शूद्रत्व से उपजे सामाजिक तिरस्कार, अवहेलना उपेक्षा, अपमान, प्रवंचना एवं अन्याय की पड़ताल करते हुए, हमें रचना के देश-काल की सामाजिक, धार्मिक एवं राजनीतिक परिस्थिति आदि के कारण, तत्कालीन माहौल में कवि की मनोदशा-मनोदबाव पर विचार कर लेना तर्कसंगत एवं आवश्यक प्रतीत होता है।

दिनकर स्वयं मानते हैं कि 'साहित्य की स्वाभाविक प्रक्रिया अनुभूतियों का ग्रहण और उनकी कलात्मक अभिव्यक्ति है।'

अर्थात् साहित्य उसे माना जायेगा जिसमें लेखक समाज के संघर्षशील जीवन के बीच प्रविष्ट होकर मनुष्य की अधिक-से-अधिक मनोदशाओं का ज्ञान प्राप्त करेगा और उन मनोदशाओं से प्राप्त अनुभूतियों की कलात्मक अभिव्यक्ति करेगा।

'कला में सोद्देश्यता का प्रश्न' में कवि को एक सामाजिक जीव मानते हुए दिनकर लिखते हैं कि 'कवि भी सामाजिक जीव है।... कला मौलिक वस्तु नहीं होती, वह तो कृत्रिम है, प्रकृति या जीवन का अनुकरण मात्र है।' वे अरस्तू के कला सम्बन्धी अनुकरण के सिद्धान्त को ही दोहराते हैं। कवि को सामाजिक जीव बताते हुए कहीं-न-कहीं वे इस बात की तरफ़ भी संकेत करते हैं कि कवि या कविता का समाज के साथ गहरा सम्बन्ध होता है। इसलिए रचनाकार सृजन की प्रक्रिया के दौरान अपने समय के सार्थक प्रश्नों को उठाते हुए इस संकुचित दुनिया की सीमित बुद्धि आदि के ख़िलाफ़ विद्रोह करता है तथा साहित्य की समाजशास्त्रीय उपादेयता सिद्ध करता है।

रश्मिरथी खण्डकाव्य का प्रकाशन सन् 1952 ईसवी में हुआ। दिनकर का प्रसिद्ध विचार-काव्य 'कुरुक्षेत्र', 1946 में प्रकाशित होने के बाद से ही रश्मिरथी के नायक कर्ण के जीवन-चरित्र ने दिनकर को आकर्षित करना शुरू कर दिया था। हम रश्मिरथी के रचनाकाल को 1946 से 1952 के बीच की छहवर्षीय अवधि में उत्तरोत्तर विकसित हुआ मान सकते हैं।

रश्मिरथी की भूमिका में स्वयं कवि दिनकर ने ही स्वीकार किया है :

"कुरुक्षेत्र की रचना कर चुकने के बाद ही मुझमें यह भाव जगा कि मैं कोई ऐसा काव्य भी लिखूँ जिसमें केवल विचारोत्तेजकता ही नहीं कुछ कथा-संवाद और वर्णन का भी माहात्म्य हो।"

रश्मिरथी के कवि ने; शूद्रत्व के कारण अपमानित-लांछित, कर्ण जैसे नायक-चरित्र को कथा-काव्य का विषय बनाने के बारे में साफ़गोई से स्वीकार किया है :

"कर्ण के चरित को जैसा मैं समझ सका हूँ, वह इस काव्य में ठीक से उतर आया है और उसके वर्णन के बहाने मैं अपने समय और समाज के विषय में जो कुछ कहना चाहता था उसके अवसर भी मुझे यथा स्थान मिल गये हैं। यह युग दलितों और उपेक्षितों के उद्धार का युग है, अतएव यह बहुत स्वाभाविक है कि राष्ट्र-भारती के जागरूक कवियों का ध्यान उस चरित की ओर जाये जो हज़ारों वर्षों से हमारे सामने उपेक्षित एवं कलंकित मानवता का मूक प्रतीक बनकर खड़ा रहा है।"

"कर्ण-चरित-उद्धार की चिन्ता इस बात का प्रमाण है कि हमारे समाज में मानवीय गुणों की पहचान बढ़ने वाली है। कुल और जाति का अहंकार विदा हो रहा है। आगे, मनुष्य केवल उसी पद का अधिकारी होगा जो उसके अपनी सामर्थ्य को सूचित होता है, उस पद का नहीं जो उसके माता-पिता या वंश की देन है। कर्ण-चरित का उद्धार एक तरह से नयी मानवता की स्थापना का प्रयास है।"

कवि द्वारा कर्ण-चरित को प्रस्तुत करने की सामाजिक-वैचारिकी का कारण सुस्पष्ट है।

इस कथा के सृजन हेतु बीजांकुरण, पल्लवन, पुष्पन एवं परिपक्वता—का क्रमिक विकास भारत की औपनिवेशिक ग़ुलामी से मुक्ति के ठीक पहले (1946) से शुरू होकर उसकी आज़ादी और संसदीय लोकतन्त्रात्मक व्यवस्था स्थापित होने के कुछ बाद (1952) तक के छह बरसों के बीच का है। संक्षेप में उस काल-खण्ड के प्रमुख घटनाक्रमों के कारण तत्कालीन वातावरण का कवि और कविता पर प्रभाव का अनुमान हम कुछ इस प्रकार कर सकते हैं :

1. द्वितीय विश्व युद्ध समाप्ति बाद युद्ध का भीषण रक्तपात एवं जनहानि हर संवेदनशील के लिए सदमा देने वाली है।

2. भारत में चार वर्णों वाली हिन्दू धर्म व्यवस्था बदस्तूर जारी है जिसमें श्रेष्ठता के अवरोही क्रमानुसार ब्राह्मण, क्षत्रिय, वैश्य और शूद्र वर्ण हैं। शूद्र वर्ण के अलावा एक अन्य वर्ण—अन्त्यज (अछूत दलित) भी है जो वर्णेतर है—जिसकी जनसंख्या कुल आबादी के एक-पाँचवें हिस्से से कम नहीं है। ये लोग गाँव से बाहर रहते जिन्हें सामाजिक, धार्मिक, आर्थिक एवं राजनीतिक रूप से निहत्था एवं बेबस करके रखा गया है परिणामतः इनकी स्थिति जानवरों से भी बदतर है।

3. भारतीय राजनीति के पटल पर डॉक्टर अम्बेडकर की प्रभावशाली उपस्थिति बहुत पहले (गाँधी जी के 1915 में अफ्रीका वापस होने के तुरन्त बाद ही) हो चुकी है जिन्होंने अपने सामाजिक, धार्मिक एवं राजनीतिक हस्तक्षेप के द्वारा भारत के दलितों-शूद्रों के प्रश्नों को न केवल भारत के राजनेताओं के सामने रखा बल्कि इसे अन्तरराष्ट्रीय पटल पर मानवता के प्रश्न के रूप में उपस्थित किया।

4. सन् 1930-31 में सम्पन्न हुए दोनों गोलमेज सम्मेलनों में अम्बेडकर-गाँधी के बीच वैचारिक शीत युद्ध की शुरुआत, गाँधी द्वारा अम्बेडकर के बढ़ते प्रभाव को निष्प्रभावी करने तथा मुख्यतः दलितों को कांग्रेस के पाले से बाहर जाने से रोकने के लिए हरिजन-उद्धार जैसे आयोजनों की गति तेज़ कर दी गयी जिसका किंचित प्रभाव पढ़े-लिखे प्रगतिशील बुद्धिजीवियों में बढ़ा।

5. सन् 1932 ईसवी में दलितों के पक्ष में ब्रिटिश प्रधानमन्त्री द्वारा दिये गये कम्युनल अवार्ड के विरोध में गाँधी के आमरण अनशन के बाद पूना पैक्ट होता है—नयी आरक्षण व्यवस्था लागू होती है—यह सब कुछ अम्बेडकर के न चाहते हुए भी, उनके द्वारा गाँधी की जीवन-रक्षा के रूप में तथा दलितों के दो वोटों जैसे विशेषाधिकार की आहुति देकर सम्पन्न होता है। इस कारण भी दलितों के प्रति सामान्य दृष्टिकोण में परिवर्तन होता दिखाई देता है।

6. संविधान सभा के गठन के बाद डॉ. अम्बेडकर को संविधान निर्मात्री सभा का अध्यक्ष बनाया गया है। समता, स्वतन्त्रता, बन्धुत्व की स्थापना के लिए प्रतिबद्ध संविधान के उत्पीड़ित समुदाय के प्रति अनुकूल रवैया से भी सामाजिक माहौल प्रभावित है।

7. संविधान द्वारा भारत, प्रभुसत्ता सम्पन्न लोकतान्त्रिक गणराज्य बना है किन्तु जाति के सदियों के सामाजिक पूर्वाग्रह ने समाज में एक विरोधाभास एवं द्वन्द्व पैदा कर दिया है।

8. भारतीय नारी को ग़ुलामी से मुक्ति के लिए सन् 1951 ईसवी में भारत के प्रथम क़ानून मन्त्री के रूप में, डॉक्टर अम्बेडकर ने क़ानून-संशोधन का मसौदा पेश किया जिसके कारण पूरे देश में विरोधी आन्दोलन उग्र हो चुका था तथा डॉक्टर अम्बेडकर ने इससे दुखी होकर मन्त्रिमण्डल से अपना त्यागपत्र दे दिया। स्पष्ट है कि पुरुष प्रधान समाज अभी भी स्त्री की स्वतन्त्रता को नकार रहा था जिसके पीछे हिन्दू-धर्म ग्रन्थों की ही सामाजिक-धार्मिक सोच है।

कहने का तात्पर्य यह कि जनता का, जनता द्वारा, जनता के लिए विनिर्मित संविधान लागू होने के बाद दलितों और स्त्रियों की दीन दशा को सुधारने के लिए

ईमानदार प्रयास चाहे भले ही कम हो रहे थे किन्तु उनके प्रदर्शन तथा विज्ञापन पूरे देश और दुनिया में बढ़-चढ़ कर प्रसारित हो रहे थे।

ऐसे में रश्मिरथी का कवि, कर्ण नाम के शूद्र-चरित्र को अपनी काव्य-कथा का नायक बनाकर तत्कालीन 'दलित-उद्धार' के आन्दोलन में अपना भी योगदान करने जैसा परितोष, शायद, हासिल करता है। यह महात्मा गाँधी के प्रति दिनकर की गहरी आस्था के कारण भी है।

सच है कि 1952 में दिनकर ने 'दलित' शब्द का प्रयोग किया है जो निश्चित रूप से डॉ. अम्बेडकर की वैचारिकी से मेल खाता है। हालाँकि दिनकर, महात्मा गाँधी के आन्दोलनों से अधिक प्रभावित थे, किन्तु, फिर भी वे 'हरिजन-उद्धार' को 'दलित-उद्धार' के रूप में देखने की नयी तार्किक दृष्टि की जो स्वीकार्यता व्यक्त करते हैं उससे उनकी प्रबुद्ध प्रतिभा का सहज ही अन्दाज़ लगता है। हालाँकि दलित-उद्धार भी दलितों के प्रति कृपा और दया जैसा एहसान जताने वाला शब्द है किन्तु 'दलित-सहभागिता' या बराबरी की हिस्सेदारी जैसे विचार न तो कांग्रेस को न ही एक बड़े तथाकथित सवर्णवादी बुद्धिजीवी वर्ग को गले के नीचे उतर पा रहा था। हालाँकि उस समय तक कम्युनिस्ट विचारधारा ने कई देशों में अपनी सत्ताएँ भी स्थापित कर ली थीं किन्तु भारत की ज़मीन पर तथाकथित वामपन्थी अपनी जाति की जड़ता से मुक्त नहीं हो पा रहे थे। दिनकर जी का वामपन्थी रुझान भी इस परिप्रेक्ष्य में ध्यान में रखा जाना चाहिए।

एक बड़ी बात यह भी उल्लेखनीय है कि हिन्दी साहित्य में जब दलित साहित्य का आज की तरह बोलबाला नहीं था, न ही उसके बारे में कोई विशेष चर्चा-परिचर्चा थी, तब दिनकर ने यह कार्य-विशेष अपने कन्धों पर लिया। इसके पूर्व हिन्दी साहित्य में दलित विषयों पर लिखने वाले कई दलित कवि-लेखक थे किन्तु यह लेखन एक समग्र आन्दोलन का रूप नहीं ले पाया था—जबकि मराठी में इसकी शुरुआत हो चुकी थी। हिन्दी में अछूतानन्द 'हरिहर' (सन् 1933 तक) जैसे कई दलित साहित्यकारों ने अपने लेखन से लोगों में जागृति फैलाने का काम शुरू कर दिया था।

ऐसे समय में जन्मना सवर्ण समाज के एक साहित्यकार द्वारा दलितों की खुलेआम पैरोकारी अपने आप में एक क्रान्तिकारी और धारा के विरुद्ध साहसिक क़दम था।

कुल मिलाकर वह समय सामाजिक उथल-पुथल का था जहाँ एक तरफ़ तो संवैधानिक व्यवस्थाओं की वांछा के अनुसार सामाजिक समानता का संकल्प—एक व्यक्ति-एक वोट-एक मूल्य के ज़रिये लोकतन्त्रात्मक राजनीति की संकल्पना थी,

तो दूसरी तरफ़ सहस्राब्दियों से हिन्दू समाज की बर्बर वर्णवादी-जातिवादी व्यवस्था ऐसे क़ानून को स्वीकार करने में ख़ुद को सहज महसूस नहीं कर पा रही थी। जातीय वर्चस्व के कारण धन, धरती, मान-सम्मान, सबके ऊपर क़ाबिज तथाकथित उच्च वर्ग अपने सिंहासन से उतरने को तैयार नहीं हो रहा था। इसी कशमकश में यह खण्डकाव्य संवैधानिक व्यवस्थाओं के साथ खड़ा होकर, सामाजिक व्यवस्था में परिवर्तन का हामी भरता हुआ सामने आने की प्रक्रिया में था।

उपरोक्त पृष्ठभूमि को दिलो-दिमाग़ में रखकर रश्मिरथी को पढ़ना हमें नये अर्थों में इसे समझने की दृष्टि देता है।

काव्य का उद्देश्य तर्कसंगत ढंग से स्थापित करते हुए दिनकर पहले सर्ग में लिखते हैं :

किसी वृंत पर खिले विपिन में पर नमस्य है फूल,
सुधी खोजते नहीं गुणों का आदि शक्ति का मूल।

कवि, मनुष्य को जाति-वंश में पैदा होने के कारण नहीं बल्कि उसके गुणों के कारण पहचानने और सम्मान करने की वकालत करता है। यह दिनकर जी की, जाति के ऊपर गुणों के महत्त्व की स्थापना है। किन्तु इसके आगे ही वे लिखते हैं :

क्षत्रिय वही, भरी हो जिसमें निर्भयता की आग,
सबसे श्रेष्ठ वही ब्राह्मण है, हो जिसमें तप, त्याग

यहाँ ब्राह्मण और क्षत्रिय की कर्म की श्रेष्ठता के आधार पर नयी परिभाषा गढ़ने का प्रयास है लेकिन किसी-न-किसी रूप में जाति की उपस्थिति बनी रहती है। जाति के जनक एवं पालनकर्ता हिन्दू-धर्म-ग्रन्थों में पूरी आस्था बनाये रखकर जाति को कर्म-आधारित घोषित करके भेदभाव उन्मूलन की उम्मीद करना एक यूटोपियन अवधारणा है। जबकि सदियों से चली आ रही जातिव्यवस्था ने जन्म के आधार पर अपनी जड़ें जमा रखी हैं तथा ऐसा ही आदेश वेदों, पुराणों एवं मनुस्मृति सदृश धर्मग्रन्थों का भी है जो हिन्दू धर्म के आधार हैं। निश्चित ही कवि, वर्णव्यवस्था एवं जातिव्यवस्था के घेरे और द्वन्द्व से छलाँग लगाकर बाहर नहीं निकल पाया है। महात्मा गाँधी भी वर्णव्यवस्था को उचित तथा वैध मानते थे किन्तु जाति को ठीक नहीं कहते थे। डॉक्टर अम्बेडकर के अनुसार, "यह जाति को ख़त्म करने का सतही नज़रिया है जबकि जातियों की जननी मूल रूप से हिन्दू वर्णव्यवस्था ही है। इसलिए जब तक धर्म ग्रन्थों की मान्यता रहेगी, वर्णव्यवस्था रहेगी तथा तब तक जातियाँ भी रहेंगी।"

विचारणीय है कि वर्णव्यवस्था के शीर्ष पर बैठे ब्राह्मण जाति और वर्ण दोनों से एक ही हैं, किन्तु, अन्य तीन वर्णों के लिए ऐसा नहीं हैं।

कर्ण अपने गुणों का स्वयं ही विकास करता है जिसके लिए उसकी प्रशंसा की जाती है। यह याद रखा जाना चाहिए कि इस प्रकार से अपने गुणों का स्वयं विकास कर आगे आना तथा हर तरह के अवसर तथा सुविधाओं के मिलने के कारण मंज़िल पर पहुँचना, दोनों में ज़मीन और आसमान का अन्तर है। सुविधाओं एवं अवसरों के अभाव में हज़ारों-लाखों लोग यदि कर्ण जैसी गुणवत्ता नहीं प्राप्त कर पाते, तो इसमें उनका कोई दोष नहीं है। कर्ण अपवाद है। किसी भी अपवाद को क़ानून नहीं बनाया जा सकता। ध्यातव्य है कि कर्ण को भी अपने गुणों के विकास के लिए चोरी-छुपे सवर्ण गुरुओं की शरण लेनी पड़ी थी। यदि यह शिक्षा उन्हें बेरोकटोक मिलती तो इसके परिणाम कुछ और ही होते।

कथा के अनुसार रंगभूमि में अर्जुन की युद्ध-कलाओं से आगे बढ़कर उसे चुनौती देता कर्ण, अपनी युद्ध-कला का श्रेष्ठतर प्रदर्शन कर आम जन की वाहवाही तो लूटता है किन्तु यह घटना राजवंश के वरिष्ठ नेताओं—द्रोण, भीष्म आदि पर भारी विपत्ति की तरह गुज़रती है। केवल एक सुयोधन ही है जो कर्ण को शाबाशी देता है। जब अर्जुन को द्वन्द्व-युद्ध-प्रदर्शन के लिए कर्ण ललकारता है तो कृपाचार्य इस विपत्ति से छूटने का सरल रास्ता निकालते हैं। वे सीधे-सीधे कर्ण से सवाल करते हैं कि क्षत्रिय वंश के राजकुमार और राजपुत्र से लड़ने के लिए वह अपना नाम-धाम-जाति प्रकाशित क्यों नहीं करता? इस प्रसंग में कवि कर्ण के मुख से जाति की आलोचना करवाते हुए कहता है :

जाति-जाति रटते, जिनकी पूँजी केवल पाषंड
मैं क्या जानूँ जाति?, जाति हैं ये मेरे भुज-दण्ड।
ऊपर सिर पर कनक-क्षत्र, भीतर काले के काले
शरमाते हैं नहीं जगत में जाति पूछने वाले।

कवि अनेक तरह से कर्ण के बहाने जातीय अपमान की निन्दा करता है जिसमें द्रोणाचार्य द्वारा एकलव्य का अँगूठा कटवाने का भी ज़िक्र है। तत्काल दुर्योधन द्वारा कर्ण को अंगदेश का राजा बनाये जाने पर, जनता कर्ण की जय-जयकार कर उठती है। जनता कर्ण के रूप में अपना सुनहरा भविष्य देखती है जो उसी की तरह राजवंशों द्वारा अपमानित लांछित है। यह प्रजातान्त्रिक मूल्यों की ही स्थापना है।

द्रोणाचार्य; जो अर्जुन को सर्वश्रेष्ठ धनुर्धर देखना चाहते थे, द्वारा स्वीकारोक्ति है कि छलपूर्वक एकलव्य का अँगूठा दान में माँग कर भी वे अर्जुन का रास्ता निष्कंटक नहीं बना पाये और अब कर्ण के रूप में यह नया संकट उसके सामने खड़ा हो गया है। इसी उधेड़बुन में वे रंगभूमि से लौट रहे हैं तथा सामने कौरव, कर्ण को अंगदेश के राजा के रूप में सम्मानपूर्वक उसकी जयकार करते हुए, वापस ले जा रहे हैं। यहीं पर कुन्ती के भारी मन से वापस लौटने का भी उद्धरण देकर कवि आगे की कथा से इसके सूत्र जोड़ देता है, यह दिनकर जी के कथा काव्य की अनुपम बुनावट का ही प्रतीक है।

दूसरे सर्ग में कर्ण द्वारा अपनी जाति के बारे में परशुराम से झूठ बोलकर शिक्षा ग्रहण करने तथा यह राज़ खुल जाने के बाद उनके द्वारा शापित होकर निराश मन से वापस लौटने की व्यथा-कथा है जो दलित-शूद्र के लिए सदियों से शिक्षा के रास्ते बन्द होने का प्रमाण है। परशुराम के मुँह से ब्राह्मण-महिमा का यशोगान तो कहीं से भी जाति उन्मूलन का पक्षधर नहीं दिखाई देता है। राजा द्वारा ब्राह्मणों के मान-सम्मान एवं वर्चस्ववादिता में कमी करने पर, दुख-पश्चात्ताप करना कहीं-न-कहीं समतावादी मूल्यों की प्रकारान्तर से अवहेलना लगती है। यथा :

अब तो यह है दशा कि जो कुछ है, वह राजा का बल है,
ब्राह्मण खड़ा सामने केवल लिए शंख गंगाजल है।
और कहे भी तो ब्राह्मण की बात कौन सुन पाता है?
यहाँ रोज़ राजा ब्राह्मण को अपमानित करवाता है।

चलती नहीं यहाँ पण्डित की, चलती नहीं तपस्वी की,
जय पुकारती प्रजा रात-दिन राजा जयी यशस्वी की।
सिर था जो सारे समाज का वही अनादर पाता है,
जो भी खिलता फूल, भुजा के ऊपर चढ़ता जाता है।

यह पूरी तरह भाषित किया गया है कि परशुराम केवल ब्राह्मणों को ही युद्ध कला सिखलाते थे। कवि, कर्ण के मुख से, जाति के कारण मनुष्य के गुणों की अवहेलना की आलोचना करते हुए उसे रेखांकित करता है। यथा :

धँस जाये वह देश अतल में, गुण की जहाँ नहीं पहचान,
जाति-गोत्र के बल से ही आदर पाते हैं जहाँ सुजान।

कवि, बार-बार दोहराता है कि ब्रह्मर्षि परशुराम घोर ब्राह्मणवादी हैं तथा वे किसी अन्य को अपना संरक्षण नहीं देते तथा वे इस बात के भी प्रबल पैरोकार

हैं कि—बकौल दिनकर, मानवता के महागुणों की सत्ता हेतु (अर्थात् मानवता के महागुणों से विभूषित मनुष्य का वर्चस्व, यह उनकी जातीय वर्चस्ववादिता तो नहीं?) ब्राह्मणों को शस्त्र उठाकर हिंसा का सहारा लेना चाहिए तथा किसी अन्य को शस्त्र नहीं उठाने देना चाहिए। कवि दिनकर इस बात को भी रेखांकित करते हैं कि :

कसक भोगता हुआ विप्र निश्छल कैसे रह सकता है?
इस प्रकार की चुभन, वेदना क्षत्रिय ही सह सकता है।

एक तरफ़ तो इतनी क्लीवता, दूसरी तरफ़ शस्त्र उठाने की ललकार तथा दूसरों के द्वारा शस्त्र न उठाये देने की मन्त्रणा।

कुल मिलाकर कवि ने इस सर्ग में महाभारत के ही सूत्र को पकड़कर जातीय सत्य को ही सामने रखा है तथा इसके विरोधाभासों को प्रकाशित किया है।

तीसरे सर्ग में कृष्ण, कर्ण को युद्ध से विरत रखने हेतु, तरह-तरह के दृष्टान्तों द्वारा उसे समझाते हैं, किन्तु, कर्ण दुर्योधन के लिए अपने प्राणों की आहुति देकर प्रसन्नता अनुभव करने का आकांक्षी है। कृष्ण द्वारा यह समझाने पर भी कि वह पाण्डवों का ही भाई है तथा कुन्ती का प्रथम पुत्र है :

क्या अघटनीय घटना कराल?
तू पृथा कुक्षि का प्रथम लाल,
बन सूत अनादर सहता है,
कौरव के दल में रहता है।

वह अपने दृढ़ संकल्प से तनिक भी विचलित नहीं होता :

जिस नर की बाँह गही मैंने,
जिस तरु की छाँह गही मैंने,
उस पर न वार चलने दूँगा,
कैसे कुठार चलने दूँगा?

तथा इस प्रयोजन को भी वह एक षड्यन्त्र के रूप में ही देखता है क्योंकि शान्ति की आड़ लेकर अक्सर बहुजन समुदाय को उनके उद्देश्यों से भटका दिया जाता है। वह कृष्ण से प्रति प्रश्न करता है :

सहसा क्या हाल विचित्र हुआ?
मैं कैसे पुण्य चरित्र हुआ?—

यह अभिनन्दन नूतन क्या है?
केशव यह परिवर्तन क्या है?

कर्ण-चरित में नैतिकता के उच्च मानदण्ड मौजूद हैं। कर्ण महाभारत के युद्ध में इसलिए नहीं भाग लेता कि उसे राज्य या सम्पत्ति चाहिए, बल्कि वह अपने मित्र दुर्योधन की मित्रता का ऋण चुकता करना चाहता है। वह कहता है :

लड़ना भर मेरा काम रहा, दुर्योधन का संग्राम रहा।

उसकी यह स्पष्ट घोषणा है :

कुरुराज चाहता मैं कब हूँ, साम्राज्य चाहता मैं कब हूँ?

कर्ण को जन्मना कवच-कुण्डल से संरक्षित जानकर, अर्जुन के पिता देवराज इन्द्र द्वारा भिक्षु-वेश धरकर महादानी कर्ण से कवच-कुण्डल को दान में माँग लेने की कथा चौथे सर्ग में है। यह षड्यन्त्र भी अर्जुन की जीत सुनिश्चित करने के लिए ही है। आदर्श चरित्र व दान-वीर कर्ण अपने व्रत का पालन करता हुआ कवच-कुण्डल उतारकर देवराज इन्द्र को दान कर देता है तथा ख़ुद इस नैसर्गिक सुरक्षा-कवच से अरक्षित होना सहज ही अंगीकृत कर लेता है। कथा का एक पाठ यह भी है कि जब कभी दलित-शूद्र किंचित् शक्ति सम्पन्न या अधिकार सम्पन्न होता है, उसे नीचे गिराने के लिए तरह-तरह के षड्यन्त्र किये जाते हैं। उसके उच्च नैतिक आदर्श तथा उसकी सच्चाई-ईमानदारी का फ़ायदा उठाकर उसके साथ छल किया जाता है। यदि वंचित वर्ग अधिकार विहीन है तो उसका बलात शोषण किया जाता है तथा अधिकार सम्पन्न के साथ छल करके उसका शोषण किया जाता है। इसका सबसे सटीक उदाहरण है महादानी राजा बलि का पौराणिक आख्यान—जिससे दरिद्र ब्राह्मण-वेश में वामनावतार विष्णु ने दान में पूरा राज्य माँग कर उसे कंगाल बना दिया था। कुछ इसी तरह की कहानी कर्ण के साथ भी घटित है। किन्तु, वह नैतिक आदर्श की जीती जागती विभूति है जिसे उसके मार्ग से डिगा पाना बहुत कठिन है। यहाँ सवाल यह उठता है कि जो लोग तथाकथित उच्च वर्ण, उच्च वर्ग तथा रसूख वाले हैं क्या उनके लिए नैतिकता के कोई मानदण्ड नहीं हैं? यह सवाल कर्ण के मुख से :

मैं उनका आदर्श जिन्हें कुल का गौरव ताड़ेगा,
नीचवंश-जन्मा कह कर जिनको जग धिक्कारेगा।

श्रम से नहीं विमुख होंगे जो, दुख से नहीं डरेंगे,
सुख के लिए पाप से जो नर सन्धि न कभी करेंगे।

'कर्ण धर्म' होगा धरती पर बलि से नहीं मुकरना,
जीना जिस अप्रतिम तेज़ से उसी शान से मरना।

जीवन देकर जय .खरीदना जग में यही चलन है,
विजय दान करता न प्राण को रखकर कोई जन है।

मगर, प्राण रखकर प्रण अपना आज पालता हूँ मैं,
पूर्णाहुति के लिए विजय का हवन डालता हूँ मैं।

कथा काव्य के पाँचवें सर्ग में जननी कुन्ती कर्ण को उसके गोपनीय जन्म की कथा बताकर अपने साथ चलने के लिए आमन्त्रित करती है ताकि वह दुर्योधन की मित्रता के कारण अपने ही भाइयों का दुश्मन न बने। किन्तु कर्ण हमेशा की तरह मित्रता के अपने आदर्श पर कायम है। वह विनम्रतापूर्वक, कुन्ती को जवाब देता है कि, नाम-गोत्र से हीन होकर जब वह सूत-पुत्र अर्थात् शूद्र कहा जाता था तथा राधा नाम की साधारण स्त्री ही उसकी माँ थी, तब कुन्ती तो राजरानी थी, जिसे उसकी सुधि लेने की चिन्ता कभी नहीं आयी। ऐसे में जब युद्ध की वेला आयी है तो उसे युद्ध से विमुख करने के लिए जननी के पाले में वापसी का कोई भी उपक्रम उसे गवारा नहीं है। वह कुन्ती को यह वचन ज़रूर देता है कि, क्योंकि वह पाँच पुत्रों की माँ है इसलिए वह हमेशा पाँच पुत्रों की माँ ही बनी रहेगी। वह रणभूमि में अर्जुन के सिवाय और किसी भाई को नहीं मारेगा। यदि रण क्षेत्र में अर्जुन मारा जाता है तो वह अपने चार भाइयों के साथ आ जायेगा तथा यदि वह स्वयं मारा जाता है तो भी वह उनकी पाँच पुत्रों की माँ बनी ही रहेगी। कवि ने इस प्रसंग के ज़रिये नारी की विवशता तथा सामाजिक भेदभाव के ज्वलन्त प्रश्न उठाये हैं। कुन्ती यह स्वीकार करती है कि वह कुमारिका थी, जिस समय उसकी कोख में कर्ण आया था। कवि ने इसका भाव-प्रवण उल्लेख इस प्रकार किया है। कुन्ती के मुख से :

बेटा धरती पर बड़ी दीन है नारी,
अबला होती सचमुच योषिता कुमारी।
है कठिन बन्द करना समाज के मुख को,
सिर उठा न पा सकती पतिता निज सुख को।

इस प्रसंग में भी दिनकर ने कुमारी कुन्ती द्वारा सन्तान उत्पत्ति को अपराध कहा है तथा उसके अनाम पिता को दैवी प्रताप के बहाने छुपाया है।

भले ही यह मिथकीय कथा है किन्तु यहाँ भी कवि दिनकर का विद्रोह ठण्डा-सा है। कुन्ती, कर्ण को मनाकर, अपने साथ ले जाने के लिए समाज से लड़ने का ख़तरा भी मोल लेने को तैयार हो जाती है :

उस जड़ समाज के सिर पर क़दम धरूँगी,
डर चुकी बहुत अब और न अधिक डरूँगी।

प्रत्युत्तर में कर्ण अपनी उपेक्षा का व्यंगात्मक उपालम्भ देता है :

तुम बड़े वंश की बेटी ठकुरानी हो,
अर्जुन की माता, कुरुकुल की रानी हो।
मैं नाम-गोत्र से हीन, दीन खोटा हूँ,
सारथी-पुत्र हूँ, मनुज बड़ा छोटा हूँ,
ठकुरानी! क्या लेकर तुम मुझे करोगी?
मल को पवित्र गोदी में कहाँ धरोगी?

षष्ठम सर्ग में, कर्ण के नेतृत्व में कौरव सेना की पाण्डव सेना के साथ पहले ही दिन की लड़ाई का वर्णन है।

युद्ध भूमि में क़दम रखने से पहले कर्ण बुरी तरह क्षत-विक्षत होकर शर-शय्या पर लेटे हुए, पितामह भीष्म से आशीर्वाद लेने जाता है। हालाँकि, भीष्म पितामह के द्वारा कर्ण को हेय-कमतर वीर की संज्ञा के रूप में 'अर्धरथी' कह कर अपमानित किये जाने से वह आजीवन दुखी रहा। भीष्म पितामह द्वारा प्रोत्साहन की बजाय उत्साह-मर्दन के कारण ही कर्ण भीष्म को याद दिलाता है :

हे तात! आपका प्रोत्साहन,
पा सका नहीं जो लांछित जन,
यह वही सामने आया है,
उपहार अश्रु का लाया है।

ऐसे अपमान के कारण ही आत्म-विश्वासी स्वाभिमानी कर्ण, उस समय तक युद्ध क्षेत्र में प्रवेश नहीं करता जब तक कि भीष्म रणभूमि में लड़ रहे होते हैं। इसलिए अब इस आख़िरी वेला में जब भीष्म पितामह मरणासन्न हैं तथा कर्ण के कन्धों पर युद्ध की निर्णायक पारी का भार है, वह भीष्म पितामह से मात्र आशीर्वाद के लिए जाता है।

दिनकर कहते हैं कि महाभारत के युद्ध में दोनों पक्षों ने धर्म-अधर्म की कोई परवाह नहीं की। इसलिए इस पर चर्चा व्यर्थ है कि किसने धर्म का पालन किया और किसने धर्म का पालन नहीं किया :

क्या कहें धर्म पर कौन चला, या उसके कौन विरुद्ध चला।

इसी प्रसंग के बहाने कवि दिनकर धर्म की सहज परिभाषा करते हुए सूत्र वाक्य में कहते हैं :

धर्म पहुँचना नहीं, धर्म तो जीवन भर चलने में है।
फैलाकर पथ पर स्निग्ध ज्योति, दीपक समान जलने में है।
इसलिए, ध्येय में नहीं, धर्म तो सदा निहित साधन में है।

दिनकर पूरे कथा-काव्य में मनुष्यता के नैतिक आदर्शों को प्रस्तुत करने के लिए स्पेस बना लेते हैं तथा करुणा, मैत्री, युद्ध, शान्ति-अशान्ति, धर्म-अधर्म, सुकर्म-कुकर्म, कुलहीनता-कुलीनता, मान-अपमान, जीवन-मरण जैसे विषयों पर दार्शनिक लहजे में समाज के सामने आदर्श रूप रखते चलते हैं। दिनकर समाज के प्रति साहित्य की ज़िम्मेदारियों को पूरी तरह निर्वाह करने की कोशिश करते हैं। वे हमेशा मानवता की पैरोकारी करते हैं तथा इस बात पर दुख व्यक्त करते हैं कि आज मनुष्य ने जो बहुत उन्नति कर ली है, वह तो बाहर-बाहर का मामला है, उसका अन्तर्मन अभी भी घृणा-द्वेष-अन्याय से भरा हुआ है इसलिए हम अभी भी मनुष्यता के स्तर पर बहुत छोटे ही हैं।

हम बढ़े बहुत बाहर, भीतर लेकिन छोटे के छोटे हैं।

कर्ण के नेतृत्व में पहले दिन के युद्ध में ही जो घटित होता है उसके माध्यम से कवि ने बड़ी सफलतापूर्वक यह बताया है कि कर्ण को इन्द्र द्वारा दिया गया विशेष अस्त्र 'एकघ्नि' उसके प्रमुख प्रतिद्वन्द्वी अर्जुन के ऊपर चलने के लिए नहीं बचा रह जाता है। कृष्ण की युक्ति (छल-छद्म) के ज़रिये 'घटोत्कच' (भीम और दानवी हिम्डिबा का औरस पुत्र) नाम के 'दानव' के ऊपर कर्ण की एकघ्नि के सन्धान किये जाने की विवशता आन पड़ती है– यह उसके साथ कृष्ण द्वारा विनियोजित छद्म या प्रकृति की एक और बड़ी विडम्बना ही कही जायेगी।

इस कथा के बहाने महाभारत के मिथकों का सहारा लिया गया है। इसलिए यहाँ 'दानवों' का भी ज़िक्र आया है–जिनके हाथ में कठोर आयुध-साधनों का होना तथा उन पर मनुष्यों का ज़ोर न चल पाना, बताया गया है। ऐसा लगता है कि दानवों को मनुष्येतर प्राणी के रूप में दिखाया गया है। हालाँकि आज यह बात अच्छी तरह प्रकाशित हो चुकी है कि हिन्दू धर्म-ग्रन्थों के मिथकों में जिन्हें दस्यु, दैत्य, दानव, राक्षस, निशिचर, वानर, रीछ, अहि आदि कहा गया है,

यहाँ के मूलनिवासी, आदिम मनुष्य ही हैं, जिन्होंने यहाँ की सभ्यता की नींव डाली है। यही नहीं बल्कि कई इतिहासकारों ने उन्हें सिन्धु घाटी-सभ्यता का निर्माता तक कहा है। ये दानव कोई और नहीं बल्कि इतिहास और पुराइतिहास के बीच के वे मनुष्य हैं जो श्रमजीवी आदिम समाज के हैं। इनके ऊपर 'मनुष्य का ज़ोर नहीं चलने' के आख्यान के द्वारा इनकी वीरता का बखान नहीं बल्कि एक नकारात्मक दृष्टिकोण लिए हुए है। जो भी हो, दानव घटोत्कच के प्रचण्ड पराक्रम के कारण, कौरव सेना में हाहाकार मच जाता है तथा कर्ण को बार-बार याद किया जाता है कि वह आकर दानव के प्रबल प्रकोप से मुक्ति दिलाये। ऐसे में कर्ण को 'एकघ्नि' द्वारा ही इस महानाश को रोकना पड़ा तथा उसे अर्जुन की बजाय किसी और पर निशाना साधना पड़ा जो देवराज इन्द्र के वचनानुसार वापस इन्द्र के पास लौट गयी। (जैसा कि उन्होंने कहा था कि यह केवल एक बार ही काम आयेगी तथा एक बार चलाने के बाद मेरे पास वापस आ जायेगी)।

यहाँ घटोत्कच को दानव कहे जाने पर भी यह प्रश्न उठता है कि पितृसत्तात्मक परम्परावादी कुरुकुल के अनुसार घटोत्कच को दानवी माता से उत्पन्न होने के कारण दानव नहीं बल्कि भीम-पुत्र होने के कारण मनुष्य श्रेणी (?) में ही रखा जाना चाहिए था। किन्तु यहाँ भी वर्णव्यवस्था के मकड़जाल में आदिम स्त्री को स्त्री का दर्जा देने से भी शायद इनकार कर दिया गया है तथा इस सन्तानोत्पत्ति को सामाजिक रूप से अस्वीकृत (गोपनीय?) करते हुए भी जब एकघ्नि के एक बार सन्धान करवा कर व्यर्थ, अनुपादेय कर देने की योजना बनी तो इसमें मारे जाने के लिए भी एक दानवी-पुत्र को ही चुना गया। यह वर्णव्यवस्था की महिमा है कि एक शूद्र को शूद्र वर्ग के द्वारा ही शिकार करवाया जाता है ताकि कोई भी मरे, मरेगा शूद्र और अन्त्यज ही।

इस कथा के ज़रिये कवि ने कर्ण द्वारा अर्जुन को परास्त कर सकने वाले सारे अस्त्र-शस्त्रों को षड्यन्त्र या नियति के द्वारा ही अवरुद्ध किये जाने का वर्णन किया है। किन्तु कवि इस बात के प्रति भी सजग है कि वह सारी चीज़ों को नियति पर डालकर ही भाग्य को दोष नहीं दे सकता—'मगर यह कर्ण की जीवन कथा है, नियति का, भाग्य का इंगित वृथा है।' ऐसे द्वन्द्व के कथनोपकथन से कवि दिनकर मानव मन की ऊहापोह को ही व्यंजित करते दिखाई देते हैं।

पुरुष क्या, शृंखला को तोड़ कर के,
चले आगे नहीं जो ज़ोर करके?

सप्तम सर्ग में कर्ण के अन्तिम युद्ध में मारे जाने की कथा को बड़े ही मार्मिक तथा दार्शनिक नज़रिये से व्यक्त किया है। कर्ण कौरव सेना का नायक बनकर युद्ध करने निकला है जिसके भीतर अपार आत्मविश्वास है। वह कहता है :

चरण का भार लो, सिर पर सँभालो,
नियति की दूतियो! मस्तक झुका लो।
चलो, जिस भाँति चलने को कहूँ मैं
चलो, जिस भाँति ढलने को कहूँ मैं।

इस प्रसंग के द्वारा दिनकर ने मनुष्य के बाहुबल को भाग्य और नियति के चक्करों से दूर ले जाने का प्रयास किया है। नियति के लिए उनकी चुनौती, कर्ण के मुख से कुछ इस तरह है :

चुराओगी कहाँ तक दाँव मेरा?
रखोगी रोक कब तक पाँव मेरा?
कवच कुण्डल गया, पर प्राण तो हैं,
भुजा में शक्ति, धनु पर वाण तो हैं।

कर्ण के बहाने कृष्ण के देवत्व पर भी प्रश्न उठाया गया है—कर्ण कहता है कि मैं उन्हें (कृष्ण को) नर धर्म क्या है, यह बताऊँगा। कवि आगे कहता है :

करें भगवान जो चाहें, उन्हें सबकुछ क्षमा है,
मगर क्या वज्र का विस्फोट छींटों से थमा है?

कर्ण मनुष्यता के आदर्श स्वरूप का प्रतीक है तथा मनुष्य की नैतिक उन्नति का चरम बिन्दु है। वह कहता है :

सब आँख मूँदकर लड़ते हैं जय इसी लोक में पाने को,
पर, कर्ण जूझता है कोई, ऊँचा सद्धर्म निभाने को।

इस काव्य में एक प्रसंग है कि विश्रुत विषधर भुजंगों का स्वामी 'अश्वसेन' द्वारा युद्धरत कर्ण को सहायता देने का प्रस्ताव दिया जाता है जिसे वह यह कहकर अस्वीकार कर देता है कि वह मनुष्य होकर, साँपों से मिलकर, मनुष्य ही के विरुद्ध क्यों युद्ध करे?—यह आचरण तो उसके जीवन भर की निष्ठा के सर्वथा विरुद्ध ही होगा। यह याद दिलाने योग्य है कि अश्वसेन को उन्हीं अर्थों में साँप कहा गया है जिन अर्थों में कि यहाँ के आदिम मूल निवासियों को रीछ, भालू, बन्दर, दानव, दैत्य इत्यादि कहा गया है। इसलिए कर्ण के द्वारा भी ऐसे

मूल निवासियों द्वारा प्रस्तावित सहायता को स्वीकार न करना, कर्ण की चरित्र की ऐसी द्विधा है जिसमें वह न तो शूद्र रह पाया है न ही क्षत्रिय बन पाया है। यह उदाहरण आज भी देखने को मिलता है जहाँ बहुजन वर्ग का व्यक्ति उच्चवर्गीय व्यक्तियों के बहकावे में अपने ही सगे भाइयों को स्वीकार नहीं कर पाता। जो भी हो मनुष्य को साँपों के रूप में चित्रित करना कतई हजम नहीं होता है। किन्तु मिथक तो मिथक ही ठहरा, इसे इतिहास के साथ घालमेल करके जो परम्परा बनायी गयी है वह झूठा सच होकर भी ख़तरनाक अवश्य ही है।

दिनकर इतिहास और साहित्य के गम्भीर अध्येता रहे हैं। यह बात मानने योग्य नहीं है कि उन्हें आर्य-अनार्य-विमर्श के बारे में जानकारी नहीं थी। फिर भी, शायद, उन्हें महाभारत के मिथक के मूल कथानक के अनुसार ही कथा को आगे बढ़ाने की बाध्यता होगी—धारा के (उच्च वर्णीय अगुआई वाली) बिल्कुल विरुद्ध रचने की ऐसी उम्मीद दिनकर जैसे क्रान्तिकारी कवि से की जा सकती है, किन्तु उनकी पारम्परिक हिन्दू धर्म-शास्त्रों की आस्था और मान्यता शायद आड़े आती हो। दिनकर के ही समकालीन राहुल सांकृत्यायन अपने जन्मना उच्चवर्णवादी मान-मर्यादा को त्याग कर के मनुष्यता के पक्ष में खड़े होकर हिन्दू धर्मग्रन्थों की बेबुनियादी जाति-धारणाओं की खुलेआम थू-थू करते हैं। किन्तु, दिनकर की क्रान्तिकारिता क़ाग़जी अधिक प्रतीत होती है जो यथास्थिति से विद्रोह करने से बचती है। इसका यह अर्थ कदापि नहीं लिया जा सकता कि दिनकर जातीय भेदभाव के आलोचक नहीं थे। मिथकीय मनुष्य को साँप के रूप में चित्रित करना थोड़ा अजीब सा ज़रूर लगता है।

कथा के अन्त में वह घड़ी आ गयी जब कर्ण का रथ-चक्र रुधिर के पंक में बुरी तरह फँस जाता है और किसी भी तरह से निकालने से नहीं निकलता। सारथी के अनुरोध पर कर्ण स्वयं उतरकर नीचे जाता है तथा रथ के पहिये को अपनी भुजाओं में भरकर निकालने की कोशिश करता है, किन्तु, सारा परिश्रम व्यर्थ साबित होता है। रथ का चक्का कीचड़ से बाहर नहीं निकाल पाता है। कवि इस दृश्य को चित्रित करते हुए लिखता है :

मगर है ठीक, क़िस्मत ही फँसे जब,
धरा ही कर्ण का स्यंदन ग्रसे जब,
सिवा राधेय के, पौरुष प्रबल से,
निकाले कौन उसको बाहुबल से?

यहाँ भी कर्ण का आत्मविश्वास क़िस्मत को अस्वीकार करता है।

यहाँ कवि उस नैतिक गिरावट की ओर संकेत करना चाहता है जो वह युद्ध-भूमि की मर्यादा के विपरीत आचरण है। कर्ण के रथ-चक्र को फँसा हुआ जानकर, कृष्ण के उकसाने पर, अर्जुन कर्ण के ऊपर ताबड़तोड़ बाण चलाना शुरू कर देता है। कर्ण द्वारा, धर्म की लाख दुहाई देने के बावजूद भी, अन्ततः अर्जुन निहत्थे कर्ण को मार गिराता है। कवि इस प्रसंग में पिछले सारे अनैतिक कार्यों को याद दिलाता है और निष्कर्षतः कहता है :

सुयोधन था खड़ा कल तक जहाँ पर,
न हैं क्या आज पाण्डव ही वहाँ पर?

अर्थात् इस युद्ध में किसी ने अपना नैतिक धर्म नहीं निभाया। किन्तु, पूरे महाभारत में केवल एक ही व्यक्ति कर्ण है जिसने नैतिक आदर्शों को सबसे ऊँचा स्थान दिया। इस प्रकार कर्ण के मारे जाने की कथा को कहते हुए कवि उसके परलोक जाने के लिए रश्मियों के रथ पर सवार होकर जाने का वर्णन करता है। परलोक के सुख का आश्वासन और वर्णन भी इस दुनिया में शोषण का ही हथियार बना है जिसकी अनावश्यक गौरव-व्यंजना शोषण का विरोध तो नहीं कही जा सकती है।

पाण्डवों द्वारा कर्ण जैसे महाकाल से छुटकारा पाये जाने की ख़ुशी मनाये जाने पर कृष्ण उन्हें याद दिलाते हैं कि यह उत्सव मनाने का समय नहीं है, बल्कि, कर्ण जैसे नैतिक आदर्श वाले व्यक्ति की मृत्यु पर शोक मनाने का समय है। कर्ण की तारीफ़ करते हुए कृष्ण कहते हैं :

मगर, जो हो, मनुज सुवरिष्ठ था वह।
धनुर्धर ही नहीं, धर्मिष्ठ था वह।
हृदय का निष्कपट, पावन क्रिया का,
दलित-तारक, समुद्धारक त्रिया का।
बड़ा बेजोड़ दानी था, सदय था,
युधिष्ठिर! कर्ण का अद्‌भुत हृदय था।

कुल मिलाकर रश्मिरथी कथा-काव्य में कवि ने कर्ण के चरित्र को मनुष्यता के आदर्श के रूप में स्थापित किया है। अज्ञात कुल-शीलता तथा जीवनपर्यन्त शूद्रत्व के दंश से विद्ध कर्ण कभी हतोत्साहित नहीं होता है तथा भेदभाव पूर्ण सामाजिक अन्याय का डटकर मुक़ाबला करते हुए समाज के सामने एक आदर्श नैतिकता का स्वरूप प्रस्तुत करता है जो तथाकथित उच्च कुलोत्पन्न लोगों में तो सर्वथा अनुपस्थित है।

'रश्मिरथी' : एक दलित-चरित काव्य

–सत्यकाम

1

महाभारत का कर्ण 'राजपुत्र' है, 'क्षत्रिय' है, 'अंगदेश' का राजा है; पर 'दलित' है, सूतपुत्र है। रश्मिरथी के कर्ण के रूप में वह आधुनिक समाज का दलित, शोषित, उपेक्षित और वंचित व्यक्ति है जो अपने तमाम गुणों और ओजस्विता के बावजूद समाज से अस्वीकृत है। इसलिए त्याज्य है क्योंकि वह 'सूतपुत्र' है। विडम्बना यह है कि उसका जन्म एक 'क्षत्राणी' की कोख से उच्च कुल वंश में हुआ है। रश्मिरथी की भूमिका में दिनकर ने लिखा है :

> *"इस काव्य का आरम्भ मैंने 16 फ़रवरी, सन् 1950 ई. को किया था। उस समय मुझे केवल इतना ही पता था कि प्रयाग के यशस्वी साहित्यकार पं. लक्ष्मीनारायणजी मिश्र कर्ण पर एक महाकाव्य की रचना कर रहे हैं। किन्तु 'रश्मिरथी' के पूरा होते-होते हिन्दी में कर्णचरित पर कई नूतन और रमणीय काव्य निकल गये। यह युग दलितों और उपेक्षितों के उद्धार का युग है। अतएव, यह बहुत स्वाभाविक है कि राष्ट्रभारती के जागरूक कवियों का ध्यान उस चरित की ओर जाय जो हज़ारों वर्षों से हमारे सामने उपेक्षित एवं कलंकित मानवता का मूक प्रतीक बनकर खड़ा रहा है।" (रश्मिरथी, भूमिका)*

इस प्रश्न को भी दिनकर आरम्भ में ही सुलझा देते हैं ताकि कोई दुविधा न रहे कि उन्होंने महाभारत के एक सबसे पीड़ित, उपेक्षित और 'दलित' पात्र को ही केन्द्र में रखकर काव्योद्घाटन क्यों किया?

"कर्णचरित के उद्धार की चिन्ता इस बात का प्रमाण है कि हमारे समाज में मानवीय गुणों की पहचान बढ़नेवाली है। कुल और जाति का अहंकार विदा हो रहा है। आगे, मनुष्य केवल उसी पद का अधिकारी होगा जो उसे अपने सामर्थ्य

से सूचित होता है, उस पद का नहीं, जो उसके माता-पिता या वंश की देन है। इसी प्रकार, व्यक्ति अपने निजी गुणों के कारण जिस पद का अधिकारी है, वह उसे मिलकर रहेगा, यहाँ तक कि उसके माता-पिता के दोष भी इसमें कोई बाधा नहीं डाल सकेंगे। कर्णचरित का उद्धार एक तरह से, नयी मानवता की स्थापना का ही प्रयास है और मुझे सन्तोष है कि इस प्रयास में मैं अकेला नहीं, अपने अनेक सुयोग्य सहधर्मियों के साथ हूँ।" (रश्मिरथी, भूमिका)

इस वाक्य को कर्ण के स्थान पर दलित रखकर पढ़ें, सबकुछ निर्मल जल की तरह स्पष्ट हो जायेगा :

> *"कर्ण का भाग्य सचमुच, बहुत दिनों के बाद जगा है। यह उसी का परिणाम है कि उसके पार जाने के लिए आज जलयान पर जलयान तैयार हो रहे हैं। जहाज़ों के इस बड़े बेड़े में मेरी ओर से एक छोटी-सी डोंगी ही सही।" (रश्मिरथी, भूमिका)*

इस कथन का प्रतीकार्थ बहुत दूर तक जाता है—गाँधी, अम्बेडकर और आज़ादी के बाद उठने वाली दलितों की आवाज़ों की ओर। ये 'जलयान' उन आन्दोलनों की ओर इशारा करते हैं जो दलितों द्वारा निर्मित किये जा रहे थे; दिनकर भी अपनी डोंगी तैयार कर रहे थे। कवि अपनी रचना द्वारा दलित आन्दोलन में समिधा डाल रहे थे।

प्रथम सर्ग में दिनकर का मन्तव्य पूर्णतया स्पष्ट हो जाता है कि वे एक 'सूतपुत्र' को धीरोदात्त नायक बना रहे हैं। बार-बार अम्बेडकर की झलक दिखायी देती है रश्मिरथी में। पहली ही पंक्ति पढ़ें :

'जय हो' जग में जले जहाँ भी, नमन पुनीत अनल को,
जिस नर में भी बसे, हमारा नमन तेज को, बल को।
किसी वृन्त पर खिले विपिन में, पर, नमस्य है फूल,
सुधी खोजते नहीं गुणों का आदि, शक्ति का मूल।

(रश्मिरथी, पृ. 9)

नये भारत, नये संविधान, नये राष्ट्र का स्वरूप और इसमें दलितों का स्थान निर्धारित करता है यह चरित काव्य :

ऊँचे-नीच का भेद न माने, वही श्रेष्ठ ज्ञानी है,
दया-धर्म जिसमें हो, सबसे वही पूज्य प्राणी है।
क्षत्रिय वही, भरी हो जिसमें निर्भयता की आग,
सबसे श्रेष्ठ वही ब्राह्मण है, हो जिसमें तप-त्याग।

(रश्मिरथी, पृ. 9)

प्रतिष्ठा का आधार जन्म नहीं कर्म बताकर दिनकर ने आधुनिक भारत की नींव का निर्माण किया है :

तेज़स्वी सम्मान खोजते नहीं गोत्र बतलाके,
पात हैं जग से प्रशस्ति अपना करतब दिखलाके।
हीन मूल की ओर देख अगर ग़लत कहे या ठीक,
वीर खींचकर ही रहते हैं इतिहासों में लीक।

पहले ही अध्याय में दिनकर ने पुरातन भारतीय सामाजिक संरचना पर आघात किया है :

जाति-जाति रटते, जिनकी पूँजी केवल पाषण्ड
मैं क्या जानूँ जाति? जाति हैं ये मेरे भुजदण्ड।

(रश्मिरथी, पृ. 11)

कर्ण के इस सवाल का जवाब किसी के पास नहीं है :

ऊपर सिर पर कनक-छत्र, भीतर काले-के-काले,
शरमाते हैं नहीं जगत् में जाति पूछनेवाले।
सूत्रपुत्र हूँ मैं, लेकिन, थे पिता पार्थ के कौन?
साहस हो तो कहो, ग्लानि से रह जाओ मत मौन।

× × ×

मस्तक ऊँचा किये, जाति का नाम लिये चलते हो,
पर, अधर्ममय शोषण के बल से सुख में पलते हो।
अधम जातियों से थर-थर काँपते तुम्हारे प्राण,
छल से माँग लिया करते हो, अँगूठे का दान।

इस प्रकार प्रथम सर्ग की रचना ही दिनकर ने परम्परागत जातिगत रूढ़ियों को निस्तेज करने के लिए की है। इस प्रकार इस दलित काव्य का आगाज़ होता है। अर्जुन को नेपथ्य में भेजकर, भीम को ईर्ष्यालु दिखाकर और कर्ण को विजयी दिखाकर दिनकर ने स्पष्ट रूप से भविष्य के भारत का स्वप्न देखा है।

द्वितीय सर्ग भारतीय सामाजिक संरचना और शिक्षा व्यवस्था पर बड़ा प्रश्नचिह्न लगाता है। अर्जुन, कर्ण, एकलव्य—ये तीनों महाभारत के चरित्र हैं और इनके माध्यम से कथाकार ने समय और समाज के सत्य को बेख़ौफ़ उजागर किया है।

अर्जुन का विजय रथ कहीं न रुके और वह अखण्ड भारत का सर्वश्रेष्ठ धनुर्धर हो, अस्तु द्रोणाचार्य ने एकलव्य का अँगूठा माँग लिया। कर्ण से भयभीत हुए तो उसका अविच्छिन कवच-कुण्डल उतरवा लिया, उसे लहूलुहान करके। कर्ण जानता था कि सूत्रपुत्र होने के कारण उसे द्रोण तो शिक्षा देने से रहे। परशुराम भी केवल ब्राह्मणों को शिक्षा प्रदान करते हैं इसलिए वह ब्राह्मण वेश में परशुराम के पास विद्या प्राप्ति के लिए गया। पर 'कीट-प्रसंग' ने कर्ण का भेद खोल दिया। वह शापग्रस्त हुआ कि समय आने पर वह दिव्य ज्ञान यानी ब्रह्मास्त्र का प्रयोग नहीं कर पायेगा। इस कहानी को दिनकर ने 'रश्मिरथी' में क्यों शामिल किया? ग़ौर करने पर मालूम होता है कि इस कहानी में कर्ण के जीवन की पीड़ा के साथ-साथ एक कटु सामाजिक पक्ष भी सामने आता है कि वर्ण आधारित भारतीय शिक्षा पद्धति एकलव्य और कर्ण जैसे कई योग्य विद्यार्थियों को निस्तेज कर डालती है। दूसरी यह कि ज्ञान अगर दान नहीं किया गया तो वह नश्वर शरीर के साथ हमेशा-हमेशा के लिए 'नष्ट' हो जाता है। भारत में ज्ञान-परम्परा व्यक्ति या कुल आधारित थी जिसमें किसी ख़ास वर्ण के लोगों को ही शिक्षा दी जा सकती थी। दलितों को तो बिल्कुल नहीं। इससे ज्ञान के कई अनमोल भण्डार उचित उत्तराधिकारी न मिलने के कारण विलुप्त होते रहे। उनके उल्लेख और प्रकरण तो यत्र-तत्र मिल जाते हैं पर उनके स्रोत और सूत्र नहीं मिलते। जन्म और कर्म पर विचार करते हुए दिनकर लिखते हैं :

ब्राह्मण का है धर्म त्याग, पर क्या बालक भी त्यागी हों?
जन्म साथ, शिलोञ्छवृत्ति के ही क्या वे अनुरागी हों?
क्या विचित्र रचना समाज की? गिरा ज्ञान ब्राह्मण-घर में,
मोती बरसा वैश्य-वेश्म में, पड़ा खड्ग क्षत्रिय-कर में।

(रश्मिरथी, पृ. 17)

इसी अध्याय में ब्राह्मणों के असन्तोष और ब्राह्मण-क्षत्रिय संघर्ष के भी संकेत मिलते हैं। परशुराम का पूरा चरित्र 'क्षत्रिय-विरोध' से निर्मित है। महाभारत से लेकर रामायण काल तक उनकी निर्मिति इसी रूप में हुई है।

सुनता कौन यहाँ ब्राह्मण की? करते सब अपने मन की,
डुबो रही शोणित में भू को भूपों की लिप्सा रण की।
औ' रण भी किसलिए? नहीं जग से दुःख दैन्य भगाने को,
परशोषक, पथ भ्रान्त मनुज को नहीं धर्म पर लाने को।

(रश्मिरथी, पृ. 17)

द्वितीय सर्ग में भारतीय समाज व्यवस्था और सत्ता पर क़ाबिज होने की, शक्तिशाली बनने की एक ब्राह्मण की आत्मपीड़ा भी अभिव्यक्त हुई है। इसका आधुनिक सन्दर्भ इन पंक्तियों में व्यक्त हुआ है :

सिर था जो सारे समाज का, वही अनादर पाता है,
जो भी खिलता फूल, भुजा के ऊपर चढ़ता जाता है।
चारों ओर लोभ की ज्वाला, चारों ओर भोग की जय,
पाप-भार से दबी धँसी जा रही धरा पल-पल निश्चय।

जब तक भोगी भूप प्रजाओं के नेता कहलायेंगे,
ज्ञान, त्याग, तप नहीं श्रेष्ठता का जब तक पद पायेंगे।
आसन-वसन से हीन, दीनता में जीवन धरनेवाले,
सहकर भी अपमान मनुजता की चिन्ता करनेवाले,

कवि, कोविद, विज्ञान-विशारद, कलाकार, पण्डित, ज्ञानी,
कनक नहीं, कल्पना, ज्ञान, उज्ज्वल चरित्र के अभिमानी,
इन विभूतियों को जब तक संसार नहीं पहचानेगा,
राजाओं से अधिक पूज्य जब तक न इन्हें वह मानेगा।

(रश्मिरथी, पृ. 18)

उपर्युक्त पंक्तियाँ आज के समाज का आईना हैं। इसकी व्याख्या बेमानी है पूरी कविता स्वयं व्याख्येय है।

कृष्ण-कर्ण संवाद और कर्ण की पीड़ा एक दलित की ही पीड़ा है। विडम्बना यह है कि कर्ण जन्म से क्षत्रिय होने के बावजूद 'शूद्र' कहलाने को अभिशप्त है क्योंकि वह सूर्य और कुन्ती की जारज सन्तान है। कर्ण अपने जन्म की कथा जानते हैं; सूर्य ने यह कथा सुनाई है कर्ण को; यह रहस्योद्घाटन कर्ण करता है कृष्ण को जब कृष्ण उसे उसके जन्म का रहस्य बताते हैं। पर कर्ण विचलित नहीं होता वह दुर्योधन का पक्ष नहीं छोड़ता। कृष्ण की 'कूटनीति' और शान्ति का अन्तिम प्रयास विफल हो जाता है। कर्ण की पीड़ा का साक्षात्कार यहाँ बार-बार होता है :

मैं जाति-गोत्र से हीन, दीन,
राजाओं के सम्मुख मलीन,

जब रोज़ अनादर पाता था,
कह 'शूद्र' पुकारा जाता था। *(रश्मिरथी, पृ. 36)*

दलित है पर अपने चरित्र में सुदृढ़ है :

है ऋणी कर्ण का रोम-रोम
जानते सत्य यह सूर्य-सोम
तन, मन, धन दुर्योधन का है,
यह जीवन दुर्योधन का है।
सुरपुर से भी मुख मोड़ूँगा,
केशव! मैं उसे न छोड़ूँगा। *(रश्मिरथी, पृ. 38)*

समाज में दलित माने जाने वाले चरित्र को 'महाभारत' से लेकर 'रश्मिरथी' तक में उज्ज्वल दिखाया गया है। कर्ण फिर याद आने लगे, यह अनायास नहीं; करवट लेते समाज की आवाज़ है। एक दलित की यही आवाज़ दलित रचनाओं में प्रतिध्वनित हो रही है :

कुल-गोत्र नहीं साधन मेरा,
पुरुषार्थ एक बस धन मेरा,
कुल ने तो मुझको फेंक दिया,
मैंने हिम्मत से काम लिया।
अब वंश चकित भरमाया है,
खुद मुझे खोजने आया है। *(रश्मिरथी, पृ. 40)*

कर्ण के चरित्र को गरिमा प्रदान करते हुए दिनकर उसे दलितों का नेता कहते हैं। यहाँ कर्ण का व्यक्तित्व अम्बेडकर के व्यक्तित्व से एकमएक हो जाता है :

युग-युग जियें कर्ण, दलितों के वे दुख-दैन्य-हरण हैं,
कल्पवृक्ष धरती के, अशरण की अप्रतिम शरण हैं।
पहले ऐसा दानवीर धरती पर कब आया था?
इतने अधिक जनों को किसने यह सुख पहुँचाया था?
(रश्मिरथी, पृ. 49)

एक दलित की आत्मव्यथा :

जनमा जानें कहाँ, पला पद-दलित सूत के कुल में,
परिभव सहता रहा विफल प्रोत्साहन-हित व्याकुल में।

द्रोणदेव से हो निराश वन में भृगुपति तक धाया,
बड़ी भक्ति की, पर, बदले में शाप भयानक पाया।

(*रश्मिरथी, पृ. 55*)

× × ×

मैं उनका आदर्श, जिन्हें कुल का गौरव ताड़ेगा,
'नीचवंशजन्मा' कहकर जिनको जग धिक्कारेगा।
जो समाज की विषेम वह्नि में चारों ओर जलेंगे,
पग-पग पर झेलते हुए बाधा निःसीम चलेंगे।

(*रश्मिरथी, पृ. 57*)

दिनकर ने एक दलित को देवत्व प्रदान किया है।

तू पहुँचा है जहाँ कर्ण,
देवत्व न जा सकता है,
इस महान पद को कोई
मानव ही पा सकता है। (*रश्मिरथी, पृ. 60*)

ये गाँधी भी हैं, अम्बेडकर भी, दीनदयाल उपाध्याय भी जिन्होंने जनकल्याण के लिए अपना जीवन न्यौछावर कर दिया। यह किसकी आवाज़ प्रतिध्वनित हो रही है, कर्ण की, गाँधी की, अम्बेडकर की :

जग में जो भी निर्दलित, प्रताड़ित जन हैं,
जो भी निहीन हैं, निन्दित हैं, निर्धन हैं,
यह कर्ण उन्हीं का सखा, बन्धु, सहचर है,
विधि के विरुद्ध ही उसका रहा समर है।

(*रश्मिरथी, पृ. 80*)

2

'रश्मिरथी' चरित काव्य है; एक शापग्रस्त व्यक्ति का चरित। इसे दिनकर भी कर्णचरित कहते हैं। यह एक कथाकाव्य है। यह एक प्रबन्धकाव्य है। असल में, इस रचना के पीछे दिनकर की मंशा बिल्कुल स्पष्ट थी। कथ्य के स्तर पर एक ऐसे विषय को चुनना जो समसामयिक हो। 'चरित नायक' को लेकर ऐसे व्यक्ति को केन्द्रस्थ करना जो उपेक्षित, पीड़ित, दलित हो और साथ ही साथ बुद्धिमान, शौर्यवान और अभूतपूर्व प्रतिभाशाली हो। इसके अलावा दिनकर उस

काव्य परम्परा को प्रज्वलित करना चाहते थे जिसकी लौ फीकी पड़ चुकी थी। महाकाव्य चरित काव्य, प्रबन्धकाव्य का स्थान उपन्यास ने ले लिया था। उपन्यास की बढ़ती लोकप्रियता के बीच भी दिनकर ने एक 'चरित काव्य' लिखने का जोख़िम उठाया। जब बच्चन के गीत लोकप्रिय हो रहे थे, भवानी भाई के गीत हवा में लहरा रहे थे तब कथाकाव्य लिखने के जोख़िम से दिनकर जी परिचित थे। इसका उल्लेख उन्होंने 'रश्मिरथी' की भूमिका में किया है।

"मगर, कलाकारों की रुचि आज जो कथाकाव्य की ओर नहीं जा रही है, उसका भी कारण है, और वह यह, कि विशिष्टीकरण की प्रक्रिया में लीन होते-होते कविता केवल चित्र, चिन्तन और विरल संगीत के धरातल पर जा अटकी है और जहाँ भी स्थूलता एवं वर्णन के संकट में फँसने का भय है, उस ओर कविकल्पना जाना नहीं चाहती। लेकिन, स्थूलता और वर्णन के संकट का मुक़ाबला किये बिना कथाकाव्य लिखनेवाले का काम नहीं चल सकता। कथा कहने में, अक्सर, ऐसी परिस्थितियाँ आकर मौजूद हो जाती हैं जिनका वर्णन करना तो ज़रूरी होता है, मगर, वर्णन काव्यात्मकता में व्याघात डाले बिना निभ नहीं सकता।" (रश्मिरथी, भूमिका)

दिनकर जी ने कथाकाव्य की प्रवृत्ति ठेठ देसी अन्दाज़ में बतायी है :

"आजकल लोग बाज़ारों से ओट्स (जई) मँगाकर खाया करते हैं। आंशिक तुलना में यह गीत और मुक्तक का आनन्द है। मगर, कथाकाव्य का आनन्द खेतों में देशी पद्धति से जई उपजाने के आनन्द के समान है; यानी इस पद्धति से जई के दाने तो मिलते ही हैं, कुछ घास और भूसा भी हाथ आता है, कुछ लहलहाती हुई हरियाली देखने का भी सुख प्राप्त होता है और हल चलाने में जो मेहनत पड़ती है, उससे कुछ तन्दुरुस्ती भी बनती है।" (रश्मिरथी, भूमिका)

इसके बाद इसकी रचना प्रक्रिया की उलझनों से रू-ब-रू कराते हैं :

"फिर भी यह सच है कि कथाकाव्य की रचना, आदि से अन्त तक, केवल दाहिने हाथ के भरोसे नहीं की जा सकती। जब मन ऊबने लगता है और प्रतिभा आगे बढ़ने से इनकार कर देती है, तब हमारा उपेक्षित बायाँ हाथ हमारी सहायता को आगे बढ़ता है। मगर, बेचारा बायाँ हाथ तो बायाँ ही ठहरा। वह चमत्कार तो क्या दिखलाये, कवि की कठिनाइयों का कुछ परदा ही खोल देता है। और इस क्रम में खुलने वाली कमज़ोरियों को ढँकने के लिए कवि को नाना कौशलों से काम लेना पड़ता है।" (रश्मिरथी, भूमिका)

चरित काव्य की पहली विशेषता होती है—उसके केन्द्र में नायक और धीरोदात्त नायक का होना। कथाकाव्य की दूसरी विशेषता होती है उत्सुकता और नाटकीयता।

- आरम्भ नाटकीयता से–रंग प्रसंग
- द्वितीय अध्याय–कीट प्रसंग
- कुन्ती प्रसंग
- कवच-कुण्डल प्रसंग

दिनकर को मार्मिक स्थलों की पहचान थी। तृतीय सर्ग में फिर महाभारत का एक प्रसंग आरम्भ होता है। पाण्डव अज्ञातवास पूर्ण कर लौटे हैं; उस कथा को दिनकर बिल्कुल कथावाचक के लय में सुनाते हैं, मानो श्रोता सामने बैठे हों, स्वच्छ, निर्मल जल-सी पारदर्शी कथा जिसमें सारे दृश्य झिलमिल हैं :

हो गया पूर्ण अज्ञातवास,
पाण्डव लौटे वन से सहास,
पावक में कनक-सदृश तप कर,
वीरत्व लिये कुछ और प्रखर,

नस-नस में तेज-प्रवाह लिये,
कुछ और नया उत्साह लिये। *(रश्मिरथी, पृ. 26)*

भारतीय कथा-परम्परा में 'कथक' पर्दे के पीछे रहना नहीं जानता है, वह बार-बार 'कथक' का चोला उतारकर सूत्रधार के वेश में उपस्थित होकर अपनी बात कहने लगता है :

सच है, विपत्ति जब आती है,
कायर को ही दहलाती है,
शूरमा नहीं विचलित होते,
क्षण एक नहीं धीरज खोते,
विघ्नों को गले लगाते हैं,
काँटों में राह बनाते हैं।

(रश्मिरथी, पृ. 26)

'रामचरितमानस' के पाठक इस कथा-पद्धति से परिचित हैं। दिनकर की कथा तुलसी की ही कथा-शैली है। कहानी सुनाते-सुनाते कवि के भाव फूटने लगते हैं। जिसे वह दिल लगाकर सुनाता है।

यहाँ दिनकर का उद्देश्य महाभारत की कथा सुनाना नहीं है; उनका मन्तव्य है महाभारत के उन प्रसंगों को चुनना और अपनी बात रचना, जो 'कर्ण' के

व्यक्तित्व को प्रभावित करती हैं या उसके जीवन की पीड़ा को, उसके अन्तर्द्वन्द्व को, उसके आत्मसंघर्ष के मार्मिक प्रसंगों को उद्घाटित करते हैं। कर्ण एक सताया हुआ, अपनों का मारा हुआ पात्र है जिसकी वेदना ही इस काव्य की आत्मा है। इसलिए दिनकर अज्ञातवास पूर्ण होने की कथा को शीघ्रता से आगे बढ़ाते हुए श्रीकृष्ण के पाण्डव प्रतिनिधि बनकर कौरव दरबार में जाने, दुर्योधन द्वारा उनके अपमान किये जाने और श्रीकृष्ण का अपना ब्रह्मस्वरूप दिखाने को नाटकीयता और शौर्यपूर्ण ढंग से प्रस्तुत कर समा बाँध देते हैं; दिनकर के मुख से ओजस्विता अपनी सम्पूर्ण प्रखरता से फूट पड़ती है :

हरि ने भीषण हुंकार किया,
अपना स्वरूप विस्तार किया,
डगमगडगमग दिग्गज डोले,
भगवान् कुपित होकर बोले—

ज़ंजीर बढ़ा कर साथ मुझे,
हाँ हाँ, दुर्योधन! बाँध मुझे। (*रश्मिरथी, पृ. 26*)

चरित काव्य में कथनोपकथन का विशेष महत्त्व होता है। रामचरितमानस का 'राम-कैकेयी', 'राम-दशरथ', 'राम-भरत', 'राम-रावण' संवाद आदि कौन भूल सकता है। जिस प्रकार मानस में कथा-संवादों के माध्यम से आगे बढ़ती है उसी प्रकार दिनकर भी 'रश्मिरथी' में कथनोपकथन के माध्यम से कथा आगे बढ़ाते हैं। जब कृष्ण कौरव दरबार से बाहर निकलते हैं तो सामने कर्ण मिलता है :

भगवान् सभा को छोड़ चले,
करके रणगर्जन घोर चले,
सामने कर्ण सकुचाया सा,
आ मिला चकित, भरमाया सा

हरि बड़े प्रेम से कर धर कर,
ले चढ़े उसे अपने रथ पर। (*रश्मिरथी, पृ. 31*)

कृष्ण-कर्ण संवाद का आयोजन कर्ण के चरित्र को श्वेताभ बनाने के लिए किया गया है। कर्ण में एक त्यागी, परोपकारी, निष्ठावान, पराक्रमी वीर का व्यक्तित्व उभरता है। उसमें न छल है, न पाप। उसे न धन की कामना है न ऐश्वर्य की।

वह तो एक ऋणी है, मित्र है, सखा है। उसके जीवन का एक ही उद्देश्य है अपने मित्र की रक्षा करना, उसका कभी साथ न छोड़ना। परन्तु कर्ण यह भी कहता है कि यह कथा युधिष्ठिर को न सुनायेंगे क्योंकि युधिष्ठिर सब कुछ मुझे अर्पण कर देंगे और मैं वह सब कुछ दुर्योधन को सौंप दूँगा। कर्ण की यह सच्चाई, निर्भीकता और निरपेक्षता चकित करने वाली है। कृष्ण को भी अन्त में स्वीकार करना पड़ता है :

बोले कि वीर! शत बार धन्य,
तुझसा न मित्र कोई अनन्य।

तू कुरुपति का ही नहीं प्राण,
नरता का है भूषण महान्। (रश्मिरथी, पृ. 45)

चतुर्थ सर्ग में कवि ने कर्ण के चरित्र को माहात्म्य प्रदान किया है और उसे कलियुग का आदर्श पुरुष माना है। पर यहाँ आदर्श कुचले जाते हैं, "भोगी सुख भोगता" है। बड़ी अच्छी उपमा है कि जहाँ हरियाली है वहीं बादल भी पानी बरसाता है, मरुभूमि को प्यासा ही छोड़ देता है। यह जीवन का कटु सत्य है जो शाश्वत है; कोरोना काल में तो यह और भी निर्लज्ज रूप में उद्घाटित हो गया है।

इस महामारी में स्वार्थान्धता का जो मंज़र देखने को मिला, उसके बाद तो दिनकर की यही पंक्ति याद आती है :

यह न स्वत्व का त्याग, दान तो जीवन का झरना है,
रखना उसको रोक मृत्यु के पहले ही मरना है।
किस पर करते कृपा वृक्ष यदि अपना फल देते हैं?
गिरने से उसको सँभाल क्यों रोक नहीं लेते हैं?

(रश्मिरथी, पृ. 47)

चरित काव्य की एक बड़ी विशेषता है—आदर्शों का निर्माण। रामचरितमानस इसका शिखर है। यह 'कर्ण चरित' (रश्मिरथी) भी रामचरितमानस की तरह समाज के लिए आदर्श पुरुष का सम्मान करता है। राम का चरित्र हमारे लिए आदर्श है; हमारे आराध्य हैं वह। कर्ण का व्यक्तित्व भी कई मायनों में राम का ही अनुपालन करता दिखाई देता है। कर्ण सत्यवादी है, निर्भीक है, वीर है, साहसी है, अपने वादे का कायल है, दानवीर है, तपस्वी है, ईमानदार और एक

समर्पित, निष्ठावान दोस्त है, व्यक्ति है। आज के ज़माने में इन गुणों से सम्पन्न व्यक्तित्व ढूँढ़ने पर भी दुर्लभ है; हाँ कर्ण के इन चारित्रिक गुणों को देखकर गाँधी की याद ज़रूर आती है :

और, वीर जो किसी प्रतिज्ञा पर आकर अड़ता है,
सचमुच, उसके लिए उसे सब कुछ देना पड़ता है।
नहीं सदा भीषिका दौड़ती द्वार पाप का पाकर,
दुःख भोगता कभी पुण्य को भी मनुष्य अपनाकर।

(*रश्मिरथी, पृ. 46*)

× × ×

पर, तब भी रेखा प्रकाश की जहाँ कहीं हँसती है,
वहाँ किसी प्रज्वलित वीर नर की आभा बसती है
जिसने छोड़ी नहीं लीक विपदाओं से घबराकर,
दी जग को रोशनी टेक पर अपनी जान गँवाकर।

(*रश्मिरथी, पृ. 46*)

अन्तिम पंक्ति से तो बिल्कुल स्पष्ट हो जाता है कि यह गाँधी जी की ओर से इशारा है :

दी जग को रोशनी टेक पर अपनी जान गँवाकर।

(*रश्मिरथी, पृ. 46*)

चतुर्थ सर्ग में कर्ण की चरित्र निर्मिति वस्तुतः गाँधीजी की प्रेरणा से अभिषिक्त है।

जो नर आत्मदान से अपना जीवनघट भरता है,
वही मृत्यु के मुख में भी पड़कर न कभी मरता है।
जहाँ कहीं है ज्योति जगत् में, जहाँ कहीं उजियाला,
वहाँ खड़ा है कोई अन्तिम मोल चुकानेवाला।

(*रश्मिरथी, पृ. 47*)

गाँधी जी ने हमें आज़ादी दिलाई, अपना सब कुछ दाँव पर लगा दिया। आज हमारे देश में जो भी उजियाला है उसका श्रेय गाँधी जी को जाता है क्योंकि मोल तो उन्हें ही चुकाना पड़ा।

ईसा ने संसार हेतु शूली पर प्राण गँवा कर,
अन्तिम मूल्य दिया गाँधी ने तीन गोलियाँ खाकर।
सुन अन्तिम ललकार मोल माँगते हुए जीवन की,
सरमद ने हँसकर उतार दी त्वचा समूचे तन की।

(रश्मिरथी, पृ. 48)

अन्ततः दिनकर एक महत्त्वपूर्ण आदर्श स्थापना करते हैं :

दान जगत् का प्रकृत धर्म है, मनुज व्यर्थ डरता है,
एक रोज़ तो हमें स्वयं सबकुछ देना पड़ता है।
बचते वही, समय पर जो सर्वस्व दान करते हैं,
ऋतु का ज्ञान नहीं जिनको, वे देकर भी मरते हैं।

(रश्मिरथी, पृ. 48)

कर्ण की दानवीरता का बखान करते-करते दिनकर कर्ण को ऋषितुल्य बना देते हैं, जो कहता है :

पर का दुख हरण करने में ही अपना सुख माना,
भाग्यहीन मैंने जीवन में और स्वाद क्या जाना?
आओ, उऋण बनूँ तुमको भी न्यास तुम्हारा देकर,
उपकृत करो मुझे, अपनी संचित निधि मुझसे लेकर।

(रश्मिरथी, पृ. 50)

कर्ण को पता है कि याचक कौन है और वह उससे क्या माँगने आया है। पिता सूर्य उसे आगाह कर चुके थे कि इन्द्र छल से कवच-कुण्डल माँगने वाले हैं। पर कर्ण विचलित नहीं होता; उसका स्थान पूजनीय हो जाता है, वह देवतातुल्य हो जाता है और इन्द्र अपने चरित्र के अनुसार यहाँ भी ठगी और छल ही करते हैं। ध्यातव्य हो कि रामचरितमानस में भी देवताओं और इन्द्र की निषेधात्मक तस्वीर पेश की गयी है। महाभारत, रामायण, पुराण—सबमें इन्द्र की ऐसी ही छवि है। परम्परा से इन्द्र खलनायक हैं, पर देवताओं के देवता हैं; स्वर्ग पर उनका ही अधिकार है; सुख और ऐश्वर्य उनका साथी है; अप्सराएँ उनके नियन्त्रण में हैं। सुख, मद और मोह में डूबा रहता है स्वर्ग। इस स्वर्ग के अधिपति हर बार छल क्यों करते हैं? कभी अपने लिए, कभी देवताओं के लिए, कभी अपने सिंहासन के लिए, और इस प्रसंग में अपने पुत्र अर्जुन के लिए।

कर्ण का जीवन दुखों से भरी कथा है जिसे दिनकर ने विभिन्न प्रसंगों के ज़रिये सुनाया है। कर्ण से इन्द्र का कवच-कुण्डल माँगना एक ऐसा ही प्रसंग है जिसका नियोजन रचनाकार ने सप्रयोजन और सावधानी से किया है। यहाँ कर्ण का चरित्र और महिमामयी हो जाता है। कर्ण के समक्ष कृष्ण और इन्द्र भी बौने नज़र आते हैं। कर्ण ने कभी किसी से छल नहीं किया; दानी बना और दुनिया ने उसे कमज़ोर बनाने का, दुख देने का कोई अवसर नहीं छोड़ा। वह पूछता है नियति से :

सबको मिली स्नेह की छाया, नयी-नयी सुविधाएँ,
नियति भेजती रही, सदा, पर, मेरे हित विपदाएँ।
मन-ही-मन सोचता हूँ, यह रहस्य भी क्या है,
खोज-खोज घेरती मुझी को क्यों बाधा-विपदा है?

(रश्मिरथी, पृ. 55)

कर्ण इन्द्र की माँग सुनकर आत्मचिन्तन करने लगता है कि उसके साथ ही यह क्यों? अन्ततः इन्द्र कर्ण की दानशीलता और त्याग को देखकर 'कर्णस्तुति' कर उठते हैं :

दानवीर! जय हो, महिमा का गान सभी जन गायें,
देव और नर, दोनों ही, तेरा चरित्र अपनायें।
दे अमोघ वरदान सिधारे देवराज अम्बर को,
व्रत का अन्तिम मूल्य चुका कर गया कर्ण निज घर को।

(रश्मिरथी, पृ. 61)

इस 'चरित काव्य' में कुन्ती का आर्तनाद अनसुना नहीं रह जाता। युद्ध में वीरगति पाते हैं पुरुष पर कोख सूनी होती है माँ की, माँग का सिन्दूर पुँछता है पत्नी का, बच्चे अनाथ होते हैं। युद्ध में एक व्यक्ति नहीं, पूरा परिवार मरता है और उस माँ की पीड़ा तो अनन्त और भयावह है जहाँ दोनों ओर अपने ही पुत्र आमने-सामने खड़े हों :

दो में जिसका उर फटे, फटूँगी मैं ही,
जिसकी भी गरदन कटे, कटूँगी मैं ही।
पार्थ को कर्ण, या पार्थ कर्ण को मारे,
बरसेंगे किस पर मुझे छोड़ अंगारे?

(रश्मिरथी, पृ. 62)

दिनकर ने इस चरित काव्य में जिन प्रसंगों का चयन किया है वे कर्ण से तो जुड़ते ही हैं जीवन की कई पीड़ाओं को भी वाणी देते हैं। माँ कुन्ती की पीड़ा में सम्पूर्ण स्त्री जाति की पीड़ा सुनाई देती है। इन मर्मस्पर्शी स्पन्दनों को जो कवि पहचान पाता है और अभिव्यक्ति दे जाता है वही कालजयी रचना का उत्तरदायी होता है। 'रश्मिरथी' को कभी पढ़ें उसमें आज का भारतीय राष्ट्र, समाज और व्यक्ति ही नज़र आयेगा। महाभारत के मिथक और पौराणिक कथाएँ यहाँ नये उद्‌बोधन के साथ उभरी हैं। 'रश्मिरथी' महाभारत और अन्य पौराणिक कथाओं की पुनरावृत्ति नहीं बल्कि पुनरवलोकन और पुनर्व्याख्या है जिससे उस कृति की अपनी पहचान बनती है। वैसे ही जैसे 'रामायण' और 'रामचरितमानस' राम की कथा कहते हैं पर इन कृतियों का व्यक्तित्व और पहचान पृथक् है।

पंचम सर्ग में कुन्ती का आत्मसम्बोधन इतिहास से लेकर आज तक स्त्री की वेदना की दास्तान है। इस पूरे प्रसंग में समाज, स्त्री की वेदना और माँ के संकट और अन्तर्विरोध को बहुत महीनी से और संवेदनात्मक धरातल पर रोपा गया है। आज भी स्त्रियों की यही हालत है :

भगवान! सुनेगा कथा कौन यह मेरी?
समझेगा जग में व्यथा कौन यह मेरी?
हे राम! निरावृत किये बिना व्रीड़ा को,
है कौन, हरेगा जो मेरी पीड़ा को?

(रश्मिरथी, पृ. 63)

कवि को जहाँ अवसर मिलता है वह अपने नायक का जयगान करने लगते हैं। कुन्ती अपनी ऊहापोह से उबरकर कर्ण के पास गंगा तीरे पहुँचती है। दिनकर कर्ण का महिमागान करने लगते हैं :

मानो, युग-स्वर्णित-शिखर-मूल में आकर,
हो बैठ गया, सचमुच ही, सिमट विभाकर।
अथवा मस्तक पर अरुण देवता को ले,
हो खड़ा तीर पर गरुड़ पंख निज खोले।

(रश्मिरथी, पृ. 64)

माँ जानती है अपने पुत्र को। देखा भी है दूर-दूर से रंगभूमि में। पर आज पहली बार मिल रही है। कर्ण कुन्ती को पहचानता नहीं, हाँ जानता है कि वह राधेय होने के साथ-साथ कुन्ती पुत्र भी है। कुन्ती को देखते ही वह पूछ बैठता है :

हैं आप कौन? किसलिए यहाँ आयी हैं?
मेरे निमित्त आदेश कौन लायी हैं?
यह कुरुक्षेत्र की भूमि, युद्ध का स्थल है,
अस्तमित हुआ चाहता विभामण्डल है।

(रश्मिरथी, पृ. 64)

कर्ण अचम्भित होकर पूछता है :

सूना, औघट यह घाट, महा भयकारी,
उस पर भी प्रवया आप अकेली नारी।
हैं कौन? देवि! कहिये, क्या काम करूँ मैं?
क्या भक्ति-भेंट चरणों पर आन धरूँ मैं?

(रश्मिरथी, पृ. 65)

यह सुनकर कुन्ती अपने को रोक नहीं पाती और अपना और कर्ण के सम्बन्ध का रहस्य खोलती है :

राधा का सुत तू नहीं, तनय मेरा है,
जो धर्मराज का, वही वंश तेरा है।
तू नहीं सूत का पुत्र, राजवंशी है,
अर्जुन-समान कुरुकुल का ही अंशी है।

(रश्मिरथी, पृ. 65)

कर्ण-कुन्ती संवाद 'रश्मिरथी' का हृदय स्थल है जहाँ माँ और बेटा दोनों दुखी हैं और अपना दुःख उड़ेल रहे हैं :

बेटा, धरती पर बड़ी दीन है नारी,
अबला होती, सचमुच, योषिता कुमारी।
है कठिन बन्द करना समाज के मुख को,
सिर उठा न पा सकती पतिता निज सुख को।

(रश्मिरथी, पृ. 65)

पर कुन्ती भी कृष्ण की तरह उसे प्रलोभन ही देती है, जिससे कर्ण को लगता है कि माँ की ममता मेरे प्रति नहीं बल्कि अर्जुन के प्रति है और उसे बचाने आयी है। कर्ण का यह सोचना बेमानी तो नहीं लगता। कुन्ती के उस प्रलोभन को अस्वीकार करना सामान्य मनुष्य के वश की बात नहीं :

नेता बन, कर में सूत्र समर का ले तू,
अनुजों पर छत्र विशाल बाहु का दे तू,
संग्राम जीत, कर प्राप्त विजय अति भारी।
जयमुकुट पहन, फिर भोग सम्पदा सारी।

(*रश्मिरथी, पृ. 67*)

पर कर्ण आज का नेता तो है नहीं, वह कृष्ण के उस प्रस्ताव को भी ठुकरा चुका है। पर उसे इस बात का दुःख ज़रूर होता है कि आज भी कुन्ती कर्ण की नहीं अर्जुन की माँ बनकर आयी है। कर्ण कुन्ती पर अपनी पीड़ा वमित कर देता है। वह उसे 'अर्जुन की जननी' और स्वयं को सूतपुत्र और राधेय कहता है। वह पीड़ित है, दुखी है इसलिए कुन्ती के प्रति कठोर वचन कहता है। वह अपनी व्यथा तो कह रहा है पर अपनी माँ की पीड़ा को नहीं समझ पा रहा है। कुन्ती के आँसू और पीड़ा उसे दुर्योधन से अलग नहीं कर पाते। वह कुन्ती से निर्दयी होकर कहता है :

इस सन्नाटे में दो जन सरित-किनारे,
ये खड़े शिलावत् मूक, भाग्य के मारे।
था सिसक रहा राधेय सोच यह मन में,
क्यों उबल पड़ा असमय विष कुटिल वचन में?

(*रश्मिरथी, पृ. 75*)

कर्ण-कुन्ती संवाद केवल एक माँ-बेटे का संवाद ही नहीं है; एक संवेदनात्मक प्रवाह; सम्बन्धों की जटिलता है; स्वार्थ और वत्सलता के बीच खड़ी झीनी-झीनी बीनी चदरिया है।

कुन्ती का निम्नलिखित वक्तव्य बहुत आश्वासित नहीं करता; बल्कि इसमें कूटनीति दिखाई देती है; इसे 'इमोशनल ब्लैकमेल' कहने का मन होता है; कर्ण की इस दुखती रग का इन्द्र ने फ़ायदा उठाया, कवच-कुण्डल हर कर ले गये और अब कुन्ती भी उसकी 'दानशीलता' पर आघात कर अन्तिम 'प्रयास' करती है :

थी विदित वत्स! तेरी यह कीर्ति निराली,
लौटता न कोई कभी द्वार से खाली।
पर, मैं अभागिनी ही अंचल फैला कर,
जा रही रिक्त, बेटे से भीख न पाकर।

(*रश्मिरथी, पृ. 77*)

कर्ण माँ की वत्सलता के सामने पिघल जाता है; प्रण देता है कि अर्जुन को छोड़कर वह अन्य पाण्डवों को नहीं मारेगा। कुन्ती अपने मक़सद में कामयाब हो गयी। उसका 'अर्जुन' बच गया क्योंकि वह तो कृष्ण की छत्रछाया में था और कर्ण अभिशप्त ही रहा जन्म से मृत्यु तक। कर्ण का जीवन एक ट्रैजेडी है जिसकी कर्णधार कुन्ती है। वह पूछता है कुन्ती से :

तुम दान-दान रट रहीं, किन्तु, क्यों माता,
पुत्र ही रहेगा सदा जगत् में दाता?
दुनिया तो उससे सदा सभी कुछ लेगी,
पर, क्या माता भी उसे नहीं कुछ देगी?

मैं एक कर्ण अतएव, माँग लेता हूँ,
बदले में तुमको चार कर्ण देता हूँ।
छोड़ूँगा मैं तो कभी नहीं अर्जुन को,
तोड़ूँगा कैसे स्वयं पुरातन प्रण को?

(रश्मिरथी, पृ. 79)

कुन्ती ख़ाली हाथ नहीं लौटती पर कर्ण इस युद्ध को और अपनी नियति जानता है :

चन्द्रमा-सूर्य तम में जब छिप जाते हैं,
किरणों के अन्वेषी जब अकुलाते हैं,
तब धूमकेतु, बस, इसी तरह आता है,
रोशनी ज़रा मरघट में फैलाता है।

(रश्मिरथी, पृ. 83)

वह जानता है कि जिसके पक्ष में केशव हों उसका कोई बाल-बाँका नहीं कर सकता। केशव और कुन्ती का निमन्त्रण वह आसानी से स्वीकार कर सकता था। तब वह कर्ण, कर्ण नहीं होता कोई और होता।

युद्ध आरम्भ हो चुका है। दिनकर के पास कथा-विस्तार से कहने का अवकाश नहीं है। वे कथा आरम्भ करते हैं भविष्य के शर शय्या पर लेटने से और वह प्रसंग उठाते हैं जब कर्ण भीष्म से आशीर्वाद और आज्ञा माँगने जाता है क्योंकि भीष्म ने कहा था कि वे जब तक सेनापति रहेंगे तब तक कर्ण युद्ध में शामिल नहीं हो सकेगा। अब समझिए कर्ण की पीड़ा को। वह जिस दिन का इन्तज़ार

कर रहा था उसी से उसे वंचित कर दिया गया। पर यह तो है महाभारत की कथा पर दिनकर ने उसे अपने अन्दाज़ में समयानुकूल और प्रासंगिक बनाकर पेश किया है और इस दलित चरित काव्य में एक 'दलित' योद्धा के चरित्र को महिमामण्डित किया है। दिनकर ने कोई ऐसा अवसर नहीं छोड़ा है जिससे कर्ण का महिमामण्डन न हो सके। भीष्म भी कर्ण की वीरता के कायल थे :

पार्थोपम रथी, धनुर्धारी,
केशव-समान रणभट भारी,
धर्मज्ञ, धीर, पावन-चरित्र,
दीनों-दलितों के विहित मित्र,

अर्जुन को मिले कृष्ण जैसे,
तुम मिले, कौरवों को वैसे। *(रश्मिरथी, पृ. 93)*

निराश भीष्म कर्ण से प्रार्थना करते हैं, विनाश रोकने के लिए, युद्ध रोकने के लिए :

चल सके सुयोधन पर यदि वश,
बेटा! लो जग में नया सुयश,
लड़ने से बढ़ यह काम करो,
आज ही बन्द संग्राम करो।

यदि इसे रोक तुम पाओगे,
जग के त्राता कहलाओगे। *(रश्मिरथी, पृ. 93)*

उसके बाद दिनकर ने कर्ण की वीरता और शौर्य का जो गान किया है वह चन्दबरदाई और भूषण की याद दिलाता है; भुजायें फड़कने लगती हैं; मुर्दा भी ज़िन्दा हो जायें ऐसी कविता सुनकर। कर्ण की वीरता साकार हो उठी है।

जहाँ कर्ण के चरित्र पर दाग लगने की सम्भावना होती है वह प्रसंग दिनकर या तो कहते नहीं या तीव्र गति से बढ़ा ले जाते हैं। द्रौपदी चीर हरण प्रसंग शामिल नहीं किया और अभिमन्यु वध की कथा तीव्रता से उड़ा ले गये और कथा मुड़ गयी जयद्रथ वध की ओर। कर्ण को 'डिफेंड' भी करते हैं दिनकर :

अर्जुन-कुमार की कथा, किन्तु,
अब तक भी हृदय हिलाती है,

सभ्यता नाम लेकर उसका
अब भी रोती, पछताती है।

पर, हाय, युद्ध अन्तक-स्वरूप
अन्तक-सा ही दारुण कठोर,
देखता नहीं ज्यायान्-युवा,
देखता नहीं बालक-किशोर। *(रश्मिरथी, पृ. 99)*

'महाभारत' नैतिक युद्ध नहीं था। पर हर बार कर्ण को ही आघात लगा, उसे ही छला गया। कर्ण को अन्तिम अस्त्र भी घटोत्कच पर फेंकना पड़ा। घटोत्कच मर गया, कर्ण हार गया। यह उसके जीवन की ट्रैजेडी का एक और प्रसंग है :

मगर, यह कर्ण की जीवन-कथा है,
नियति का, भाग्य का इंगित वृथा है।
मुसीबत को नहीं जो झेल सकता,
निराशा से नहीं जो खेल सकता,
पुरुष क्या शृंखला को तोड़ करके,
चले आगे नहीं जो ज़ोर करके?

(रश्मिरथी, पृ. 110)

चौपाई के लय में कथा आगे बढ़ती है। कवि परिवेश की भयावहता और आने वाले दुर्योग की ओर इशारा करने लगता है। यह भारतीय काव्य-परम्परा की विशिष्टता है कि दुर्योग या संयोग के पहले कवि इसी तरह की समा बाँधता है :

निशा बीती, गगन का रूप दमका,
किनारे पर किसी का चीर चमका।
क्षितिज के पास लाली छा रही है,
अतल से कौन ऊपर आ रही है? *(रश्मिरथी, पृ. 111)*

कवि उदास है। इसलिए कविता भी उदास है। वह जानता है उसका धीरोदात्त नायक कालजयी होने वाला है। 'रश्मिरथी' ट्रैजेडी काव्य है; पर शेक्सपियर के नाटकों की तरह नहीं। इसमें सबसे बड़ा अन्तर है कि 'रश्मिरथी' का नायक दूसरों के लिए लड़ रहा है, और छल-कपट से हारता है। शेक्सपियर के नाटकों के नायक अपनी महत्त्वाकांक्षा और कुचरित्रता के कारण विक्षिप्त भी होते हैं और मारे भी जाते हैं। कर्ण जैसे उदात्त और धीरोदात्त नायक की ऐसी मृत्यु पीड़ा से

भर देती है और उसके प्रति हमारा सम्मान बढ़ जाता है। कर्ण जननायक के रूप में उभरता है, शेक्सपियर के 'नायक' अपनी महत्त्वाकांक्षा के लिए मारे जाते हैं; इसलिए उनसे सहानुभूति भी नहीं पैदा होती और वे महान तो किसी तरह नहीं है, जैसा कर्ण।

कर्ण का अन्त हृदय में करुणा का संचार करता है। वह शापग्रस्त था, पर महान व्यक्ति था—अन्त में उसकी मृत्यु पर कृष्ण श्रद्धांजलि स्वरूप कहते हैं :

समझ कर द्रोण मन में भक्ति भरिये,
पितामह की तरह सम्मान करिये।
मनुजता का नया नेता उठा है।
जगत् से ज्योति का जेता उठा है।

(रश्मिरथी, पृ. 147)

3

'रश्मिरथी' युद्ध के विरुद्ध खड़ी काव्य-कथा है। दिनकर का हुंकार और वीरत्व का आह्वान सुन कई बार लोगों को यह भ्रम होने लगता है कि दिनकर परम्परागत वीर रस के कवियों की तरह युद्ध का शंखनाद करते हैं, पर ऐसा नहीं है। दिनकर कृष्ण के अनुयायी हैं जो युद्ध न होने देने का प्रयत्न करते हैं अन्तिम क्षण तक; पर जब कोई रास्ता नहीं बचता तो कायरता और भीरुता न अपनाकर वे वीरता और बलिदान का आह्वान करते हैं। वे शान्ति चाहते हैं; पर उज्ज्वल कपोत उड़ाने में विश्वास नहीं रखते और बन्द कमरे में ग़लत आदेश लिखने का विरोध करते हैं। महाभारत दिनकर का पसन्दीदा काव्य-क्षेत्र रहा है इसलिए उनकी दो प्रमुख रचनाएँ 'कुरुक्षेत्र' और 'रश्मिरथी' इसी महाग्रन्थ के कुछ प्रसंगों पर आधारित हैं। दोनों ही कविताएँ युद्ध के विरुद्ध खड़ी हैं पर कायरता का नहीं वीरता का आह्वान करते हुए। दिनकर हिन्दी के 'शिव' हैं जो निर्माण के लिए संहार का आह्वान करता है; यदि शान्ति के लिए, न्याय के लिए युद्ध भी करना पड़े तो यही श्रेयस्कर है। बिना बलिदान के राष्ट्र की रक्षा नहीं हो सकती; कायर समाज कभी स्वतन्त्र नहीं हो सकता। पर दिनकर आकुल होते हैं कि आख़िर युद्ध क्यों? हरेक सर्ग में यह चिन्ता प्रकट होती है जो दिनकर की विह्वलता और शान्तिप्रियता को दर्शाती है।

दिनकर मानवतावाद के कवि हैं इसलिए मनुष्य उनके लिए सर्वोपरि है। वे युद्ध के विरुद्ध इसलिए खड़े हैं क्योंकि युद्ध में किसी की विजय और किसी की पराजय होती है, पर अन्ततः हारती है मनुष्यता :

चुनता आया जय-कमल आज तक
विजयी सदा कृपाणों से,
पर, आह निकलती ही आयी
हर बार मनुज के प्राणों से।

आकुल अन्तर की आह मनुज की
इस चिन्ता से भरी हुई,
इस तरह रहेगी मानवता
कब तक मनुष्य से डरी हुई?

पाशविक वेग की लहर लहू में
कब तक धूम मचायेगी?
कब तक मनुष्यता पशुता के
आगे यों झुकती जायेगी?

यह ज़हर न छोड़ेगा उभार?
अंगार न क्या बुझ पायेंगे?
हम इसी तरह क्या हाय, सदा
पशु के पशु ही रह जायेंगे?

किसका सिंगार? किसकी सेवा?
नर का ही जब कल्याण नहीं?
किसके विकास की कथा? जनों के
ही रक्षित जब प्राण नहीं?

(रश्मिरथी, पृ. 84-85)

दिनकर मानव का इतिहास हमारे समक्ष रखते हैं जो युद्ध का ही इतिहास है और पूछते हैं कि आदिम युग से ही हम आपस में लड़ते आये हैं सत्ता के लिए, वर्चस्व के लिए—क्या मिला? युद्ध के साधन बदल गये; पहले पत्थर, नख, दाँत से लड़ते थे, आज विमानों से गोले बरसाकर प्राण हरते हैं; पर क्या इससे प्रेम बढ़ा? दया बढ़ी? पशु से मनुष्य बन गये पर मानवता की हत्या होती रही।

दिनकर महाभारत को 'धर्मयुद्ध' कहने पर भी सवाल खड़ा करते हैं :

संग्राम धर्मगुण का विशेष्य
किस तरह भला हो सकता है?

कैसे मनुष्य अंगारों से
अपना प्रदाह धो सकता है?

सर्पिणी-उदर से जो निकला,
पीयूष नहीं दे पायेगा,
निश्छल होकर संग्राम धर्म का
साथ न कभी निभायेगा।

(रश्मिरथी, पृ. 101)

क्या धर्म की आड़ लेकर, हिंसा का मार्ग अपनाकर मनुष्य कभी कोई रण जीत सका है। यहाँ दो बातें लक्षित करने योग्य हैं। एक तो दिनकर गाँधी के अहिंसा के समीप जाते दिखते हैं और दूसरा आज के सन्दर्भ में आतंकवाद के विरुद्ध दिखते हैं :

मानेगा यह दंष्ट्री कराल
विषधर भुजंग किसका यन्त्रण?
पल-पल अति को कर धर्मसिक्त
नर कभी जीत पाया है रण?

जो ज़हर हमें बरबस उभार,
संग्राम-भूमि में लाता है,
सत्पथ से कर विचलित अधर्म
की ओर वही ले जाता है।

(रश्मिरथी, पृ. 101-102)

युद्ध धर्म का नाश करता है, मनुष्यता का हत्यारा होता है :

चलता हो अन्ध ऊर्ध्व-लोचन
जानता नहीं, क्या करता है,
नीचे पथ में है कौन? पाँव
जिसके मस्तक पर धरता है।

काटता शत्रु को वह लेकिन,
साथ ही, धर्म कट जाता है,
फाड़ता विपक्षी को अन्तर
मानवता का फट जाता है।

(रश्मिरथी, पृ. 102)

दिनकर युद्ध के लिए पाण्डवों और कौरवों दोनों को ज़िम्मेवार मानते हैं और बार-बार उनके हृदय से हूक उठती है कि महाभारत के महायुद्ध में दोनों ही पक्षों के मुख कालिख लगी। रण जीतने के लिए दोनों पक्षों ने अधर्म का सहारा लिया। पाण्डवों ने कौरवों के सभी सेनापतियों को छल से मारा; इसे वे बख़ूबी इंगित करते हैं। युद्ध की विनाशकारी लीला में मनुष्यता की हत्या ही तो होगी :

मगर, पत्थर हुआ मानव हृदय है,
फकत, वह खोजता अपनी विजय है,
नहीं, ऊपर उसे यदि पायगा वह,
पतन के गर्त में भी जायगा वह। (रश्मिरथी, पृ. 112)

युद्ध-विजय की कामना में युधिष्ठिर भी असत्य का सहारा लेकर बोले और द्रोणाचार्य का आर्त्तनाद निकला :

बड़े धर्मिष्ठ, भावुक और भोले
युधिष्ठिर-जीत के हित झूठ बोले। (रश्मिरथी, पृ. 112)

4

'रश्मिरथी' राजनीतिक कविता है। 'राजवंश के नेताओं पर पड़ी विपद अति भारी'—इन पंक्तियों में दिनकर का संकेत कहीं-न-कहीं कांग्रेस के नेताओं की ओर है। राममनोहर लोहिया, जयप्रकाश नारायण आदि पर दिनकर का आत्मावलोकन राजवंश की अस्मिता पर प्रश्नचिह्न है।

यह राजनीतिक व्यंग्य की कविता है। दिनकर को जब भी अवसर मिलता है, वे आज़ादी के बाद नेताओं का चरित्र जिस रूप में विकृत हुआ है, उस पर व्यंग्य करने से नहीं चूकते हैं।

हाँ, नर के मन का सुधाकुण्ड
लघु है, अब भी कुछ रीता है,
वय अधिक आज तक व्यालों के
पालन-पोषण में बीता है।

ये व्याल नहीं चाहते, मनुज
भीतर का सुधाकुण्ड खोले,
जब ज़हर सभी के मुख में हो
तब वह मीठी बोली बोले। (रश्मिरथी, पृ. 85)

दिनकर एक सवाल उछालते हैं जो राजनीतिक सवाल है। यदि कृष्ण दुर्योधन की बात मान लेते और पाण्डवों को कहते कि विश्व शान्ति के लिए यदि आप लोगों को पुनः वन जाना पड़े तो भी यह बलिदान लघु होगा। पर यह सत्ता का संघर्ष था, न्याय की माँग थी, अस्तित्व का संघर्ष था, असत्य और सत्य, अन्याय और न्याय की लड़ाई थी। दिनकर इस प्रश्न को ख़ूब मथते हैं अपने आप से, समाज से, राष्ट्र से, दुनिया के सामने यह बड़ा सवाल रखते हैं, जिसका जवाब अन्तर्विरोधों में झूलता नज़र आता है। अन्त में पुनः दिनकर राम और गाँधी की ओर मुड़ जाते हैं।

सबकी पीड़ा के साथ व्यथा
अपने मन की जो जोड़ सके,
मुड़ सके जहाँ तक समय, उसे
निर्दिष्ट दिशा में मोड़ सके।

युगपुरुष वही सारे समाज का
विहित धर्मगुरु होता है,
सबके मन का जो अन्धकार
अपने प्रकाश से धोता है। *(रश्मिरथी, पृ. 87)*

कृष्ण की 'राजनीति और रणनीति' के कारण ही पाण्डव जीतते चले गये। आज भी यही सत्य है जो दिनकर ने कहा है; यही राजनीति है :

क्या, सत्य ही, जय के लिए केवल नहीं बल चाहिए
कुछ बुद्धि का भी घात; कुछ छल-छद्म-कौशल चाहिए।

(रश्मिरथी, पृ. 110)

इस कथा-काव्य में दिनकर ने महाभारत का आख्यान बदल डाला है। जब रंगशाला में पाण्डवों द्वारा कर्ण की मानहानि की जा रही है, सारा सत्ता पक्ष कर्ण के विरोध में है, उस समय दुर्योधन उसे गले लगाता है, अंगदेश का राजा बनाता है, मुकुट पहनाता है और अपने प्रति निष्ठावान बना लेता है।

दिनकर द्वारा निर्मित इस रंग प्रसंग को अगर आज के राजनीतिक परिप्रेक्ष्य में देखें तो स्पष्ट हो जायेगा कि कूटनीतिक और राजनीतिक दृष्टि से दुर्योधन का निर्णय कितना समयोचित था। महाभारत में दुर्योधन को बार-बार खलनायक के रूप में प्रस्तुत किया गया है, जबकि 'रश्मिरथी' में कर्ण बार-बार उसे सुयोधन कहता है। वस्तुतः दुर्योधन का मूल नाम सुयोधन ही था, जिसे व्यास जी ने उसके चरित्र की अधोगति के समानान्तर परिवर्तित कर दिया। चूँकि दुर्योधन ने कर्ण

के आत्मसम्मान की रक्षा की थी, इसलिए दिनकर के मन में दुर्योधन/सुयोधन के प्रति एक संवेदनात्मक नरमी भी नज़र आती है। यहाँ तक कि कौरव सभा में कृष्ण के अपमान का प्रसंग भी बहुत तेज़ी से गुज़र जाता है और दुर्योधन की मूर्खता की अपेक्षा कृष्ण के विराट स्वरूप पर कवि दिनकर पाठकों का ध्यान खींच कर ले जाते हैं। यह आख्यानात्मक मौलिकता दिनकर और रश्मिरथी दोनों को ही अमर करती है।

5

दिनकर कथा कहते-कहते ख़ुद कर्ण बन जाते हैं। दिनकर और कर्ण एकमेक हो जाते हैं। दिनकर का व्यक्तित्व कर्ण में और कर्ण दिनकर में समा जाते हैं। कभी-कभी लगता है प्रत्यक्ष और परोक्ष रूप से कर्ण के त्याग से दिनकर आत्मकथन कर रहे हैं। क्यों न हो, आख़िर 'रश्मिरथी' और दिनकर पर्याय ही तो हैं :

मही का सूर्य होना चाहता है,
विभा का तूर्य होना चाहता है।
समय को चाहता हूँ दास करना,
अभय को मृत्यु का उपहास करना।

(रश्मिरथी, पृ. 113-114)

कर्ण का स्वाभिमान, साहस, शौर्य प्रचण्ड है :

चरण का भार लो सिर पर सँभालो,
नियति की दूतियो! मस्तक झुका लो।
चलो, जिस भाँति चलने को कहूँ मैं,
ढलो, जिस भाँति ढलने को कहूँ मैं। *(रश्मिरथी, पृ. 114)*

योद्धा और कर्मवीर के लिए यह आत्मविश्वास कवच-कुण्डल की तरह है। कर्ण नियति को भी चुनौती दे डालता है; बुझने से पहले की लौ की तरह :

कहाँ तक शक्ति से वंचित करोगी?
कहाँ तक सिद्धियाँ मेरी हरोगी?
तुम्हारा छद्म सारा शेष होगा,
न संचय कर्ण का निःशेष होगा। *(रश्मिरथी, पृ. 114)*

पर नियति को कुछ और मंजूर था। नियति कृष्ण की पक्षधर थी। कर्ण को जाना ही था, और वह जानता है, पर भयभीत नहीं है :

प्रवंचित हूँ, नियति की दृष्टि में दोषी बड़ा हूँ
विधाता से किये विद्रोह जीवन में खड़ा हूँ।
स्वयं भगवान् मेरे शत्रु को ले चल रहे हैं,
अनेकों भाँति से गोविन्द मुझको छल रहे हैं।

(रश्मिरथी, पृ. 115)

कर्ण में कृष्ण की कूटनीति का प्रतिपक्ष रखने का साहस है :

समझ में कुछ न आता, कृष्ण क्या सिखला रहे हैं,
जगत् को कौन नूतन पुण्य-पथ दिखला रहे हैं।
हुआ वध द्रोण का कल जिस तरह वह धर्म था क्या?
समर्थन-योग्य केशव के लिए वह कर्म था क्या?

(रश्मिरथी, पृ. 116)

6

'रश्मिरथी' की प्रस्तुति और निर्मिति आधुनिक है, पर वह परम्परा के रस में पगा हुआ है इसलिए इसका काव्य-सौन्दर्य अगणित हो जाता है। यह परम्परागत चरित काव्य, कथा-काव्य, वीर कथात्मक काव्य, रासो शैली, कादम्बरी और प्रशस्ति काव्य शैली से रसात्मक और शैलीगत रूप से आबद्ध है तो इस पर आधुनिक युग के खड़ी बोली काव्य के प्रणेता मैथिलीशरण गुप्त और अयोध्यासिंह उपाध्याय प्रभृत कवियों की भी छाँह है। पर दिनकर किसी छाँह में नहीं पलता बल्कि वह छाँह बनाता है। दिनकर ने अपनी लीक ख़ुद बनायी है। न किसी का अनुसरण किया है, न नक़ल।

'रश्मिरथी' पढ़ते वक़्त अनायास लगा कि इसके रचाव में कुछ-कुछ 'रामचरितमानस' से गठजोड़ है। जैसे दो-दो शब्द कई बार मिले—गिरा (वाणी) और विरंचि (ब्रह्मा)। दोहा, चौपाई, सोरठा, छप्पय जैसे छन्दों को दिनकर ने खड़ी बोली के अनुरूप-अनुकूल ढाल लिया है, ऐसे जैसे वे खड़ी बोली के ही छन्द हों। एक जगह तो 'राम की शक्तिपूजा' की याद आ गयी :

है अमानिशा, उगलता गगन घन अन्धकार,
खो रहा दिशा का ज्ञान, स्तब्ध है पवन-चार,
अप्रतिहत गरज रहा पीछे अम्बुधि विशाल,
भूधर ज्यों ध्यानमग्न, केवल जलती मशाल।
स्थिर राघवेन्द्र को हिला रहा फिर फिर संशय
रह रह उठता जग जीवन में रावण जय भय

और रश्मिरथी में आयी हैं ये पंक्तियाँ :

थी दिशा स्तब्ध, नीरव समस्त अग-जग था,
कुंजों में अब बोलता न कोई खग था,
झिल्ली अपना स्वर कभी-कभी भरती थी,
जल में जब-तब मछली छप-छप करती थी।

(*रश्मिरथी, पृ. 75*)

यह पंक्तियाँ दिखाती हैं कि किस तरह मन के अन्धकार को कवि परिवेशजनित बनाता है। राम की शक्तिपूजा के राम और दिनकर के कर्ण, इन दोनों में यह समानता नज़र आती है कि दोनों को ही संशय और अन्धकार घेरता है। अन्तर यह है कि निराला के राम अन्ततः देवी कृपा से विजयी होते हैं, लेकिन दिनकर का कर्ण अभिशाप ग्रस्त है। उसके पास कोई भी ऐसा वरदान नहीं है, जो संकट में उसकी रक्षा करे। समय आने पर उसके सारे वरदान उससे विरत हो जाते हैं। वह वीरगति को प्राप्त होता है, परन्तु कर्ण का चरित्र राम के चरित्र की तरह ही उज्ज्वल और आलोकित आदर्शों से परिपूर्ण है।

यह काव्य ग्रन्थ सात सर्गों में विभक्त है जो कथा कहने की परम्परा से मेल खाता है। हरेक सर्ग में अलग-अलग प्रसंग और मनोदृश्य के लिए सक्षम अभिव्यक्ति हेतु अपेक्षित छन्दों का निर्वाह हुआ है। कवि कहाँ लय बदल लेता है पता ही नहीं चलता, पर लय है कि अबाधता की प्रतिमूर्ति बनी रहती है। जहाँ लोक आये वहाँ—'नसाना', 'खम', 'बत्तीं', 'माँड़ी', 'धुधुआ', 'मूली' जैसे लोक के शब्दों का ख़ूब इस्तेमाल हुआ है। प्रकृति वर्णन की क्षमता देखें, रण की प्रतिध्वनि/झंकार देखें :

तालोच्य-तरंगावृत्त बुभुक्षु-सा लहर उठा संगर समुद्र
या पहन ध्वंस की लपट लगा नाचने समर में स्वयं रुद्र
हैं कहा इन्द्र? देखें, कितना प्रज्वलितयर्त्य जन होता है?
सुरपति से छले हुए नर का कैसा प्रचण्ड रण होता है

अंगार-वृष्टि पा धधक उठा, जिस तरह शुष्क कानन का तृण,
सकता न रोक शास्त्री की गति पुंजित जैसे नवनीत...
यम के समक्ष जिस तरह नहीं चल पाता बद्ध मनुज का वश,
हो गयी पाण्डवों की सेना त्योंही बाणों से बिद्ध, विवश।

(*रश्मिरथी, पृ. 118, 119*)

आह्वान :

उन्हें पुंजित करो, आकार दो हे!
मुझे मेरा ज्वलित शृंगार दो हे!
पवन का वेग दो, दुर्जय अनल दो,
विकर्तन! आज अपना तेज-बल दो!

(रश्मिरथी, पृ. 113)

परम्परागत प्रशस्ति वर्णन :

रथ सजा, भेरियाँ घमक उठीं,
गहगहा उठा अम्बर विशाल,
कूदा स्यन्दन पर गरज कर्ण
ज्यों उठे गरज़ क्रोधान्ध काल।

बज उठे रोर कर पटह-कम्बु,
उल्लसित वीर कर उठे हूह,
उच्छल सागर-सा चला कर्ण–
को लिये क्षुब्ध सैनिक समूह।

(रश्मिरथी, पृ. 118)

युद्ध की कथा का वर्णन ऐसे करते हैं जैसे साक्षात् संजय उपस्थित हों :

सो, धर्मयुद्ध छिड़ गया, स्वर्ग
तक जाने के सोपान लगे,
सद्गतिकामी नर-वीर खड्ग से
लिपट गँवाने प्राण लगे।

छा गया तिमिर का सघन जाल,
मुँद गये मनुज के ज्ञान नेत्र,
द्वाभा की गिरा पुकार उठी,
"जय धर्मक्षेत्र! जय कुरुक्षेत्र!"

(रश्मिरथी, पृ. 90)

भीष्म-कर्ण संवाद अवलोकनीय है :

जब बन्धु विरोधी होते हैं,
सारे कुलवासी रोते हैं।
इसलिए, पुत्र! अब भी रुककर,
मन में सोचो, यह महासमर,

किस ओर तुम्हें ले जायेगा?
फल अलभ कौन दे पायेगा?
मानवता ही मिट जायेगी,
फिर विजय सिद्धि क्या लायेगी?

(रश्मिरथी, पृ. 92)

प्रतीक चिह्नों, विराम चिह्नों से घात-बलाघात का अनिर्वचनीय प्रयोग है :

सँभाल शीश पर आलोक मण्डल
मगर, नर बुद्धि-मद से चूर होकर,
अलग बैठा हुआ है दूर होकर,
उषा पोंछे भला फिर आँख कैसे?
करे उन्मुक्त मन की पाँख कैसे?

(रश्मिरथी, पृ. 111)

भाषा, बहती हुई और बोलचाल की है :

भोजन उत्तरा बनायेगी,
पाँचाली पान खिलायेगी,
आहा! क्या दृश्य सुभग होगा!

(रश्मिरथी, पृ. 34)

आमतौर पर दिनकर कथा की शुरुआत वर्णन से करते हैं और इसके लिए पृथक् छन्द का प्रयोग करते हैं। कथा शैली, कथा रस बाधित न हो इसके लिए शब्दों को आगे-पीछे करते हैं, ऊपर नीचे का भाग देखें :

नरता कहते हैं जिसे, सत्व
क्या वह केवल लड़ने में है?
पौरुष क्या केवल उठा खड्ग
मारने और मरने में है?

(रश्मिरथी, पृ. 84)

दिनकर जानते थे कि गद्य में कथा कहने की अपेक्षा काव्य में कथा कहने का जोख़िम उन्होंने उठाया है पर इस कसौटी पर वे खरे उतरे हैं।

वे लय टूटने नहीं देते और हर सम्भव प्रयास करते हैं कि संवाद भी गद्यात्मक न हो, काव्य-रस बना रहे। इसके प्रति वे अतिरिक्त रूप से सावधान हैं। दिनकर के काव्य में लय है, संगीत है इसलिए कई लोगों को कण्ठस्थ है।

दिनकर के काव्य की लोकप्रियता का कारण केवल कथ्य नहीं है बल्कि इस कथ्य की काव्य-निर्मिति है। अपने कहन के कारण दिनकर जन-जन के लोकप्रिय कवि हैं और आज भी दिनकर सदृश कवियों के कारण ही हिन्दी कविता बची हुई है। इसकी भाषा, भाव भंगिमा, प्रस्तुति इसे शाश्वतता और अमरता प्रदान करती है। 'रामचरितमानस' की तरह यह एक अमर काव्य है, इसमें लोक चित्र धुँधुआता है, लोकमानस पुंजीभूत है।

जाति न पूछो साधु की...

—राजकुमार

मैं ही था अपवाद, आज वह भी विभेद हरता हूँ,
कवच छोड़ अपना शरीर सबके समान करता हूँ।
अच्छा किया कि आप मुझे समतल पर लाने आये,
हर तनुत्र दैवीय मनुज सामान्य बनाने आये।

अब न कहेगा जगत, कर्ण को ईश्वरीय भी बल था,
जीता वह इसलिए कि उसके पास कवच-कुण्डल था।
महाराज! क़िस्मत ने मेरी की न कौन अवहेला?
किस आपत्ति-गर्त में उसने मुझको नहीं ढकेला?

रामधारी सिंह 'दिनकर' की ख्याति में रश्मिरथी का बड़ा योगदान है। यह दिनकर के काव्य-विवेक की उपलब्धि भी है और पापुलिरिटी का आधार भी। यह भारतीय काव्य-परम्परा और जातीय स्मृति से जुड़ाव भी है और उससे विद्रोह भी। यह काव्य आज़ाद भारत में बदलते सामाजिक सम्बन्धों का अवदान भी है और भविष्य के मार्ग का पथ-प्रदर्शक भी। मानवीय चेतना में आये बदलाव का एक जटिल संघात भी है और एक नये मनुष्य तथा समाज को रच देने की छटपटाहट भी। रश्मिरथी सत्ता और हाशिए के बीच संघर्ष की दास्तान भी है और स्थापित सत्ता के बरअक्स हाशिए की नायकत्व की स्थापना भी। यह जय-पराजय, न्याय-अन्याय, धर्म-अधर्म, नीति-अनीति, पाप-पुण्य के आगे साधारण और हाशियाकृत उपेक्षित मनुष्य की अदम्य साहस, जिजीविषा और अथक संघर्ष की कथा है।

दिनकर ने रश्मिरथी की रचना के लिए महाभारत को काव्य का उपजीव्य बनाया। रश्मिरथी के पहले दिनकर, महाभारत को ही आधार बनाकर कुरुक्षेत्र जैसी कालजयी कृति रच चुके थे। कुरुक्षेत्र की पापुलिरिटी हिन्दी काव्य-जगत में असन्दिग्ध है।

विश्वयुद्धों में कुचली जा रही मानवता का आर्तनाद वे लिख चुके थे लेकिन यह उनके लिए पर्याप्त नहीं था। कुरुक्षेत्र के दौरान ही उन्होंने महसूस किया कि कथा-काव्य की ओर लौटा जाये और उन्होंने कर्ण के चरित्र को केन्द्र में रखकर रश्मिरथी जैसी लोकप्रसिद्ध संवादात्मक-कथा-काव्य की रचना की।

कर्ण महाभारत के केन्द्रीय विमर्श का उपेक्षित और हाशियाकृत चरित्र है। वह पाण्डवों और कौरवों के बीच सत्य-असत्य, धर्म-अधर्म, न्याय-अन्याय, सत्ता-असत्ता, सम्बन्धों के भेद-अभेद, दखल-बेदखल आदि के संघर्ष के बीच एक अनिवार्य कड़ी ज़रूर है लेकिन केन्द्रीय नहीं। महाभारत में उपेक्षित चरित्र एकलव्य भी है। मगर कर्ण, एकलव्य की तरह महान धनुर्धर होकर ख़ामोश नहीं है। ब्राह्मणवादी व्यवस्था और गुरु की कुटिलता और कोपभाजन का शिकार दोनों हैं लेकिन कर्ण इस व्यवस्था के भीतर अपने अस्तित्व और सम्मान की लड़ाई निरन्तर लड़ता रहता है। उसका संघर्ष और तथाकथित वर्णवादी उच्च-व्यवस्था पर किये गये नुकीले सवाल न सिर्फ़ उसे सार्थक बनाते हैं बल्कि कालान्तर के लिए भी प्रासंगिक भी दिनकर ने रश्मिरथी में कर्ण को केन्द्रीय भूमिका दी। उसे नायकत्व देकर गौरव प्रदान किया।

आधुनिक भारत के महान कवि-लेखक रवीन्द्रनाथ ठाकुर ने भारतीय काव्य-परम्परा में उपेक्षित चरित्रों पर भी ध्यान देने की बात लेखक समाज के सामने रखी थी। इसका प्रभाव यह पड़ा कि महावीर प्रसाद द्विवेदी ने 'कवियों की उर्मिला विषयक उदासीनता' निबन्ध लिखा। उन्होंने अपने आलोचनात्मक निबन्ध में यह सवाल उठाया कि वाल्मीकि, भवभूति से लेकर तुलसीदास ने रामकाव्य में सीता के महत्त्व को स्वीकारा लेकिन उर्मिला की उपेक्षा की। इस पाठ ने कवियों-लेखकों का ध्यान उधर खींचा। उसके बाद हिन्दी में उपेक्षित चरित्रों को काव्य में प्रमुखता दी जाने लगी। उर्मिला को केन्द्र में रखकर मैथिलीशरण गुप्त ने 'साकेत' जैसी महत्त्वपूर्ण प्रबन्धकाव्य की रचना की। बुद्ध की यश-कीर्ति के समक्ष उनकी पत्नी यशोधरा का त्याग दब गया। 'यशोधरा' इतिहास में उपेक्षित चरित्र है। गुप्त जी ने 'यशोधरा' जैसी ख्यातिलब्ध रचना लिखकर न सिर्फ़ यशोधरा के महत्त्व को रेखांकित किया बल्कि उसके द्वारा उठाये गये सवाल के माध्यम से स्त्री की उपेक्षा की निरन्तरता को स्थगित करने की कोशिश की। उसके बाद छायावादी दौर में अनेक पात्र, चरित्र, काव्य-नायक एवं कथानायक उपेक्षित और निम्न वर्ग, समाज एवं काव्य-परम्परा से निकलकर आने लगे। प्रेमचन्द की महानता में नायकत्व की बदली हुई अवधारणा की सर्वाधिक महत्त्वपूर्ण भूमिका है। उन्होंने समाज के निम्नवर्ग और निम्न जाति के लोगों को केन्द्रीय भूमिका दी।

रश्मिरथी को भी उसी उपेक्षित परम्परा की कड़ी का हिस्सा मानना चाहिए। यह हिन्दी साहित्य में पैराडाइम शिफ्ट का उदाहरण है।

भारतीय मिथकाव्य में कर्ण एक उपेक्षित चरित्र है। परम्परागत भारतीय समाज में व्यक्ति वर्ण, जाति, गोत्र, कुल, धर्म आदि से पहचाना जाता रहा है। कर्ण इस कसौटी पर वैसा स्थान नहीं पाता है जैसे पाण्डव और कौरव पाते हैं। यह और बात है कि पाण्डव कुन्ती के पुत्र हैं और कर्ण भी। पाण्डव को सामाजिक वैधता प्राप्त है लेकिन कर्ण को नहीं। क्योंकि, पाण्डव ब्याहता कुन्ती के पुत्र हैं और कर्ण अब्याहता कुन्ती के। परम्परागत भारतीय समाज एवं वर्णवादी व्यवस्था में प्रेम, विवाह और स्त्री-पुरुष सम्बन्धों को मर्यादाबद्ध किया गया है तथा कुछ ऐसी धार्मिक-सामाजिक-नैतिक नियमावली बना दी गयी जिसमें अब्याहता स्त्री के सेक्स और यौनिकता को स्वीकृति नहीं प्राप्त थी। पुरुषवादी समाज के नियन्ताओं और धर्मरक्षकों ने प्रेम और सेक्स को नियन्त्रित कर लिया था तथा उसे पुरुषानुकूल बना लिया था। स्त्रियों को वही छूट हासिल नहीं थी जो पुरुषों को थी। यह मान लेना कि उस समाज में प्रेम और सेक्स को अपेक्षाकृत अधिक आज़ादी हासिल थी, मध्यकालीन समाज की तुलना में, एक किस्म की बेमानी होगी। स्त्रियों के लिए जकड़बन्दी सनातनी भाव से चला आ रहा था। प्राक् ऐतिहासिक काल की स्थिति ज़रूर भिन्न थी या जहाँ मातृसत्तात्मक समाज अस्तित्व में रहा। समाज की मुख्यधारा में स्त्री उपेक्षा की शिकार रही और पितृसत्ता से अनुशासित। यही कारण है कि अविवाहित कुन्ती ने कर्ण को जन्म देने के बाद समाज के भय से उसे नदी में प्रवाहित कर दिया। आलोच्य काव्य में कुन्ती एक स्त्री की विवशता का बयान कर्ण के सामने कुछ यूँ करती है :

बेटा, धरती पर बड़ी दीन है नारी,
अबला होती, सचमुच, योषिता कुमारी।
है कठिन बन्द करना समाज के मुख को,
सिर उठा न पा सकती पतिता निज सुख को।

पुरुष दैहिक सुख हासिल कर अपनी शुचिता को क़ायम रख सकता था लेकिन स्त्री के लिए यह सम्भव नहीं था। स्त्री-पुरुष दोनों दैहिक सुख हासिल तो कर सकते थे लेकिन उसे सामाजिक मान्यता तभी मिलती जब वह ब्राह्मणवादी व्यवस्था द्वारा निर्धारित मानदण्ड पर उतरती। कहना न होगा, कुन्ती ने कर्ण को जन्म देने के बाद उसे छोड़ दिया और वह निम्न जाति के घर में पला। इस कारण वह पूरी ज़िन्दगी एक उपेक्षित और लांछित जीवन जीने के लिए अभिशप्त था।

कर्ण उच्च वर्णवादियों द्वारा लगातार अपमानित होता रहा और सूतपुत्र का दर्जा पाया। कुन्ती युद्ध के पहले कर्ण को पाण्डवों के खेमे में मिल जाने के लिए कहती है और जब बताती है कि *पाँचों पाण्डव हैं अनुज, बड़ा तू ही है* तो उसी संवाद के दौरान कर्ण कहता है :

मैं नाम-गोत्र से हीन, दीन, खोटा हूँ,
सारथीपुत्र हूँ, मनुज बड़ा छोटा हूँ।
ठकुरानी! क्या लेकर तुम मुझे करोगी?
मल को पवित्र गोदी में कहाँ धरोगी?

कर्ण इस बात को कभी नहीं भूलता कि इस समाज ने उसे अपमानजनक, बहिष्कृत और लांछित जीवन दिया है। वह वर्णवादी-जातिवादी सामाजिक विषमता और अन्याय का शिकार हुआ है। उसे मनुष्यता और मनुजता की कसौटी से नीचे ढकेला गया है। मनुष्य की समानता के अधिकार से बेदखल कर आत्महीन करने का षड्यन्त्र किया गया है। वह उसी आत्मसम्मान को हासिल करने की लड़ाई लड़ता है। कर्ण जब अर्जुन को द्वन्द्व युद्ध के लिए ललकारता है तो कृपाचार्य, कर्ण का अपमान करते हुए कहते हैं कि यह अर्जुन भरतवंशी पाण्डु का पुत्र है :

क्षत्रिय है, यह राजपुत्र है, यों ही नहीं लड़ेगा,
जिस-तिससे हाथापाई में कैसे कूद पड़ेगा?
अर्जुन से लड़ना हो तो मत गहो सभा में मौन,
नाम-धाम कुछ कहो, बताओ कि तुम जाति हो कौन?

यही जाति और वर्ण की विषमता कर्ण की अस्मिता को बेधती रही है। उसके आत्मसम्मान को ठेस पहुँचाती रही है। उसकी शक्ति, ज्ञान, पराक्रम और प्रतिभा को तार-तार करती रही है। कर्ण इसी जातिवाद-वर्णवाद के ख़िलाफ़ खड़ा होता है और चुनौती देते हुए कहता है :

जाति-जाति रटते, जिनकी पूँजी केवल पाषण्ड,
मैं क्या जानूँ जाति? जाति हैं ये मेरे भुजदण्ड।

जाति पूछने वाले की निर्लज्जता उघाड़ते हुए कर्ण यह भी सवाल करता है कि :

सूतपुत्र हूँ मैं, लेकिन थे पिता पार्थ के कौन?

लेकिन कर्ण का यह सवाल वर्णव्यवस्था और पितृसत्ता की हदबन्दी, जकड़बन्दी

और वैधता के मानदण्ड में अनुत्तरित रह जाता है। वह जातिगत विषमता, अन्याय और शोषण का हवाला देते हुए कहता है :

मस्तक ऊँचा किये, जाति का नाम लिये चलते हो,
मगर असल में, शोषण के बल से सुख में पलते हो।
अधम जातियों से थर-थर काँपते तुम्हारे प्राण,
छल से माँग लिया करते हो अँगूठे का दान।

जाति की आड़ वे लेते हैं जो कमज़ोर होते हैं :

जाति-जाति का शोर मचाते केवल कायर, क्रूर।

कर्ण भरी सभा में मौन धारण नहीं करता बल्कि सभासदों को चुनौती देता है। महाभारत प्राचीन रचना है जबकि रश्मिरथी आधुनिक। दिनकर ने अपने समय की चुनौतियों और सवालों के मद्देनज़र जाति और वर्ण के प्रश्न को सुलझाने की कोशिश की है।

देश की आज़ादी के तुरन्त बाद लिखा गया यह काव्य (1952 ई.) दरअसल एक ऐसे नये आदर्शवादी हिन्दुस्तान की परिकल्पना करता है जहाँ व्यक्ति की पहचान का आधार जाति न हो बल्कि उसका कर्म हो, ज्ञान हो, गुण हो, प्रतिभा और उसका शौर्य हो। फुले, गाँधी, नेहरू, अम्बेडकर, लोहिया सरीखे राजनेताओं और समाजकर्मियों ने आधुनिक भारत के निर्माण की ऐसी ही परिकल्पना को साकार रूप देने की कोशिश की थी। भारतीय संविधान के रास्ते एक ऐसे आधुनिक नागरिक समाज को बनाने की कोशिश कर रहे थे जो जाति, धर्म और सम्प्रदाय से ऊपर उठा हो और मानवीय मूल्यों की उच्चता से लैस हो। उसकी मानसिक चेतना का निर्माण आधुनिक ज्ञान-विज्ञान से हो। वह ऊँच-नीच के भेद को न मानता हो। जिसमें तप, त्याग और निर्भयता हो। जो अपने कर्मों से पहचाना जाये और उसमें समाज के प्रति दया का भाव हो। हम कह सकते हैं कि रामधारी सिंह 'दिनकर' को भारतीय मिथकेतिहास में ऐसा पात्र कर्ण मिला जिसमें भारतीय राजनेताओं के ये समवेत गुण एक साथ समाहित हैं। कर्ण में ही गाँधी शामिल हैं, कर्ण में ही अम्बेडकर। कर्ण में ही नेहरू पैठे हैं, कर्ण में ही पटेल और भगत सिंह।

ऊँच-नीच का भेद न माने, वही श्रेष्ठ ज्ञानी है,
दया-धर्म जिसमें हो, सबसे वही पूज्य प्राणी है।
क्षत्रिय वही, भरी हो जिसमें निर्भयता की आग,
सबसे श्रेष्ठ वही ब्राह्मण है हो जिसमें तप-त्याग।

यहाँ दिनकर का ब्राह्मण से आशय ब्राह्मण वर्ण या जाति से नहीं है बल्कि यह बौद्धिकता का प्रतीक है।

दिनकर ने रश्मिरथी को लिखते हुए यह महसूस कर लिया था कि "यह युग दलितों और उपेक्षितों के उद्धार का युग है। अतएव, यह स्वाभाविक है कि राष्ट्र-भारती के जागरूक कवियों का ध्यान उस चरित की ओर जाय जो हज़ारों वर्षों से हमारे सामने उपेक्षित एवं कलंकित मानवता का मूक प्रतीक बन कर खड़ा रहा है।" दिनकर ने अपने समय के सवालों का हल कर्ण के चरित्र में पाया। इसलिए "कर्ण-चरित के उद्धार की चिन्ता इस बात का प्रमाण है कि हमारे समाज में मानवीय गुणों की पहचान बढ़नेवाली है। कुल और जाति का अहंकार विदा हो रहा है। आगे, मनुष्य केवल उसी पद का अधिकारी होगा जो उसके अपने सामर्थ्य से सूचित होता है, उस पद का नहीं, जो उसके माता-पिता या वंश की देन है। इसी प्रकार, व्यक्ति अपने निजी गुणों के कारण जिस पद का अधिकारी है, वह उसे मिल कर रहेगा, यहाँ तक कि उसके माता-पिता के दोष भी इसमें बाधा नहीं डाल सकेंगे। कर्ण-चरित का उद्धार, एक तरह से, नयी मानवता की स्थापना का ही प्रयास है।"

'रश्मिरथी' मिथकीय महाकाव्य है। मिथक का आधार लेकर आधुनिक मनुष्य की संकल्पना प्रस्तुत करता है। आधुनिक मनुष्य के आदर्श को सामने रखता है। ऐसा करते हुए दिनकर मिथक के ढाँचे का पूर्ण निर्वाह करते हुए उसे इस ढंग से समस्याग्रस्त करते हैं कि एक आदर्शवादी मनुष्य की निर्मिति हो सके। वे युद्धोन्मादी, हिंसक, फरेबी, छली दुनिया के बीच एक ऐसे मनुष्य को खड़ा करते हैं जो धर्मानुकूल, नीति सम्मत आचरण ही नहीं करता बल्कि उसी के लिए जीता है। यह ऐसा आधुनिक व्यक्ति है जो ईश्वरीय कवच से सम्पन्न नहीं है बल्कि जन्मजात हासिल सुरक्षा कवच (कवच-कुण्डल) को उतार देता है। वे लोग जो जाति को जन्मजात श्रेष्ठता मानते हैं या विशेष अवसर या अपनी सुरक्षा कवच, उनकी सोच और अवधारणा के ख़िलाफ़ दिनकर कर्ण के माध्यम से एक प्रतिसंसार रचते हैं।

मैं ही था अपवाद, आज वह भी विभेद हरता हूँ,
कवच छोड़ अपना शरीर सबके समान करता हूँ।
अच्छा किया कि आप मुझे समतल पर लाने आये,
हर तनुत्र दैवीय मनुज सामान्य बनाने आये।

अब न कहेगा जगत, कर्ण को ईश्वरीय भी बल था,
जीता वह इसलिए कि उसके पास कवच-कुण्डल था।

महाराज! क़िस्मत ने मेरी की न कौन अवहेला?
किस आपत्ति-गर्त में उसने मुझको नहीं ढकेला?

कर्ण जन्मजात विशिष्टता या सुविधा-सम्पन्नता का अपवाद नहीं होना चाहता। वह विशेष या विशिष्ट है इस भाव की तिलांजलि देते हुए अपने को साधारण नागरिक की तरह प्रस्तुत करता है। कवच-कुण्डल उसकी प्राणरक्षा के लिए थे। वह अपने प्राणों की परवाह किये बग़ैर सबके समान अपने को बनाकर गौरवान्वित होता है। यह आत्मघाती था, जान को संकट में डालने वाला लेकिन कर्ण व्यक्ति की समानता को महत्त्व देता है न कि ईश्वरीय चमत्कार से विशिष्ट हो जाने को। वह अपनी इसी साधारणता के साथ युद्ध भूमि में उतरता है और रक्षा कवच से मुक्त अपने शौर्य के बल पर सर्वश्रेष्ठ धनुर्धर अर्जुन से टकराता है।

दिनकर रश्मिरथी में 'कर्ण-धर्म' की बात करते हैं। 'कर्ण-धर्म' दिनकर की मौलिक सोच है। इस 'कर्ण-धर्म' की विशेषता श्रम-युक्तता, पाप रहितता और महादान है। सुख-सुविधा और सम्पन्नता के लिए किसी भी कुमार्ग का नहीं अपनाना। चरित्रबल से विशिष्ट पद और सम्मान पाना। शान से जीना और उसी शान से मरना। पददलितों, उपेक्षितों, बेसहारों, अनाथों, बेज़ुबानों का आदर्श बनना ही कर्ण-धर्म है। कर्ण ने छल और प्रपंच का कोई रास्ता नहीं चुना। उसे युद्धभूमि में साँपों के स्वामी अश्वसेन का साथ अर्जुनवध के लिए मिला लेकिन कर्ण ने उसकी मदद लेने से इनकार कर दिया। अर्जुनवध से कर्ण के जीवन की सिंचित लालसा पूरी हो सकती थी। मगर कर्ण अपने शौर्य के बल से ही लड़ना चाहता था। अपनी निष्ठा और नैतिकता त्याग कर युद्ध जीतना उसे स्वीकार्य नहीं था। कर्ण छल के बजाय बल पर भरोसा करता है। कर्ण अश्वसेन से कहता है :

तेरी सहायता से जय तो मैं
अनायास पा जाऊँगा,
आनेवाली मानवता को
लेकिन, क्या मुख दिखलाऊँगा?

दिनकर जहाँ एक तरफ़ कर्ण के जीवन की सच्चरित्रता, नैतिकता की बात कर रहे हैं वहीं इन प्रतीकों के माध्यम से मनुष्य के अन्दर की साँपवृत्ति की बात कर रहे हैं, जो द्वेषान्ध होकर अपनी ही प्रजाति का विनाश करने में लगी रहती है। दुश्मन का दुश्मन मित्र वाली प्रवृत्ति से कर्ण अपने को अलग रखता है।

अर्जुन है मेरा शत्रु, किन्तु,
वह सर्प नहीं, नर ही तो है,
संघर्ष सनातन नहीं, शत्रुता
इस जीवन भर ही तो है।
साँपों की जाकर शरण
सर्प बन क्यों मनुष्य को मारूँ मैं?
जा भाग, मनुज का सहज शत्रु
मित्रता न मेरी पा सकता,
मैं किसी हेतु भी यह कलंक
अपने पर नहीं लगा सकता।

विजय की किसी भी लालसा के लिए कर्ण अपने नैतिक आचरण और मर्यादा का त्याग नहीं करता है। युद्धभूमि में भी अपने मनुष्यबोध को बचाये रखता है। वह नरोचित धर्म का पालन कभी नहीं छोड़ता। लालच और क्षुद्रता के बजाय दानशीलता और उच्चता की मिसाल की कायम करता है। सम्बन्धों में आयी दरार और नैतिक स्खलन के ख़िलाफ़ सम्बन्धों की प्रगाढ़ता और शुद्धता पर बल देता है। वह दुनिया में मित्रता की मिसाल कायम करता है। दुर्योधन भले ही अपने पक्ष में करने के लिए उसे अंगराज बनाता है। एक राजा का सम्मान देता है लेकिन उसमें उसकी कुटिल बुद्धि काम कर रही है। इस बात को समझते हुए भी कर्ण उस सम्मान के लिए पूरी निष्ठा से दुर्योधन के साथ मित्रता के धर्म का अटूट सम्बन्ध निर्वाह करता है। दुनिया में रहकर भी वह दुनिया से अलग है।

पूरे काव्य में या कर्ण के जीवन का अवलोकन करें तो हम पाते हैं कि कर्ण ने परशुराम से शिक्षा ग्रहण करने के लिए एक बार मिथ्याकथन का सहारा लिया लेकिन कर्ण लगातार छल का शिकार हुआ। भारतीय काव्य-परम्परा में छल की भी एक लम्बी परम्परा है। कर्ण लगातार छल का शिकार हुआ। दिनकर ने प्रथम सर्ग से लेकर सप्तम सर्ग तक कर्ण के छले जाने का वृत्तान्त रखा है। प्रथम सर्ग में जब कर्ण, अर्जुन को द्वन्द्व युद्ध के लिए ललकारता है तो कृपाचार्य उसकी जाति-वर्ण, माता-पिता का परिचय पूछकर उसके साथ छल करते हैं और अर्जुन को बचाते हैं।

द्वितीय सर्ग में, ब्राह्मणवादी व्यवस्था के प्रतीक परशुराम हैं, वे कर्ण को छलते हैं। अपनी सिखलायी विद्या से ही कर्ण को वंचित करते हैं :

सिखलाया ब्रह्मास्त्र तुझे जो, काम नहीं वह आयेगा,
है यह मेरा शाप, समय पर उसे भूल तू जायेगा।

तृतीय सर्ग में कर्ण और कृष्ण के बीच संवाद है। कृष्ण, कर्ण को उसकी वास्तविकता बता कर पाण्डव के साथ मिल जाने का प्रस्ताव देते हैं। दुर्योधन के शान्ति प्रस्ताव ठुकरा देने के बाद कृष्ण का यह कहना कि— *"कुन्ती का तू ही तनय ज्येष्ठ,... तेरा अभिषेक करेंगे हम ... सब मिलकर पाँव पखारेंगे"*—छल का ही नमूना है। कृष्ण, कर्ण को पाण्डवों का भाई बताकर उसे भीतर से कमज़ोर करना चाहते थे। कुरुराज्य समर्पित करने के बहाने उसे तोड़ना चाहते थे। युद्धभूमि में कर्ण पर भाई से लड़ने का मनोवैज्ञानिक प्रभाव पड़े या वह विचलित हो जाये।

चतुर्थ सर्ग में, देवराज इन्द्र अपने पुत्र अर्जुन को बचाने के लिए कर्ण से छल करते हैं और कर्ण से कवच-कुण्डल माँग लेते हैं। कर्ण कवच-कुण्डल देते हुए देवराज को कहता है :

अब जाकर कहिए कि पुत्र! मैं वृथा नहीं आया हूँ,
अर्जुन! तेरे लिए कर्ण से विजय माँग लाया हूँ।

पंचम सर्ग में, कुन्ती अपने वात्सल्य रस से अपने पुत्र कर्ण को संचित कर छल करने का प्रयास करती है। अपनी ममता का वास्ता देकर पाण्डवों के खेमे में शामिल हो जाने का आग्रह करती है। कर्ण इस छल को बेहतर तरीक़े से समझता है और कहता है :

ले गये माँग कर जनक कवच-कुण्डल को,
जननी कुण्ठित करने आयी रिपु-बल को।

कुन्ती के द्वारा रचे जा रहे इस षड्यन्त्र का खुलासा कर्ण यूँ करता है :

मैं ख़ूब समझता हूँ कि नीति यह क्या है,
असमय में जन्मी हुई प्रीति यह क्या है।
जोड़ने नहीं बिछुड़े वियुक्त कुलजन से,
फोड़ने मुझे आयी हो दुर्योधन से।

षष्ठ सर्ग में, भीष्म कर्ण से छल करते हैं और रणभूमि में मृत्युशैया पर पड़े-पड़े कर्ण को युद्ध से विमुख होने को कहते हैं :

चल सके सुयोधन पर यदि वश,
बेटा! लो जग में नया सुयश,
लड़ने से बढ़ यह काम करो,
आज ही बन्द संग्राम करो।

यह आरोप भी लगाते हैं कि तुम्हारे ही बल पर दुर्योधन युद्ध लड़ रहा है। कर्ण इस छल का भी प्रत्युत्तर यूँ देता है :

इस दम तो मुख मोड़िए नहीं,
मेरी हिम्मत तोड़िए नहीं।

सप्तम सर्ग में, कृष्ण कर्ण का वध छल से तब करने को कहते हैं जब वह फँसे रथचक्र को निकाल रहा था और धनुष वाण उतार चुका था। कर्ण ने अर्जुन को कहा :

नरोचित धर्म से कुछ काम तो लो,
बहुत खेले, ज़रा विश्राम तो लो,...
समर्थित धर्म से रण माँगता हूँ

लेकिन कृष्ण ने अर्जुन को वध करने के लिए प्रोत्साहित किया और अन्यायपूर्ण, असंगत, अधर्म, छल से कर्ण मारा गया।

दिनकर एक तरफ़ कर्ण के छले जाने का काव्य-वृत्तान्त लिखते हैं, वहीं दूसरी तरफ़ उन्हीं सर्गों में कर्ण की कर्मशीलता, त्याग, शौर्यता, प्रतिभा, दानशीलता, धर्मवीरता, नैतिकता, शीलता, सच्चरित्रता, उदारता, न्यायप्रियता, अटूट मित्रता, मनुजता का भी महिमामण्डन करते चलते हैं। दुर्योधन, परशुराम, कृष्ण, इन्द्र, कुन्ती, भीष्म सभी कर्ण के सामने नतमस्तक होते हैं। दिनकर रश्मिरथी में कर्ण का एक विराट और उदात्त व्यक्तित्व सामने रखते हैं। उसे मनुजता का सिरमौर्य घोषित करते हैं। उसकी दानशीलता उसके जीवन को लगातार संकट में डालती रही लेकिन उसने प्राणों की परवाह न कर हर किसी को दान दिया। कर्ण के जीवन में दान का यह वैभव अपनी पराकाष्ठा पर पहुँचा हुआ है। युद्ध के दौरान वह युधिष्ठिर का वध कर या बन्दी बनाकर युद्ध जीत सकता था लेकिन उसने युद्धभूमि में कुन्ती को दिये अपने वचन का पालन करते हुए युधिष्ठिर को छोड़ दिया। पूरे काव्य में कर्ण कहीं भी युद्धोन्मादी आचरण नहीं करता है। युद्ध उसका लक्ष्य नहीं था बल्कि अर्जुन को पराजित कर श्रेष्ठ महारथी होना उसका उद्देश्य था। यह उसकी अर्जित श्रेष्ठता होती। अपने व्यक्तित्व को प्रतिष्ठापित करना ही कर्ण का उदेश्य था। उसके पराजय में भी उसकी उच्चता ही सिद्ध हुई। यही दिनकर का भी काव्य लक्ष्य प्रतीत होता है।

दिनकर ने रश्मिरथी की भूमिका में लिखा है कि वे एक ऐसा काव्य लिखना चाहते थे जिसमें विचारोत्तेजकता के साथ 'कुछ कथा-संवाद और वर्णन का भी माहात्म्य हो'। वे अपनी परम्परा के भीतर से ही कथा का चुनाव करना चाहते थे।

कर्ण का जीवन चरित चुनना उनको श्रेयस्कर लगा। कथा-काव्य में इतिवृत्तात्मकता से बचा नहीं जा सकता। वे काव्य-वर्णन और उसमें आनेवाले स्थूलता के ख़तरे को भी जानते थे। मैथिलीशरण गुप्त के काव्य में मौजूद इतिवृत्त और स्थूलता के कारण उनकी आलोचना हो चुकी थी। लेकिन दिनकर इन ख़तरों को सहर्ष स्वीकार कर आगे बढ़े। वे कर्ण के जीवन से जुड़ी बहुत-सी अवान्तर कथाओं एवं वृत्तान्तों को छोड़कर आगे निकले। अपने दौर के सामयिक सन्दर्भों, राजनीतिक बदलावों और मनुष्य की चेतना में आये परिवर्तन को कर्ण के जीवन से एकाकार कर वृत्तान्त को आगे बढ़ाया। इस कारण वे उन चुनौतियों व संकटों को आसानी से पार कर लिए जिसकी तरफ़ उन्हें सन्देह था और भूमिका में उल्लेख कर रहे थे। लेकिन इसका दबाव इतना गहरा रहा कि उन्होंने महाभारत की घटनाओं पर काव्य लिखते हुए गाँधी के बलिदान का भी ज़िक्र कर दिया—"अन्तिम मूल्य दिया गाँधी ने तीन गोलियाँ खाकर"। यह दिनकर की चूक है कि महाभारत और कर्ण के जीवन को काव्य-विषय बनाते हुए वे कथा-वृत्तान्तों में गाँधी और ईसा की चर्चा करते हैं। अव्वल तो गाँधी की युद्ध विरोधी मानसिकता, अहिंसा, सत्य, तप, त्याग, बलिदान, कर्तव्यनिष्ठता, सच्चरित्रता, कर्मठता, परोपकारिता, विनयशीलता, अछूतोद्धार आदि प्रसंगों को मिथक का विखण्डन करने से समझा जा सकता है। वैचारिक रूप से कर्ण और गाँधी का व्यक्तित्व तिर्यक रूप से एक-दूसरे को छूते हुए निकलते हैं।

दिनकर इस काव्य-विमर्श में सत्ता और राजनेता की तीखी आलोचना भी करते हैं। उनके लोभ, स्वार्थ और पाखण्ड को उघाड़ते हैं तथा पूँजी और धन संचय की प्रवृत्ति की भी ख़बर लेते हैं। वे इस बात को कहते हैं कि सत्ता में बैठे लोगों में त्याग, तप ज्ञान की कमी है। वे श्रेष्ठता बोध से ग्रसित हैं। उनमें भोग विलास भरा है। वे अहंकार से ग्रसित हैं। निष्ठुर हो चुके हैं और वे समाज का हित करने के बजाय अहित कर रहे हैं। सत्ता और पूँजी का केन्द्रीकरण किसी भी समाज के लिए घातक होता है। वह मनुष्य के भीतर अहंकार और विनाश को जन्म देता है। सत्ता और पूँजी के लोभ में व्यक्ति उसका ग़ुलाम हो जाता है। उसका तेज़ धीरे-धीरे विनिष्ट हो जाता है। सत्ता और पूँजी के केन्द्रीकरण के कारण युद्ध और हिंसा की सम्भावना बढ़ती है। रश्मिरथी हिंसा और युद्ध के ख़िलाफ़ है। तीसरा सर्ग युद्ध के ख़िलाफ़ एक शान्ति प्रस्ताव की तरह आता है। लेकिन युद्ध की स्थिति में वीरता को सौन्दर्य और काव्यभूषण की तरह प्रस्तुत करते हैं। कविता नैराश्य के ख़िलाफ़, विपदाओं के ख़िलाफ़ प्रतिपक्ष रचती है। कर्ण मनुष्य की जिजीविषा का प्रतिनिधित्व करता है। वह व्यक्ति के शौर्य का प्रतीक बनकर आता है। वह मेहनतकश लोगों का प्रतिनिधित्व करता है।

वह उनका आदर्श बनना चाहता है जिसका समाज में कोई नहीं है, जिसे समाज ने त्याग दिया है। उच्छिष्ट माना है। जो उपेक्षित है। संसाधन विहीन है। बेसहारा और अनाथ है। कर्ण उन सभी का उदाहरण बनना चाहता है। वह उनका आदर्श होना चाहता है जो अपनी मेहनत और श्रम के बल पर जीते हैं। ये सभी प्रसंग मिथक की संरचना में होते हुए भी उसे तोड़कर वर्तमान सन्दर्भ में प्रक्षेपित होते हैं। यह काव्य की वर्तमान प्रासंगिकता की निर्मिति करते हैं।

हिन्दी आलोचना ने गुप्त जी के काव्य-लेखन की जिस शैली की आलोचना की, उसे दिनकर चुनते हैं। यह भारतीय काव्य-परम्परा से जुड़ना भी है और उसे आगे बढ़ाना भी। यह बिल्कुल सायास है। दिनकर जानते हैं कि जातीय स्मृतियों के पॉपुलर फॉर्म होते हैं। यह लोक से इतने गहरे जुड़े होते हैं कि पाठक को रसमग्न करेंगे। वे रश्मिरथी में छन्द, लय, तुक आदि का पूरा ख़याल रखते हैं। संगीतात्मकता इसके प्राणतत्त्व हैं। जहाँ कहीं भी कविता में वैचारिकता का दबाव पड़ा है कविता की स्वाभाविक लयात्मकता टूटी है। तुक मिलाने में भी काव्यत्व के साथ समझौता करना पड़ा है। कई जगहों में वाक्य निरे गद्य हुए हैं। ऐसे स्थल भी मौजूद हैं जब कवि ने वाक्य गठन व्याकरण सम्मत रखा है जो काव्यात्मकता के लिए चुनौती बनते हैं। युद्ध-वर्णन दिनकर का प्रिय शगल है। ज़ाहिर है, ओजस्विता की छटायें काव्य में निरन्तर बनी रही हैं। वे एक साथ ही तत्सम भाषा का प्रयोग कर लेते हैं और ठेठ देशज का भी। संस्कृतनिष्ठ शब्दों को लयबद्ध कर उसे पॉपुलर रूप देते हैं। गेयता का पूरा निर्वहन पूरे प्रबन्धकाव्य में महसूस किया जा सकता है। *"जब नाज मनुज पर छाता है / पहले विवेक मर जाता है"* जैसी काव्य-पंक्तियाँ लोक में इस कदर रच-बस गयीं कि यह मुहावरे की तरह इस्तेमाल होती हैं। स्त्रीवादी दृष्टि से काव्य का परीक्षण करने पर आज कई आपत्तियाँ उठायी जा सकती हैं। कर्ण ने कुन्ती के लिए जिस कठोर और आपत्तिजनक भाषा का प्रयोग किया है वह कर्ण के मर्यादा के अनुकूल इसलिए नहीं है क्योंकि उसके चरित्र को उदात्तता और गरिमा प्रदान की गयी है। यह अलग बात है कि कवि ने उसमें कर्ण के विक्षोभ को दिखाने की कोशिश की है। उसके सन्ताप, शोषण और अपमान की गठरी से वे शब्द निकले हैं। कर्ण ब्राह्मणवादी समाज और व्यवस्था के प्रति आक्रोश प्रकट न कर कुन्ती के प्रति आक्रोश प्रकट करता है और यह भाषा अपमानजनक रूप में सामने आती है।

उत्तर दो कुन्ती

–मैत्रेयी पुष्पा

(1)

यह कोई अनजानी बात नहीं और न इस बात को अनहोनी की तरह लिया गया कि स्त्री अपनी सन्तान को जन्मकर जीवन के लिए हर हालत में ज़िम्मेदार है। पौराणिक कथाओं से लेकर लोक कथाओं और ऐतिहासिक आख्यानों तक को खँगाल लीजिए, स्त्री ही सन्तान की धारिणी और जन्मदायिनी के रूप में देखी और समझी गयी है। अकाट्य सच यह भी है कि बालक का वंश पिता के वंश से तय होता है। अब यह भी यहाँ बड़ा घपला है कि पिता नये जन्मे बालक को अपना वंश समर्पित करता है या नहीं।

हम आज की बात नहीं कर रहे क्योंकि आज तो विज्ञान ने छद्‌म पिताओं के रंग रेशे खँगाल कर उनके छुपने के सारे पर्दे फाड़ दिये हैं मगर सब जगह आज भी पिताओं के नाम और असलीपन के खुलासे के साधन उपलब्ध नहीं होते। ख़ैर, हम बात पहले इस मुद्दे पर करना चाहते हैं कि यह सब जानते हुए कि बच्चे का जन्म पिता के शुक्राणु और माता के भ्रूण से सम्भव होता है, फिर भी माता से ही क्यों पूछते हैं कि बच्चा किसका है? इसलिए कि स्त्री गर्भ धारण करती है पुरुष नहीं। स्त्री के शरीर में गर्भाशय है जो उसे गर्भ के लिए उत्तरदायी की तरह प्रदर्शित कर देता है। पुरुष के पास ऐसा कुछ नहीं जिससे उसे गर्भ के कारण के रूप में पहचाना जा सके। इस विधि के विधान या शरीर विज्ञान के आधार पर हमारे समाज में क्या, तमाम संसार में स्त्री को माँ के रूप में पहचाना गया, पूजा गया और सम्मान की पात्र के रूप में मान्यता दी गयी। माँ का ऐसा गुणगान किया गया कि उसे दैवी पदवियाँ बख़्शी गयीं। माँ के रूप में कितनी ही देवियों के अवतार हुए और वे प्रतिष्ठित हुईं। पुरुष ने माँ के चरणों में अपना स्वर्ग घोषित किया।

मेरा मन शंकालु है जो माता की इन स्वर्गिक मान्यताओं पर टिकता नहीं। सारी सदाशयता को साधने की कोशिश करते हुए वे नियम आत्मसात् नहीं हो सके जो हमारे धर्म और समाज ने स्त्रियों के लिए बनाये हैं। प्रश्न बार-बार सिर उठाता है कि माता की पदवी पायी हुई वह कौन-सी स्त्री है जिसको माता का दर्जा दिया गया है। ज़्यादातर तो वे ही स्त्रियाँ आदरणीय और सम्मानित माताएँ हुआ करती हैं जो माँ होने से पहले किन्हीं पुरुषों की पत्नियाँ हुआ करती हैं। बिना पति के कोई औरत माँ बन तो सकती है मगर सन्तान को मान्यता कैसे मिले? अकेली स्त्री बिना पत्नी बने बच्चा पैदा करती है तो स्त्री कुलटा है और बच्चा नाजायज़। अतः अब मान लीजिए कि माँ बनने से पहले औरत को मर्द की ब्याहता होना होगा। परिवार नाम की संस्था ऐसे ही चलती है, ऐसी ही हदबन्दियों के साथ। यह नियम पुरुष के लिए कब ढीला हो जाता है पता नहीं चलता क्योंकि न तो वह गर्भ धारण करता है और न प्रसव से गुज़रता है। अतः यहाँ उसके लिए कोई चुनौती नहीं है।

आइए महाभारत काल में चलें जो हम भारतीयों का पुरातन होते हुए भी आधुनिक ग्रन्थ है। सांस्कृतिक, धार्मिक, सामाजिक और राजनीतिक स्थितियों का रचाव और घेराव आज के ही जैसा है। कई बार तो मुझे घोर आश्चर्य होता है कि वे मनोवैज्ञानिक और सामाजिक जाले आज भी पुरुषों के मनों में उलझे हैं जिनके चलते महाभारत काल की पितृसत्ता आज भी स्त्री के लिए ज्यों-की-त्यों है।

मेरे सामने आदरणीय रामधारी सिंह दिनकर की रचना 'रश्मिरथी' है। 'रश्मिरथी' पुस्तक महाभारत के समय को हमारे सामने रखती है। कर्ण और कुन्ती का संवाद है, कहिए कि माँ-बेटे का आपसी वार्तालाप। दोनों को ज्ञात है कि वे एक-दूसरे से किस सम्बन्ध में बँधे हैं। मगर एक-दूसरे का सामना करना उनके लिए लगभग असम्भव है और अब तक उन्होंने परस्पर मिलने का व्यवहार किया ही नहीं। क्या कुन्ती को लज्जा थी अपने ही बेटे को बेटा कहने में? या अपराधबोध था जो हृदय और आँखों पर लदा हुआ था कि न तो हृदय खुलता था और न नज़र उठती थी। वह अपने नारीपन पर शर्मिन्दा थी सिर्फ़ इसलिए कि कहने को आज वह महारानी है लेकिन इस समाज में उसका अपना कितना और क्या रहा है! वह किसी से प्रेम करें या उसकी पूजा, हर हालत में पुरुष उसका इस्तेमाल ही करता है। देवताओं का चलन भी पुरुषों से अलग कहाँ है? क्या उसकी इस बात को कर्ण समझेगा?

कुन्ती की मजबूरियों और अब घमासान स्थितियों की मुठभेड़ है—

"सुध-बुध खो, बैठी हुई समर चिन्तन में/कुन्ती व्याकुल हो उठी सोच कुछ

मन में हे राम! नहीं क्या यह संयोग हटेगा/सचमुच ही क्या कुन्ती का हृदय फटेगा?"

कुन्ती अब कैसे चुप रह पायेगी और अगर कुछ कहेगी तो किस अधिकार से कहेगी? सच कहना कितना मुश्किल है! सच कहना बज्र समान भारी है। क्या यह कह पायेगी—"एक ही गोद के लाल, कोख के भाई"

नहीं नहीं, अपने होंठों पर ये शब्द...

"सत्य ही कर्ण अनुजों के प्राण हरेगा/अथवा अर्जुन के हाथों स्वयं मरेगा"

कुन्ती का अन्तर्द्वन्द्व उसके हृदय को निरन्तर छेद रहा था। अपने ही बेटे ...जिन्हें नहीं पता कि वे एक माँ की सन्तान हैं। अब माँ कैसे उनको एक-दूसरे से बचाये?

अब कुन्ती और कर्ण एक-दूसरे के आमने-सामने उसी जान्हवी तट पर। स्त्री की मोह-ममता...कर्ण को देखकर आँखें भर आयीं कि खुशी से छलछला आयीं। माता खड़ी-की-खड़ी रह गयी। यह संसार उसे न माने माता, मानता रहे कुछ और मगर उसके मन की हिलोरें तो समाज का कोई नियम रोक नहीं सकता है।

बेटे की अपराधिनी-सी माँ!

पद पर अन्तर का भक्ति-भाव धरता हूँ/राधा का सुत मैं देवि! नमन करता हूँ।

कुन्ती को यह ध्यान क्यों भूल गया कि अगर कर्ण को वह स्वयं से विलग न करती तो इस युग में वह ख़ुद को राधा का सुत नहीं कुन्ती का सुत कहता। इस समय में बेटे माँ के नाम से जाने जाते थे। क्या कर्ण की बात सुनकर कुन्ती का धैर्य टूट गया? और बोल उठी—"रे कर्ण, बेध मत मुझे विदारण शर से"

"राधा का सुत तू नहीं, तन्य मेरा है/जो धर्मराज का वही वंश तेरा है।
तू नहीं सूत का पुत्र राजवंशी है/अर्जुन समान कुरुकुल का अंशी है।"

यह कैसा समय था, यह कौन-सा संकट था कि कुन्ती को सच स्वीकारने के लिए प्रस्तुत होना पड़ा। यह था युद्ध, नरसंहार का आयोजन, ख़ून-खराबे के मंसूबे और मरण का उत्सव...नहीं, यही स्थितियाँ स्त्री नहीं झेलना चाहती, ऐसा रक्तिम घमासान औरत की प्रकृति में नहीं है। वह तो मनुष्य की जन्मदात्री है, वह तो सृष्टि की रचयिता है। वह प्रकृतिरूपा है। कुन्ती अपने प्रकृति रूप में प्रकट होने लगती है और जो वाणी से निस्सृत होता है वह अलौकिक निर्झर है, हाँ अलौकिक निर्झर क्योंकि समाज ने तो इस स्वाभविकता के बरअक्स तमाम बाड़ें खड़ी कर दी हैं। कुन्ती ने अप्रिय सत्य कह डाला, निर्भय सत्य कह दिया—

"जिस तरह तीन पुत्रों को मैंने पाया/तू उसी तरह था प्रथम कुक्षि में आया पर मैं कुमारिका थी, जब तू आया था/अनमोल लाल मैंने असमय पाया था"

कुँवारी माँ समाज की रीतियों के भय से अपने दुधमुँहे को छोड़कर भागती है। सीने पर पत्थर रखकर जीती है। कुन्ती किससे कुछ पूछती कि मैं स्त्री होकर इतनी दीन हूँ कि बेटे को जन्म देकर पतिता हो गयी। क्या धरती पर सृष्टि की कथा रचना पाप है? स्त्री के लिए कुँवारी, विवाहिता या विधवा के सम्बोधन किसने बनाये? और ये सम्बोधन अपने हिसाब से स्त्री को चलायेंगे ये नियम क्यों गढ़े गये?

कुन्ती लेडी बिचलेंसी की तरह कहना चाहती थी, चाहती रही है और आज भी कहना चाहती है–

"अगर आज हम पतित अधम हैं/इसका कारण ग़लत नियम हैं।"

कुन्ती ग़लत नियमों से हार गयी। कुछ नहीं सूझा उसे तो सबसे पहले अपने भीतर की सद्यःप्रसूता माँ को उस स्त्री ने मार डाला। और फिर अपने नन्हे को छोटी-सी पेटी में बन्द करके धारा में बहा दिया। तब से लेकर आज तक कितनी ही कुँवारी माँएँ पहले अपने मातृत्व की और फिर अपने वात्सल्य की हत्या करती आयी हैं। दूसरी स्त्री का बच्चा तो वह पाल सकती है लेकिन बिना पत्नी बने अपना बालक नहीं अपना पाती। यह कैसी विडम्बना है!

(2)

विडम्बना के पार जाती वह साहसी माता आज अपने स्वभाव के अनुसार बेटे कर्ण से जो कुछ कहने आयी है उसे कहने में न झेंपी है और न झिझकती है। सन्देश भाईचारे का है। जब भाईचारा निभाना आयेगा तभी शान्ति की कल्पना की जा सकती है। वह मान रही है कि दुश्मन से तो गद्दार मिल जाया करते हैं। और यह भी जान रही है कि कर्ण को भी कुन्ती से अपने रिश्ते की जानकारी है। कृष्ण ने उसे बता दिया है कि तू कुन्ती का पुत्र है। सब कुछ है मगर वह समाज का भय नहीं, अब और नहीं। दहशतों के पार जाना होगा। कुन्ती का यह सन्देश नारी अस्मिता के लिए स्वतन्त्रता का वाहक है :

उस जड़ समाज के सिर पर क़दम धरूँगी
डर चुकी बहुत अब और न अधिक डरूँगी
जा भूल द्वेष के ज़हर क्रोध के विष को
रे कर्ण समर में अब मारेगा किसको

आकाशवाणी से क्या कहा गया?

कुन्ती का सारा कथन सत्य कर जानो
माँ की आज्ञा बेटा अवश्य तुम मानो

बस इतना ही! सूर्य तो देवता हैं, आकाशवाणी के सिवा वे कर भी क्या सकते हैं? यही तो पुरुष व्यवहार है बिल्कुल देवताओं जैसा। कर्ण भी कहाँ माना, वह अपने अपमान का दोष किसके सिर पर धरे सिवा कुन्ती के? इस नारी ने ही जो किया है उसकी सज़ा इस नारी को ही मिलेगी। कैसी विडम्बना है, यह भी सन्तान को पैदा करने वाली स्त्री दृश्य में होती है और पुरुष कहीं नहीं होता।

राधेय बोलने लगा बड़े ही दुख से
तुम मुझे पुत्र कहने आयीं किस मुख से
तुम बड़े वंश की बेटी ठकुरानी हो
अर्जुन की माता कुरुकुल की रानी हो
मुझको असहाय छोड़कर जल में
तुम लौट गयीं इज़्ज़त के बड़े महल में।

महल राजघराना और इज़्ज़त क्या सचमुच स्त्री के होते हैं ? या वह कभी पिता की तो कभी पति की और कभी पुत्र की इज़्ज़त के लिए ख़ुद को प्रस्तुत किये रहती है? क्या कुन्ती आज भी कर्ण के पास अपने लिए आयी है? इस सवाल का उत्तर कर्ण के पास भी नहीं होगा। और उत्तर तो नहीं ही था तभी तो कह डाला :

जोड़ने नहीं बिछुड़े-वियुक्त कुल जन से
फोड़ने मुझे आयी हो दुर्योधन से

कठिन कठोर ये वाक्य उस माँ को ही सुनने थे जिसके दोषी सूर्य थे और यह समाज था वरन् सृष्टि कहाँ देखती है कि उसकी रचना की सज़ा किस को मिलनी होगी? यदि सृष्टिकर्ता को यह जुल्म पता होता तो वह पुरुष के लिए भी स्त्री जैसी शारीरिक रचना करता।

कुन्ती क्या कहती, कहने के लिए बचा क्या था आज तक भी बचा क्या है? अपने आपको अपराधिनी मान लेने का विधान, कुत्सा से दीन स्त्री की मजबूरी क्या पूछे और क्या उत्तर दे? माँ कण्ठ ही लगा सकती है। इतनी देर कर दी। सब कुछ दे सकता है कर्ण। नहीं दे सकता तो केवल वह जो कुन्ती चाह रही है। मरे या मारे, कुन्ती के प्रिय पुत्र अर्जुन से तो युद्ध होकर रहेगा।

वह समझाता है कि वह मरे या अर्जुन, तुम तो पाँच पुत्रों की ही माता रहोगी, यह सुनने के लिए तो नहीं आयी थी कुन्ती। कर्ण को जो कहना है कहकर रहता है :

सच है कि पाण्डवों को न राज्य का सुख है
पर केशव जिनके साथ उन्हें क्या दुख है?
यश मान प्रतिष्ठा मुकुट नहीं लेने को
आऊँगा कुल को अभय दान देने को
भीषण विपत्ति में उन्हें जननि अपना कर
बाँटने दुख आऊँगा हृदय लगाकर

कर्ण सब कुछ कहता है मगर नहीं कहता वह जो कुन्ती चाहती है। फिर कहता है :

छोड़ूँगा मैं तो कभी नहीं अर्जुन को
तोड़ूँगा कैसे स्वयं पुरातन प्रण को।
कुरुपति का मेरे रोम रोम पर ऋण है
आसान न होना कभी उससे उऋण है
छल किया अगर तो क्या जग में यश लूँगा
प्राण ही नहीं तो उसे और क्या दूँगा?

कुन्ती को कहाँ पता था, किस माता को मालूम रहता है कि बेटा क्या कहकर मन बढ़ायेगा या कलेजा चीर देगा? जब कहता है कि :

केवल निमित्त संगर का दुर्योधन है
सच पूछो तो यह कर्ण पार्थ का रण है

कुन्ती एक घिरी हुई नारी पुरुष से, पुरुष व्यवस्था से और सामाजिक संस्था से। उसका दोष क्या था? वह भय था, वह दहशत थी जो पुरुष व्यवस्था ने स्त्री को उसके मनमाने इस्तेमाल के बाद उसे अपने शरीर के एक अवयव गर्भाशय के लिए हर हालत में जवाबदेह रहना है। पितृसत्ता की हर पीढ़ी जवाब माँगती है केवल उसी से जिसने यह नारी देह धारण करते हुए इस संसार में पुरुष को जन्म दिया है और अपने जीवन का संकल्प साधा है।

बिन ब्याही माँ की व्यथा और कुन्ती

–चन्द्रभान सिंह यादव

युद्ध में जीत किसी की नहीं होती, हारती है तो सिर्फ़ मानवता। युद्ध चाहे रामायण, महाभारत का हो या आज का। इसका सबसे अधिक दुष्प्रभाव स्त्री-समाज पर पड़ता है। प्राचीन एवं मध्यकाल में युद्ध का प्रमुख कारण स्त्री को माना जाता था। जबकि, उसके मूल में पुरुष की सामन्ती-शरीरसुखवादी और सम्राट की साम्राज्य विस्तार की मनोवृत्ति थी। रामायण में रावण सीता जी को प्राप्त करना चाहता है–शक्ति और बल के दम पर। उसके अन्दर अहंकार था, प्रेम व अपनत्व का कोई भाव नहीं। राम के साथ युद्ध में रावण का अहंकार चूर-चूर हो जाता है। इस युद्ध में विधवाओं की संख्या की गणना नहीं की जा सकती। महाभारत में कौरवों की सेना उनके साथ वीरगति को प्राप्त करती है, पाण्डव पक्ष के अधिकांश लोग मारे जाते हैं। किन्तु, विधवाओं के समूह और उनकी दुर्दशा पर रचनाकारों का ध्यान नहीं जाता है। नागासाकी और हिरोशिमा पर अमेरिका ने द्वितीय विश्व युद्ध में एटम बम से हमला किया था। इन शहरों में कुछ माताएँ अभी भी मानसिक एवं शारीरिक रूप से कमज़ोर बच्चों को जन्म दे रही हैं। युद्ध किसी भी देश का हो, वीरगति बहुतों ने प्राप्त की। वीरगति प्राप्त करने वाले के लिए जयगान साहित्य-समाज में मिलाता है। किन्तु, माँ की सूनी कोख, विधवा की व्यथा और अनाथ बेटी की असुरक्षा पर लेखक-समाज का ध्यान नहीं जाता। उल्लेख मिलता भी है तो संक्षेप में। रामधारी सिंह दिनकर की रचना 'रश्मिरथी' में श्रीकृष्ण कर्ण को समझाते हुए युद्ध के स्त्री जीवन पर प्रभाव का लघु चित्र खींचते हैं :

बाहर शोणित की तप्त धार,
भीतर विधवाओं की पुकार।

निरशन, विषण्ण बिललायेंगे,
बच्चे अनाथ चिल्लायेंगे।

(रश्मिरथी, रामधारी सिंह दिनकर, श्री अजन्ता प्रेस लिमिटेड पटना, प्रथम संस्करण 1952, पृ. 34)

दिनकर जी रश्मिरथी की भूमिका में लिखते हैं कि 'यह युग दलितों और उपेक्षितों के उद्धार का युग है।' स्त्री भी परम्परागत समाज में सदियों से उपेक्षित रही है। इसलिए रश्मिरथी का मूल्यांकन स्त्री दृष्टि से भी होना चाहिए। राजा हो या रंक पारिवारिक स्तर पर भी स्त्री उपभोग की वस्तु रही है—अनादिकाल से। द्रौपदी ने तो सिर्फ़ अर्जुन का वरण किया था, किन्तु उसे पाँचों भाइयों की पत्नी बनना पड़ा। स्त्री के श्रम का सही मूल्यांकन न तो पारिवारिक स्तर पर होता है और न ही सकल घरेलू उत्पाद (GDP) में। महाभारत काल में राजाओं के पारिवारिक सदस्य से अधिक नौकरानियाँ हुआ करती थीं। फिर भी, श्रीकृष्ण कर्ण को पाण्डवों के पक्ष में करने के लिए प्रलोभन देते हैं—"भोजन उत्तरा बनायेगी,/ पांचाली पान खिलाएगी।" (पृ.36) लेखक द्वारा श्रीकृष्ण के मुख से यह कहलवाना एक ओर भारतीय परिवार व्यवस्था पर प्रकाश डालता है तो दूसरी ओर पुरुष की भोगवादी मनोवृत्ति पर भी। अकेले पांचाली पाँच भाइयों को किस प्रकार सन्तुष्ट कर रही थी, इसे समझने के लिए स्त्री का हृदय चाहिए। अब उसमें कर्ण को भी शामिल करने की बात की जा रही है—सिर्फ़ युद्ध जीतने के लिए। द्रौपदी की सहमति-असहमति की किसी को परवाह नहीं। सदियों से पुरुष युद्ध जीतने के लिए स्त्री का इस्तेमाल करता रहा है। इस कार्य के लिए राजाओं के संरक्षण में विषकन्या और सुन्दरियों को बाकायदा प्रशिक्षण दिया जाता था। जब तपस्वियों से इन्द्र का सिंहासन हिलता था तो मेनका और रम्भा जैसी अप्सराओं को प्रेम-प्रपंच रच कर तपस्या भंग करने के लिए भेजा जाता था।

आज़ादी के सत्तर वर्ष बाद भी बिन ब्याही माँ बनना सामाजिक अपराध है, जबकि लिव-इन रिलेशनशिप को संवैधानिक स्वीकृति मिल चुकी है। बच्चे के स्कूल और कार्यालयी रिकार्ड में पिता के साथ माँ का नाम भी दर्ज किया जा रहा है। किसी बच्चे की अभिभावक स्त्री भी हो सकती है। परम्परागत समाज में बिन ब्याही माँ और महिला सेक्स वर्कर की स्थिति जानवर से भी बदतर है। इनके बच्चों के लिए प्रयोग किये जाने वाले सम्बोधन सभ्य समाज की गालियाँ हैं। यही कारण है कि नौ महीना अपने रुधिर से सींचने और पेट में पालने के बाद भी उसे अनाथ छोड़ देती है, निर्जन में। लोक-लाज और सामाजिक भय के कारण। इस व्यथा की समझ एक राष्ट्रकवि को कैसे नहीं हो सकती :

निज तन से जो शिशु को निकाल,
धाराओं में धर आती है, अथवा जीवित दफनाती है?
सेवती मास दस तक जिसको,
पालती उदर में रख जिसको,
जीवन का अंश खिलाती है,
अन्तर का रुधिर पिलाती है;
आती फिर उसको फेंक कहीं। (पृ. 37)

समाज तो समाज ऐसी महिलाएँ अपने पुत्र और परिवार द्वारा भी आदर नहीं पाती हैं, जो उनका हक़ है। शूरवीर-दानवीर कर्ण का अपनी बिन ब्याही माँ कुन्ती के लिए कथन यहाँ द्रष्टव्य है :

वह नारी नहीं कुल कापाली थी,
सर्पिणी परम विकराली थी। (पृ. 37)

अविवाहित माँ की व्यथा कौन संवेदनशील व्यक्ति नहीं समझ सकता है? पुरुष हो या स्त्री। सामाजिक दबाव और मान-मर्यादा के कारण वह चाहते हुए उसके पक्ष में नहीं खड़ा हो पाता है। समाज के विधान मानवता की रक्षा के लिए बने थे, किन्तु समय के साथ बदलाव नहीं किये जाने से उसमें जड़ता आती है। जो व्यक्ति के साथ मानवता के सामने भी संकट उत्पन्न करती है। लोकतन्त्र में संविधान संशोधन से ज़्यादा कठिन है, समाजव्यवस्था में परिवर्तन की स्वीकारोक्ति। शादी के बिना बच्चा पैदा करने पर औरत के साथ समाज कैसा सलूक करता था? बल्कि यूँ कहें कि आज भी होता है, उसे दिनकर जी कर्ण (एक पुरुष) के मुख से कहलवाते हैं :

शायद, समाज टूटता वज्र बन तुम पर,
शायद, घिरते दुख के कराल घन तुम पर।
शायद, वियुक्त होना पड़ता परिजन से,
शायद, चल देना पड़ता तुम्हें भवन से। (पृ. 89)

सामाजिक अवधारणा को ध्यान में रख कर कहा जा सकता है कि उक्त पंक्तियों में 'शायद' की जगह 'निश्चित' शब्द का प्रयोग होना चाहिए। उत्तराधुनिक युग में जब महिलाएँ एयर होस्टेस का कार्य ही नहीं, बल्कि अन्तरिक्ष यात्रा करने के साथ युद्धक विमान भी उड़ा रही हैं। फिर भी, शादी के बिना बच्चे को जन्म देना और पालना मानो एक सामाजिक अपराध हो। महानगरों में ऐसी एक-दो

महिलाएँ मिल सकती हैं, जिन्हें पूरा शहर हिकारत की नज़र से देखता है। उस औरत की विवशता, ममता और पुत्र को पवित्र प्रेम की निशानी शायद ही कोई समझे। समाज सारा दोष औरत को देता है। कोई उस बेवफ़ा प्रेमी या दुराचारी पुरुष के बारे में सोचता तक नहीं, उसकी चर्चा करना और अपराधी बताना तो दूर की बात है, जिसने कुँवारी युवती को इस दशा तक पहुँचाया। ऐसी माँ को अगर पुत्र भी 'कलंकमयी' कहे तो यह 'कोढ़ में खाज' से कम पीड़ादायी नहीं है। यहाँ कर्ण का कथन *'यद्यपि जीवन की कथा कलंकमयी है'* (पृ. 91) उल्लेख्य है। महाभारत के युद्ध में कर्ण के मारे जाने के बाद धर्मराज युधिष्ठिर कुन्ती को धिक्कारते हैं कि आपके सच छुपाने के कारण इतना बड़ा युद्ध हुआ। इसके लिए सिर्फ़ आप उत्तरदायी हैं। आपने हमें ज्येष्ठ भ्राता का हत्यारा बना दिया।

कर्ण द्वारा सब कुछ कहे जाने के बाद भी कुन्ती के हृदय में ममता कम नहीं होती। उसे शिशु कर्ण को त्यागने की पीड़ा सालती रहती है। शिशु को त्यागने का दृश्य उसकी स्मृतियों में अंकित है। उम्र के चौथे पड़ाव पर भी कुन्ती हृदयविदारक दृश्य को भूल नहीं पाती है :

अब भी मन पर है खिंची अग्नि की रेखा,
त्यागते समय मैंने तुझको जो देखा,
पेटिका बीच मैं डाल रही थी तुझको,
टुक-टुक तू ताक रहा था मुझको। (पृ. 94)

माँ को मरते दम तक बेटे का बचपना याद रहता है। उसकी याद से उसे सुखद अनुभूति मिलती है। किन्तु, आज वृद्ध माँ-बाप का अकेलापन बढ़ता जा रहा है—सामाजिक विकास और आर्थिक समृद्धि के बाद भी। ओल्ड एज सेल्टर मेट्रो सिटी की सच्चाई है। अविवाहित माँ सामाजिक रूप से अपमानित, लांछित तो है ही खुद की निगाह में भी वह अपराधमुक्त नहीं है :

बेटा! सचमुच ही, बड़ी पापिनी हूँ मैं,
मानवी-रूप में विकट साँपिनी हूँ मैं।
मुझ-सी अधमयी, कुटिल, हत्यारी,
धरती पर होगी कौन दूसरी नारी? (पृ. 94)

स्त्री के इस अपराधबोध के मूल में पुरुषवादी यौन-शुचिता की अवधारणा है। जिसमें प्रेम के पवित्र रिश्ते से विवाह जैसे सामाजिक बन्धन को श्रेष्ठ माना जाता है। यहाँ क़ाबिलेग़ौर है कि चित्रांगद और विचित्रवीर्य की मृत्यु के बाद

भीष्म के विवाह करने से इनकार कर देने पर भरत वंश को आगे बढ़ाने वाला कोई नहीं होता है, तब सत्यवती बेहिचक यह राज़ खोल देती है कि मुनि वेदव्यास उसकी शादी से पूर्व की सन्तान हैं। सत्यवती ने अपने अतीत का पन्ना गर्व के साथ खोला कि ऋषि पराशर ने उसके गर्भ का प्रयोग ज्ञान का अंकुर फूटने के लिए किया था। परिणामस्वरूप ब्याहता होने से पूर्व वेदव्यास जैसे ज्ञानी की माता बनीं। यहाँ सवाल उठना लाजमी है कि सत्यवती के लिए जो गर्व का विषय है वही नियोग विधि से पैदा हुए पाण्डु की ब्याहता कुन्ती के लिए शर्म का क्यों? वंश चलाने के लिए सत्यवती के विवाह पूर्व सन्तान को स्वीकार किया जाता है, जबकि कुन्ती के पास पाँच पुत्र होने के कारण वंश चलाने की समस्या नहीं थी। इसलिए कर्ण को स्वीकार करने में सामाजिक मर्यादा खड़ी हो जाती है। अतः यह कहने में संकोच नहीं होना चाहिए कि पुरुषवादी-सामन्ती समाज में स्त्री की उपयोगिता सिर्फ़ वंशबेल तक सीमित है। गर्भपात की घटनाएँ और पुत्रों की चाहत इस बात का प्रमाण हैं कि गर्भ पर भी माता का अधिकार नहीं है, वह सिर्फ़ पुरुष की वंशबेल के लिए उर्वर ज़मीन है। यहाँ ग़ौर करने वाली बात है कि कुन्ती कोई साधारण औरत नहीं है। अत्यन्त रूपवती होने के साथ राजसी गुणों से सम्पन्न है, आम लोगों को श्राप देने वाले ऋषि दुर्वासा उन्हें वरदान दे कर जाते हैं। वरदान मुनि दुर्वासा का है और गर्भ में अंश सूर्य देव का तो भी लोकनिन्दा का ऐसा भय कि कुन्ती को सन्तान त्यागना पड़ता है। ऐसे समाज में आम औरतों की कितनी दीन-हीन दशा रही होगी इस पर भी विचार करना चाहिए। पाण्डु वंश की वृद्धि पर संकट आया तो कुन्ती को दिया गया अभिशाप वरदान सिद्ध होता है। कुन्ती अपनी दिव्य शक्ति से सौत माद्री को भी गर्भवती कर देती है। सभी जानते हैं कि पाण्डव पाण्डु की कुदरती सन्तान नहीं हैं, फिर भी पुत्र पैदा करने में अक्षम पाण्डु किसी की निगाह में दोषी नहीं हैं। कुन्ती में त्याग, समर्पण, सहनशक्ति और प्रेम की जो क्षमता है, महाभारत के किसी अन्य स्त्री पात्रों में संयुक्त रूप से नहीं मिलती है।

हमारे समाज एवं साहित्य में औरत को कलंकित करने के लिए नागिन की उपमा कभी-कभी दी जाती है। इस तरह की उपमा प्रायः सुन्दर और अपने लक्ष्य के प्रति समर्पित नारी को दी जाती है। पुरुष कितना ही कलंकित-कुकर्मी हो उसके लिए नाग की उपमा का कहीं उल्लेख नहीं मिलता। इस प्रकार के उपमान पुरुष के साथ औरतों के भी दिलोदिमाग़ में अंकित हैं। तभी तो कुन्ती ख़ुद को 'मानव-रूप में विकट साँपिनी हूँ मैं' कहती है। आज के समाज पर फ़िल्म और टेलीविज़न के प्रभाव से इनकार नहीं किया जा सकता। नागिन और स्त्री को

एक-दूसरे का रूप धारण करते हुए फ़िल्मों में लम्बे समय से दिखाया जा रहा है। यथा नागिन (1954), नागिन (1976), नगीना (1986), निगाहें (1989), नाग-नागिन (1989), नाचे नागिन गली गली (1989), शेषनाग (1990), विषकन्या (1991), हिस्स (2010)। नागिन नृत्य और बीन को संगीत का आधार बनाकर तैयार किये गये गाने लोगों की ज़ुबान पर चढ़ जाते हैं–'नागन सा रूप है तेरा', 'मैं तेरी दुश्मन दुश्मन तू मेरा मैं नागन तू सपेरा' आदि। इधर चैनलों की संख्या और धारावाहिकों के लिए विविध प्रकार की कहानियाँ उपलब्ध होने के बाद भी अनेक सीरियलों में नागिन का रूप धारण करके बदला लेते हुए देखा जा सकता है। 'नागिन' धारावाहिक की सफलता के बाद 'नागिन-2' का निर्माण और प्रदर्शन किया गया। इनके मुख्य किरदार में नागिन वेशधारी युवती होती है। 'विषकन्या' धारावाहिक की नायिका उदार है उसमें बदला लेने का भाव नहीं है, तो लोगों को यह किरदार पसन्द नहीं आया। कुछ एपिसोड के बाद इसे बन्द करना पड़ा। इस विषय पर बनी फ़िल्में अधिकांश हिट रहीं तो धारावाहिकों की टीआरपी भी कम नहीं है। साहित्य और समाज से कटे महानगरीय जीवन जीने वाले युवक जब इन फ़िल्मों और धारावाहिकों को देखते हैं तो उनके मानस पर स्त्री की इस छवि का कुछ-न-कुछ अंश ज़रूर अंकित होता होगा। क़स्बा और ग्रामीण अंचल में छरहरी बदन की सुन्दर औरत को सामने से गुज़रते ही प्रायः मनचले कहते हैं कि 'इसकी चाल नागिन सी' है। उसके चरित्र और चेहरे के विषय में जाने बिना, मगर किसी पुरुष के लिए इस प्रकार का सम्बोधन नहीं है। जिस प्रकार कुन्ती अपने को पापिन, अधमयी, कुटिल, हत्यारी मानती है उसी प्रकार बहुत-सी औरतें भी अपने को स्वीकार कर आत्मग्लानि में डूबी रहती हैं। ऐसी औरतें अपने और बच्चे के भविष्य को लेकर चिन्तित रहती हैं। उन्हें समाज के साथ बच्चे के सवाल का भी जवाब देना पड़ता है। सामाजिक उपेक्षा, अकेलापन और असुरक्षा का भय उन्हें ताउम्र सताता रहता है। सम्मान न तो समाज से मिलता है और न ही सन्तान से। यह साहित्यिक नहीं मनोवैज्ञानिक निष्कर्ष है। कोरोना काल में ही संयुक्त राष्ट्रसंघ की एजेंसी इंटरनेशनल लेबर आर्गेनाइजेशन के एक सर्वेक्षण के अनुसार पुरुषों की तुलना में महिलाओं में अधिक अवसाद देखने को मिल रहा है। इससे मुक्ति के लिए औरत को आर्थिक, वैचारिक स्वतन्त्रता के साथ स्नेह-सहयोग की भी आवश्यकता है।

पुत्र कुपुत्र हो सकता है, किन्तु माता कुमाता नहीं होती है। उसके हृदय में अयोग्य, अपराधी, क्रोधी, विश्वासघाती पुत्रों के लिए भी ममता कम नहीं होती है। यहाँ तक कि अवैध सन्तान के प्रति भी अपार स्नेह होता है।

वह उसे अपने से दूर करके भी भूल नहीं पाती। शादी से पूर्व के सन्तानों के प्रति जो अपनेपन का अभाव दिखता है, उसके मूल में सामाजिक दबाव और लोकलाज का भय है। सामाजिक अस्वीकृति को मजबूरन अपनी सहमति देनी पड़ती है। जिसके कारण हृदय में प्रेम और ममता दबी रह जाती है। पुत्र को देखते ही ममता की भावना हिलोरें लेने लगती है। कुन्ती ने कर्ण को जब पहली बार देखा :

सुत की शोभा देख मोद में फूली,
कुन्ती क्षण भर को व्यथा वेदना भूली।
भरकर ममता-पय से निष्पलक नयन को,
वह खड़ी सींचती रही पुत्र के तन को। (पृ. 78)

'भरकर ममता-पय से निष्पलक नयन को' पदबन्ध माँ के स्नेह को सटीक और दूरगामी अर्थ प्रदान करने वाला है। युवा पुत्र को देखकर 'ममता-पय' हो जाना स्नेह के चरमोत्कर्ष को व्यक्त करता है।

कुँवारी या विवाहित स्त्री के जीवन का कष्ट असीम है। सन्तान को नौ महीना पेट में पालने और फिर जन्म देने में असहनीय पीड़ा से गुज़रना पड़ता है। अगर, नारी कुँवारी है तो लोकलाज के भय के परिवेश में प्रसवपीड़ा का अन्दाज़ लगाना आसान नहीं होगा। वह दर्द में ठीक से आह! भी नहीं भर पाती है, कहीं कोई सुन, समझ न ले। ऐसे सन्तान को कहीं छोड़ देना, उससे मुख मोड़ लेना कलेजे के टुकड़े करने की तरह पीड़ादायी होता है। ऐसी घटनाएँ तथाकथित सभ्य समाज में जंगल की आग की तरह फैलती हैं। सारा दोष कुँवारी कन्या को दिया जाता है, कोई नहीं पूछता कि वह महापुरुष कौन था? पूरे महाभारत में सूर्य को कोई दोषी नहीं ठहराता है। कुन्ती ज़िन्दगीभर घुटती रहती है, पुत्र वियोग का कष्ट झेलती है। यह कष्ट सिर्फ़ कुन्ती तक ही सीमित नहीं है, उत्तराधुनिक समाज में भी अनेक कुँवारिओं को इस दर्द से गुज़रना पड़ रहा है। यहाँ कुन्ती का कथन आम कुँवारी के दर्द को दृश्यमान कर रहा है :

बेटा धरती पर बड़ी दीन है नारी,
अबला होती सचमुच योषिता कुमारी।
है कठिन बन्द करना समाज के मुख को,
सिर उठा न पा सकती पतिता निज सुख को। (पृ. 79)

पुरुषवादी रूढ़ मान्यताओं की जड़ स्त्री के दिमाग़ को भी जकड़े हुए है। जिसके प्रभाव से कुन्ती (कुँवारी माँ) ख़ुद की निगाह में भी पतिता है, तभी तो कहती है– *'सिर उठा न पा सकती पतिता निज सुख को।'* यहाँ दूसरे राष्ट्रकवि

मैथिलीशरण गुप्त की पंक्ति याद आती है– *'अबला जीवन हाय! तुम्हारी यही कहानी आँचल में है दूध, आँखों में पानी।'*

भारतीय समाज की परिवार व्यवस्था में स्त्री निचले पायदान पर अधिकार विहीन अवस्था में है। वह अपने से कम उम्र वालों के सामने भी विवश और लाचार होती है। जबकि पुरुष और पुत्र अहंकार से चूर और स्वाभिमान से भरपूर रहता है। माँ हो या पत्नी संवैधानिक अधिकारों के बाद भी बराबरी का दर्जा नहीं मिल पाया है। प्राचीन, मध्यकालीन समाज में पुत्री के अधिकारों की बात करना व्यर्थ है। पुरुष के सामने स्त्री और दासी में कोई विशेष अन्तर नहीं था। पुत्र को पिता आदेश दे सकता है, किन्तु माँ आज भी उसके सामने विनम्रता से याचना करती है। वह आदेश नहीं दे पाती औरत जो ठहरी। कुन्ती भी अपने पुत्र कर्ण के सामने इसी दीन-हीन दशा में उपस्थित होती है :

पर सुन जो एक बात कहने आयी हूँ,
आदेश नहीं प्रार्थना साथ लायी हूँ। (पृ. 80)

माँ अगर पुत्र के सामने भी याचना की मुद्रा में है तो आदेश किसे दे पायेगी? जिस पुत्र को नौ महीना पेट में पालती है, उस पर भी हक़ नहीं जता पाती है। इससे बड़ी विडम्बना और लाचारी क्या हो सकती है? हठी पुत्र माँ की चाहे जितनी अवमानना उपेक्षा करे, किन्तु माँ के हृदय में उसके लिए ममता कम नहीं होती। पुत्र एक हो या पाँच उसके हृदय में सबके लिए बराबर और असीम स्नेह होता है। उसे शब्दों में बयाँ करना किसी स्त्री के लिए भी कठिन कार्य है। कर्ण कुन्ती की बात की चाहे जितनी अवमानना करे, धिक्कारे, मगर कुन्ती को कर्ण और अर्जुन दोनों के जीवन की चिन्ता है, मृत्यु का भय है। कुन्ती की चिन्ता उसी के शब्दों में :

दो में जिसका उर फटे, फटूँगी मैं ही।
जिसकी भी गर्दन कटे कटूँगी मैं ही।
पार्थ को कर्ण या पार्थ कर्ण को मारे,
बरसेंगे किस पर मुझे छोड़ अंगारे? (पृ. 75)

महाभारत या किसी भी युद्ध में इस प्रकार का भय और चिन्ता किसी पुरुष को नहीं होती। वह सिर्फ़ युद्ध जीतना चाहता है, किसी भी क़ीमत पर। इतिहास में अनेक उदाहरण हैं जब पिता और पुत्र ने सत्ता प्राप्त करने के लिए एक-दूसरे का क़त्ल किया है। सत्ता के लिए भाई भी एक-दूसरे के ख़ून के प्रायः प्यासे रहते हैं। मगर स्त्री के अन्दर सत्ता की ऐसी भूख नहीं मिलती है।

शोषित समाज के बर्दाश्त की भी एक सीमा होती है। जब शोषण, उपेक्षा, उत्पीड़न की अति हो जाती है, तो विरोध, विद्रोह और क्रान्ति स्वाभाविक है। वह स्त्री, दलित, आदिवासी या मुख्यधारा का समाज ही क्यों न हो। कुशासन आपराधिक प्रवृत्ति को जन्म देता है। समाजव्यवस्था की जड़ता व्यक्ति को विद्रोह के लिए विवश करती है। कुन्ती जीवन भर सामाजिक भय से अपने प्रथम पुत्र से दूर रहती है। अन्ततः उसके मन में साहसिक और क्रान्तिकारी विचार आता है :

उस जड़ समाज के सिर पर क़दम धरूँगी,
डर चुकी बहुत, अब और न अधिक डरूँगी। (पृ. 80)

अन्य वर्गों की तरह स्त्री के मन में भी क्रान्ति-परिवर्तन का भाव रहता है, जो विषम परिस्थितियों की चरम परिणति पर प्रकट होता है। यहाँ सिमोन द बोउवा का कथन सिद्ध होता है कि 'स्त्री पैदा नहीं होती समाज द्वारा बना दी जाती है।' आज की युवतियों में युवकों के सारे गुण-धर्म विद्यमान हैं। इक्कीसवीं सदी के पहले दशक में स्त्री-पुरुष सम्बन्धों में बड़ा परिवर्तन आया है। एकल परिवार और अविवाहित जीवन जीने वालों की संख्या बढ़ रही है। इसे देखते हुए नये क़ानून बने और कोर्ट ने भी अप्रत्याशित फ़ैसले दिये हैं। जुलाई 2015 में उच्चतम न्यायालय के न्यायमूर्ति विक्रमजीत सेन और न्यायमूर्ति अभय मनोहर सप्रे ने निर्णायक फ़ैसला देते हुए कहा कि 'एक सरोकार नहीं रखने वाले पिता के अधिकारों से कहीं अधिक महत्त्वपूर्ण नाबालिग बच्चे का कल्याण है। कोर्ट ने कहा कि बिन ब्याही माँ को अपने बच्चे के संरक्षण यानी गार्जियनशिप के लिए उसके पिता के नाम का खुलासा करने की ज़रूरत नहीं है। बच्चे के संरक्षण के लिए माँ को पिता की मंजूरी भी ज़रूरी नहीं है।' मेरा मानना है कि आने वाले समय में क़ानून बनना चाहिए कि बिन ब्याही और लिव-इन रिलेशनशिप में रह रही औरत के बच्चे को पिता की सम्पत्ति गें अधिकार मिले। अन्यथा पुरुष की स्वच्छन्दता और रिश्ते के प्रति असंवेदनशीलता बढ़ती जायेगी। बिन ब्याही माँ को समाज आज भी सम्मान देने को तैयार नहीं है। किन्तु, ऐसी माताओं की कुछ बेटियाँ अपनी योग्यता के बल पर प्रसिद्धि के शिखर पर हैं। फ़िल्म अभिनेत्री रेखा, श्रुति हसन फ़ैशन डिजाइनर मसाबा, अमेरिका की गायिका नोरा जोन्स किसी परिचय की मुहताज नहीं हैं। ऐसी बेटियों की समस्याओं पर अभिनेत्री रेखा का अनुभव प्रकाश डालता है—"मुम्बई एक जंगल है जहाँ मैं निहत्थी आ गयी। मैंने यहाँ अपनी ज़िन्दगी के सबसे भयानक दिन देखे हैं।"

सनातन और समकालीनता के क्षितिज पर फैला हुआ समय का रथ

–रामेश्वर राय

यह युग दलितों एवं उपेक्षितों के उद्धार का युग है। अतः यह बहुत स्वाभाविक है कि राष्ट्र-भारती जागरूक कवियों का ध्यान उस चरित की ओर जाये जो हज़ारों वर्षों से हमारे सामने उपेक्षित एवं कलंकित मानवता का मूल प्रतीक बन कर खड़ा है। 'रश्मिरथी' की भूमिका में दर्ज़ दिनकर के इस कथन में इस कृति की प्रेरणा और उसके रचनात्मक उद्देश्य के संकेत स्पष्ट हैं। दिनकर ने इसकी भूमिका में यह भी लिखा है–"कर्ण का उद्धार एक तरह से नयी मानवता की स्थापना का ही प्रयास है।" इस भूमिका से तीन मुख्य बिन्दु उभरते हैं–पहला, वर्तमान युग दलितों एवं उपेक्षितों के उद्धार का युग है। दूसरा, इस देश के इतिहास में उपेक्षित और कलंकित मनुष्यता का मान मौजूद है। तीसरा, कर्ण का उद्धार नयी मानवता की स्थापना का प्रयास है। 'रश्मिरथी' का समूचा रचनात्मक विस्तार इन्हीं तीन रेखाओं के आधार पर हुआ है।

उन्नीसवीं सदी के भारतीय नवजागरण से विवेक के जिस नये आलोक का उदय हुआ, उसमें समाज, संस्कृति, परम्परा और स्वीकृत मूल्य-प्रतिमानों की परख का सिलसिला शुरू हुआ। नवजागरण के सूत्रधारों ने यह महसूस किया कि वर्णव्यवस्था और पितृसत्ता को अपदस्थ किये बिना एक समानतामूलक स्वस्थ समाज की रचना सम्भव नहीं है। पारम्परिक समाज में वर्णव्यवस्था और पितृसत्ता को एक ईश्वरीय व्यवस्था के रूप में मान्यता प्राप्त थी। वर्णव्यवस्था में योग्यता और सामाजिक सम्मान का अधिकारी केवल 'उच्च वर्ण' था। जन्म के आधार पर मनुष्य की श्रेष्ठता तय करने वाली इस व्यवस्था में शूद्र और स्त्री सभी प्रकार के बुनियादी मानवीय अधिकारों और न्याय से वंचित थे। उन्नीसवीं सदी का नवजागरण हाशिए पर निर्वासित बहुसंख्यक अवर्ण और पितृसत्ता से शासित स्त्री

को उचित सम्मान और अधिकार के पक्ष में शुरू हुआ जिसकी सहज परिणति गाँधी के दलित-उद्धार आन्दोलन और अम्बेडकर के दलित-चिन्तन में हुई। 'संस्कृति के चार अध्याय' लिखने वाले, इतिहास-बोध से सम्पन्न, दाहक आवेग और विचारों के युवा कवि दिनकर की मनोभूमि इसी परिवेश में निर्मित हो रही थी। आज़ादी के बाद भारत के सामने एक नये देश और समाज के निर्माण की ऐतिहासिक चुनौती थी। संविधान-सभा सम्प्रभुता सम्पन्न नये भारत की तक़दीर लिख रही थी और कविता के मोर्चे पर दिनकर हज़ारों साल पुरानी उस वर्णव्यवस्था के वर्चस्व को चुनौती दे रहे थे, जिसमें जाति ही व्यक्ति की योग्यता और श्रेष्ठता की कसौटी थी। 1946 में प्रकाशित यशपाल का उपन्यास 'दिव्या', 1952 में दिनकर की 'रश्मिरथी' और 1954 में प्रकाशित फणीश्वर नाथ रेणु का 'मैला आँचल'—भारतीय मानस में 'वर्ण' और स्त्री को लेकर चल रही वैचारिक हलचलों के साक्ष्य हैं।

'दिव्या' का पृथुसेन, 'रश्मिरथी' का कर्ण और 'मैला आँचल' का कालीचरण—वर्णव्यवस्था के दंश की पीड़ा झेलने वाले चरित्र हैं। इन चरित्रों में एक अन्तःसूत्रता है। 'दिव्या' का पृथुसेन एक प्रसंग में सोचता है—"जन्म का अपराध? यदि वह अपराध है तो उसका मार्जन किस प्रकार सम्भव है? शस्त्र की शक्ति, धन की शक्ति, विद्या की शक्ति, कोई शक्ति जन्म को परिवर्तित नहीं कर सकती। कोई भी उपाय जन्म के अपराध का मार्जन नहीं कर सकता! जन्म के अन्याय का प्रतिकार क्या मनुष्य दैव से ले? या उन लोगों से ले जिन्होंने अपने स्वार्थ के लिए जन्म से असत्य अधिकार की व्यवस्था निर्धारित की है? हीन कहे जाने वाले कुल में मेरा जन्म अपराध है अथवा द्विज कुल में जन्मे अपदार्थ लोगों का अहंकार मात्र है?" 'रश्मिरथी' में कर्ण एक शिष्य और योद्धा की अप्रतिम क्षमताओं के बावजूद 'निम्न कुल' का समझे जाने के कारण परशुराम द्वारा अभिशप्त होता है और ब्रह्मास्त्र की अर्जित शक्ति खो देता है। ब्राह्मणवादी सोच में व्यक्तित्व की दिव्यता तो केवल उच्च वंश में ही सम्भव है। क्रोधित परशुराम कर्ण से पूछ रहे हैं :

पापी, बोल अभी भी मुख से,
तू न सूत, रथ चालक है
परशुराम का शिष्य विक्रमी
विप्र वंश का बालक है।

सूत-वंश में मिला सूर्य-सा
कैसे तेज प्रबल तुझको

किसने ला कर दिये कहाँ से
कवच और कुण्डल तुझको?

फणीश्वरनाथ रेणु के 'मैला आँचल' का कालीचरण महाभारत के कर्ण का वंशज प्रतीत होता है—साहसी, संघर्षशील और समर्थ, लेकिन जाति के कारण अपमानित। कालीचरण 'कॉमरेड' है, लेकिन पार्टी-सेक्रेटरी की पत्नी का व्यवहार उसके प्रति कैसा है :

"उल्लू कहीं का! गिलास ऐसे ही तो धोता है?...उल्लू।" कालीचरण के गाल पर मानो किसी ने ज़ोर से एक तमाचा जड़ दिया। उल्लू! उसका सारा शरीर झिनझिन कर रहा है। सैनिक जी की स्त्री ने उसे क्या समझा है?...नौकर?

"बहन जी, गिलास..."

"ख़बरदार, बहन जी मत बोल!"

बगल की खाट पर जो चमगादड़ जैसी औरत लेटी हुई थी, बोली, "कौन देश का आदमी है? आदमी है या भूत? बात भी नहीं करना जानता है।"

"अरे जानती नहीं हैं, ग्वाला साठ बरस तक..." सैनिक जी की स्त्री बोली।

कालीचरण पूरा सुन नहीं सका। उसका सिर चकराने लगा। कालीचरण की आँखों के आगे सरसों के फूल जैसी चीज़ें उड़ने लगीं। कालीचरण की कनपटी गर्म हो गयी है।

'दिव्या' का पृथुसेन, 'रश्मिरथी' का कर्ण और 'मैला आँचल' का कालीचरण —योग्यता-सम्पन्न व्यक्तित्व के बावजूद तिरस्कृत हैं। ये तीनों समर्थ, लेकिन विफल पात्र हैं। पृथुसेन भिक्षु बन जाता है, कर्ण इन्द्र को कवच-कुण्डल दान करके कुरुक्षेत्र में निःशस्त्र स्थिति में मारा जाता है और कालीचरण भूमिगत हो जाता है। इन तीनों सम्भावनाशील पात्रों की विफलता इस अर्थ में मूल्यवान है कि वह वर्णवादी सत्ता-संरचना के जड़ीभूत एवं अन्यायपरक चरित्र को सवालों के कठघरे में खड़ा कर देती है। इन चरित्रों से यह भी व्यंजित होता है कि प्रतिष्ठा और ज्ञान पर जो जातिवादी वर्चस्व था, वह नये युग में टूट रहा है और उसका कोई भविष्य नहीं है। इतिहास मानवीय योग्यता की जिन नयी कसौटियों का निर्माण कर रहा है, उनमें जातिगत श्रेष्ठता और कुलीनता के लिए कोई जगह नहीं है। भावी इतिहास के सूत्रधार कथित 'निम्न समाज' से आने वाले संघर्षशील और योग्य नायक होंगे।

पृथुसेन और कालीचरण काल्पनिक पात्र हैं। इसलिए उन्हें रचनाकारों की जीवन-दृष्टि और रचनात्मक उद्देश्यों के अनुरूप विकसित करने की भरपूर

सम्भावना है, जबकि कर्ण एक मिथकीय-पौराणिक चरित्र है। दिनकर ने अपने युग की पृष्ठभूमि में महाभारत के पाठ से छेड़छाड किये बिना, कर्ण के चरित्र को निर्मित किया है। महाभारत को दोहराना दिनकर का लक्ष्य नहीं हो सकता था, होना भी नहीं चाहिए था। अपने देश काल की ज़मीन पर जब वे महाभारत के एक पात्र को ले आते हैं, तो उनका लक्ष्य वर्तमान में निहित मानवीय नियति की उस सनातन विडम्बना की ओर भी ध्यान दिलाना है, जिसका अँधेरा आधुनिकता के आलोक के बावजूद बना हुआ है। 'रश्मिरथी' का कर्ण महाभारत का भी है और दिनकर का भी। भूमिका में उन्होंने कहा :

> *"मुझे इस बात का सन्तोष है कि अपने अध्ययन और मनन से मैं कर्ण के चरित्र को जैसा समझ सका हूँ, वह इस काव्य में ठीक से उतर आया है और उसके वर्णन के बहाने मैं अपने समय और समाज के विषय में जो कुछ कहना चाहता था, उसके अवसर भी मुझे यथास्थान मिल गये हैं।"*

नये भारत के नायक की तलाश में दिनकर महाभारत में गये। उनकी निगाह कर्ण पर पड़ी। कर्ण के चरित्र में उन्हें वर्णव्यवस्था से सन्त्रस्त समाज की पीड़ा, अपमान और आक्रोश का इतिहास दिखाई दिया। युगचेता दिनकर देख रहे थे कि नायकत्व की शास्त्रीय कसौटियाँ बेमानी हो चुकी हैं। पारम्परिक नायकों की शक्ति और श्रेष्ठता का स्रोत उनके व्यक्तित्व में नहीं, उनकी जाति में है। अपने संघर्ष और पुरुषार्थ से अर्जित योग्यता व्यक्तित्व को विश्वसनीय बनाती है और सक्षम भी। व्यक्तित्व सम्पन्न चरित्र ही हमारे समय का नायक होगा। नये नायक के निर्माण की आकांक्षा का सम्बन्ध समाज की नयी सकल्पना से है। समाज की यह नयी संकल्पना स्वाधीनता आन्दोलन में थी और दिनकर में भी। उन्होंने कर्ण के व्यक्तित्व में अपने आदर्श नायक की छवि देखी। 'रश्मिरथी' में कर्ण कहता है :

मैं उनका आदर्श, कहीं जो व्यथा न खोल सकेंगे
पूछेगा जग किन्तु पिता का नाम न बोल सकेंगे
जिनका निखिल विश्व में कोई कहीं न अपना होगा
मन में लिए उमंग जिन्हें चिरकाल कलपना होगा।

यह विचारणीय प्रश्न है कि आधुनिक युग के रचनाकारों को पौराणिक और मिथकीय कथाएँ और चरित्र क्यों आकर्षित करते हैं—ख़ासतौर से वाल्मीकि रामायण और महाभारत? वस्तुतः रामायण और महाभारत भारतीय उपमहाद्वीप के सांस्कृतिक अवचेतन में बसे हैं। वे इस क्षेत्र के साहित्य के आदिस्रोत एवं

प्रेरणाभूमि रहे हैं। भाषा, क्षेत्र और समय की अपार विविधताएँ इन्हीं दो ग्रन्थों के किनारों के बीच प्रवाहित होती आयी हैं। इन ग्रन्थों की अमरता का स्रोत कथा की बहुआयामी, जटिल और व्यापक बुनावट में है। इनमें वर्तमान और सनातन की समानान्तर उपस्थितियाँ हैं। हर युग का रचनाकार उनमें अपने समय के जीवन और प्रश्नों की छाया देख पाता है। इसलिए उसकी रचना समकालीनता और सनातनता से संवाद करती हुई अपनी सार्थकता अर्जित कर पाती है। आधुनिक हिन्दी कविता में मैथिलीशरण गुप्त और दिनकर की अपार लोक स्वीकृति और लोकप्रियता का आधार भारतीय मानस के अवचेतन में बसी हुई इन कथाओं का युगानुरूप पुनर्गठन ही है। मैथिलीशरण गुप्त का 'जयद्रथ-वध' और 'साकेत' तथा दिनकर का 'कुरुक्षेत्र', 'रश्मिरथी' और 'उर्वशी'—साहित्य के स्वयंभू पुरोहितों एवं बुद्धिजीवियों की नुक्ताचीनी के बावजूद हिन्दी समाज की प्रिय रचनाएँ हैं जिनमें वह भाषा का वैभव, स्मृति की अखण्ड परम्परा और अपने वर्तमान की आकांक्षाओं को एक साथ उपलब्ध करता है। मैथिलीशरण गुप्त द्विवेदी युग की मर्यादा, आदर्श, सुधार-भावना एवं राष्ट्रीय चेतना के प्रतिनिधि कवि हैं। एक नये समाज के निर्माण और स्वप्न की मनोभूमि से उनकी कविता अंकुरित और पल्लवित हुई। गहरे वैष्णवी संस्कार उन्हें राम की ओर ले गये और आधुनिक विवेक चेतना ने उन्हें परम्परा को युगबोध के अनुरूप ढालने के लिए प्रेरित किया। 'साकेत' में परम्परा और आधुनिक भाव-बोध के बीच सन्तुलन की खोज है :

राम, तुम मानव हो, ईश्वर नहीं हो क्या?
विश्व में रमे हुए नहीं सभी कहीं हो क्या?
तब मैं निरीश्वर हूँ, ईश्वर क्षमा करे
तुम न रमो तो मन तुमसे रमा करे।

धरती को स्वर्ग बनाने की आकांक्षा गुप्त जी के राम के कथन में व्यक्त हुई है :

सन्देश यहाँ पर नहीं स्वर्ग का लाया
इस भूतल को ही स्वर्ग बनाने आया।

दिनकर मैथिलीशरण गुप्त की परम्परा को विकसित और परिवर्तित करने वाले कवि हैं। उनकी कविता की भाषा और कहन-शैली में गुप्त जी की अनुगूँज सुनाई देती है। लेकिन दिनकर की मनोभूमि गुप्त जी के वैष्णवी संस्कार और आर्य समाजी सुधार-भावना से भिन्न है। यद्यपि दिनकर से संस्कार-निर्माण में गोस्वामी

तुलसीदास के 'रामचरितमानस' की बड़ी भूमिका रही, लेकिन तुलसी उनके लिए श्रद्धेय थे, प्रेरक नहीं। दिनकर की चेतना में एक गहरा द्वन्द्व और तनाव है। रवीन्द्रनाथ ठाकुर, मोहम्मद इक़बाल और महात्मा गाँधी की प्रभाव-रेखाएँ उनकी काव्यानुभूति का त्रिभुज बनाती हैं। 'भारतीय ज्ञानपीठ' पुरस्कार-ग्रहण के अवसर पर दिये गये व्याख्यान में दिनकर की काव्यानुभूति के रचनात्मक और वैचारिक स्रोतों के संकेत मिलते हैं। दिनकर कहते हैं : "अपने निर्माण के दिनों में प्रत्येक नये कवि को उस एक महाकवि का पता लगाना पड़ता है, जिसके समान वह बनना चाहता है। मेरा दुर्भाग्य या सौभाग्य रहा है कि मैंने एक के बदले दो ऐसे महाकवियों का पता लगा लिया, जिनके समान बनने की मुझमें उमंग थी—उनमें से एक थे रवीन्द्रनाथ ठाकुर और दूसरे थे सर मोहम्मद इक़बाल, जिन्हें नोबेल पुरस्कार तो नहीं मिला था, मगर जिनकी कविताएँ पाठकों के रुधिर में आग की तरंग उठाती थीं, मन के भीतर चिन्तन का द्वार खोल देती थीं।" रवीन्द्रनाथ ठाकुर में भावनाओं का एक रहस्यात्मक संसार था और विराट सत्ता के प्रति सम्पूर्ण आत्मसमर्पण का भाव था, जबकि इक़बाल में मनुष्य का अदम्य आत्मविश्वास और व्यक्तित्व की दृढ़ता थी :

ख़ुदी को कर बुलन्द इतना
कि हर तक़दीर से पहले
ख़ुदा बन्दे से ख़ुद पूछे,
बता तेरी रज़ा क्या है।

इक़बाल की कविता में दिनकर को व्यक्तित्व की परिभाषा मिली—'जो आदमी आराम में है, जो संघर्ष से दूर है, जो बड़े मक़सदों को हासिल करने के लिए जद्दोजहद नहीं कर रहा है, इक़बाल उस मनुष्य को व्यक्तित्वहीन समझते हैं। व्यवित्तत्व की स्थिति संघर्ष की स्थिति होती है, तनाव की स्थिति होती है और जो आदमी जितने ही अधिक तनाव में है, उसका व्यक्तित्व भी उतना ही बड़ा और बलवान है।' दिनकर पर रवीन्द्रनाथ ठाकुर की संगीतात्मक कोमलता और इक़बाल की 'रुधिर में तरंग पैदा करने वाली आग' का प्रभाव था। इन दोनों के प्रभाव के कारण ही दिनकर की कविता को 'दहकते अंगारों पर इन्द्रधनुष की क्रीड़ा' कहा गया है। गाँधी के प्रभाव की चर्चा करते हुए दिनकर कहते हैं :

"मेरे निर्माण का समय वह था जब गाँधी जी समस्त देश को जीवन, जागरण, प्रेरणा और संघर्ष से आलोड़ित कर रहे थे। ऐसा समय क्या कोमल, वायवीय और निरुद्देश्य गीतों का समय होता है? सम्भव है कि पराधीनता का

विरोध, शोषण और साम्राज्यवाद का प्रहार तथा समता के समर्थन में गान मैंने भी प्रचार के लिए नहीं, बल्कि इसलिए किया था कि वैसा करना मुझे अच्छा लगता था, आनन्ददायक मालूम होता था।"

यह ग़ौरतलब है कि दिनकर छायावादोत्तर हिन्दी कविता के प्रतिनिधि कवि हैं। उनके काव्य-समय के एक छोर पर वैयक्तिक गीतिधारा के बच्चन, नरेन्द्र शर्मा, अंचल जैसे कवि थे, जिनकी कविता में प्रेम का अवसाद, अकेलापन और नियति से शासित विवश ज़िन्दगी थी, तो दूसरे छोर पर मार्क्सवादी दर्शन से आवेशित प्रगतिवादी आन्दोलन था, जिसके पास विचारधारा की 'दिव्यदृष्टि' थी। मार्क्सवाद में इतिहास परिभाषित था। वर्ग-विषमता का सार्वभौमिक सत्य था, राजनीति और साहित्य की राहें और मंज़िलें स्पष्ट थीं। यह सत्य पा लिया गया था कि पूँजीवादी व्यवस्था का ध्वंस और एक वर्गविहीन समाज का निर्माण क्रान्ति से ही सम्भव है, इसलिए कला का लक्ष्य इस क्रान्ति को सफल बनाना है। यहाँ कहीं कोई दुविधा नहीं थी, न ही असहमति की कोई जगह। लेकिन दिनकर तो कुछ और ही मान रहे थे। 'उर्वशी' की भूमिका में उन्होंने लिखा :

"प्रश्नों के उत्तर, रोगों के समाधान मनुष्य के नेता दिया करते हैं, कविता की भूमि केवल दर्द को जानती है, केवल बेचैनी को जानती है, केवल वासना की लहर और रुधिर के उत्ताप को पहचानती है।"

दिनकर की कविता का मूल आधार संवेग है, लेकिन इस संवेग के नेपथ्य में विचार की सघन उपस्थित है। संवेग और विचार का यह अन्तर्विरोधी साहचर्य दिनकर की कविता को विशिष्ट बनाता है। इस पृष्ठभूमि में 'रश्मिरथी' को देखा जाना चाहिए।

1946 में प्रकाशित 'कुरुक्षेत्र' के बाद 'रश्मिरथी' दिनकर का दूसरा प्रबन्ध काव्य है। दिनकर के मुताबिक़ 'रश्मिरथी'–'सरल सीधा' काव्य है। 'कुरुक्षेत्र' की भूमिका में दिनकर ने लिखा था :

"यह न तो दर्शन है और न किसी ज्ञानी के प्रौढ़ मस्तिष्क का चमत्कार। यह तो अन्ततः एक साधारण मनुष्य का शंकाकुल हृदय ही है जो मस्तिष्क के स्तर पर चढ़कर बोल रहा है।"

'कुरुक्षेत्र' में युद्ध को लेकर दिनकर के विचारों में उलझन है, उत्तर की दिशा स्पष्ट नहीं है। युद्ध की अनिवार्यता और उसके परिणाम के बीच दिनकर का मन डाँवाडोल है। अपनी इस वैचारिक अनिर्दिष्टता को दिनकर 'कोयला और कवित्व' संग्रह की एक कविता में स्पष्ट करते हैं :

अच्छे लगते मार्क्स,
प्रेम है अधिक किन्तु गाँधी से,
प्रिय है शीतल पवन
प्रेरणा लेता हूँ आँधी से,
नहीं चाहता युद्ध-लड़ाई
लेकिन अगर ठनेगी,
किसी तरह भी शान्तिवाद से
मेरी नहीं बनेगी।
एक नहीं, दोनों ध्रुव मेरे भीतर धँसे हुए हैं
सभी सत्य अपने-अपने शिखरों पर बसे हुए हैं।

'कुरुक्षेत्र' को आलोचकों ने द्वन्द्व का काव्य कहा है। हिंसा और अहिंसा, युद्ध और शान्ति, निवृत्ति और प्रवृत्ति तथा विज्ञान और आत्मज्ञान के बीच एक टकराव है जो 'कुरुक्षेत्र' को वैचारिक स्तर पर जटिल बनाता है। 'रश्मिरथी' इस परिप्रेक्ष्य में 'सरल सीधा' काव्य है। 'रश्मिरथी' की कथा महाभारत से ली गयी है। कथा पुरानी है, लेकिन उसे कहने वाला कवि भारत के स्वाधीनता आन्दोलन के दौर का है। एक पुरानी कथा और मिथकीय चरित्र को अपने युग-सन्दर्भों में ढालने की चुनौती प्रत्येक रचनाकार के सामने होती है। प्रसाद के सामने बुद्धिवाद से निर्देशित और संचालित—आत्महन्ता आधुनिक सभ्यता थी। अनियन्त्रित भोग, यान्त्रिकता और अध्यात्म रहित इस सभ्यता में जीवन अशान्ति और निरर्थक गति से आक्रान्त था। प्रसाद ने इस आधुनिक सभ्यता का विकल्प 'कामायनी' में कल्पित किया। 'राम की शक्ति-पूजा' में निराला 'स्थिर राघवेन्द्र' को संशय, भय और विकलता से आक्रान्त दिखाकर निष्कम्प संकल्प और अविचलित साधना से 'पुरुषोतम नवीन' में रूपान्तरित कर देते हैं। 'रश्मिरथी' में दिनकर ने भी किंचित् बदलाव किये हैं। महाभारत के 'आदि पर्व' में कौरव-पाण्डव-राजकुमारों को शस्त्र-कौशल के प्रदर्शन के दौरान अर्जुन की श्रेष्ठता को चुनौती देते कर्ण को हतोत्साहित करने के लिए कृपाचार्य उससे अपने कुल-गोत्र का परिचय देने के लिए कहते हैं। सूत वंश के अधिरथ और राधा द्वारा पालित-पोषित कर्ण महाभारत में मौन धारण कर लेता है, जबकि 'रश्मिरथी' में वह उत्तर देता है, आवेश से भरा हुआ उत्तर :

जाति जाति रटते, जिनकी पूँजी केवल पाषण्ड,
मैं क्या जानूँ जाति, जाति हैं ये मेरे भुज दण्ड।

पढ़ो उसे जो झलक रहा है, मुझमें तेज प्रकाश,
मेरे रोम-रोम में अंकित है मेरा इतिहास।

'रश्मिरथी' के कर्ण को यह आत्मविश्वास और स्वाभिमान उस बीसवीं सदी के भारत ने दिया है जो नवजागरण की चेतना से संस्कारित, ब्रिटिश साम्राज्यवाद से मुक्ति के लिए संघर्ष कर रहा था। इस संघर्ष का दायरा केवल राजनीति तक सीमित नहीं था, उसमें सामाजिक एवं लैंगिक भेदभाव तथा रूढ़ियों एवं जड़ताओं से मुक्ति की आकांक्षा भी शामिल थी। आधुनिक युग-बोध और मुक्ति के स्वप्न ने जिस 'व्यक्ति मनुष्य' को सम्भव किया था, वह प्रदत्त प्रतिष्ठा को नहीं, अपने संघर्ष और संकल्प से अर्जित योग्यता को अपनी पहचान मानता था। कर्ण के इस आत्मविश्वास में उस समय की आवाज़ है जिसमें दिनकर की रचनात्मकता अपने उत्कर्ष पर थी।

नीत्शे द्वारा 'ईश्वर की मृत्यु' की घोषणा मनुष्य के आत्मविश्वास और उसके कर्त्ता भाव की सूचक थी। पुरानी दुनिया ईश्वर शासित थी। देवताओं का एक अलग संसार था—सुन्दर, सम्पन्न और स्वप्निल। मनुष्य देवताओं से हीन और उनके अधीन था। आधुनिक जीवन-स्थितियों एवं वैज्ञानिक चेतना के कारण ईश्वर का अस्तित्व ही अप्रामाणिक हो गया। ईश्वर की विदाई के साथ मनुष्य की सम्प्रभुता स्थापित हुई। भाग्य की अधीनता और ईश्वर की अनुकम्पा से मुक्त यह नया मनुष्य दिनकर की 'रश्मिरथी' में अपनी पूरी गरिमा, क्षमता और सम्भावनाओं के साथ चित्रित हुआ। हालाँकि प्रसाद की 'कामायनी' में विजयनी मानवता का स्वप्न है, लेकिन 'रश्मिरथी' में यह नया मनुष्य धारणा के स्तर पर भी है और चरित्र के स्तर पर भी। इस नये मनुष्य के व्यक्तित्व और उसकी क्षमता के प्रति दिनकर में एक गहरी आस्था है :

है कौन विघ्न ऐसा जग में
टिक सके वीर नर के मग में?
खम ठोक ठेलता है जब नर
पर्वत के जाते पाँव उखड़।
मानव जब ज़ोर लगाता है
पत्थर पानी बन जाता है।

इन्द्र को कर्ण द्वारा कवच-कुण्डल दान के प्रसंग में धरती और मनुष्य की गरिमा के सामने देवराज का देवत्व और उनका स्वर्ग श्रीहीन लगते हैं। मनुष्य की श्रेष्ठता के प्रति दिनकर का यह विश्वास जहाँ कर्ण के चरित्र को दिव्यता देता है, वहीं उनके आधुनिक भाव-बोध का प्रमाण भी। कर्ण इन्द्र से कह रहा है :

धन्य हमारा सुयश आपको,
खींच मही पर लाया
स्वर्ग भीख माँगने आज,
सच ही मिट्टी पर आया।

केवल गन्ध जिन्हें प्रिय उनको,
स्थूल मनुज क्या देगा?
और व्योमवासी मिट्टी से
दान भला क्या लेगा?

फिर भी देवराज भिक्षुक बनकर
यदि हाथ पसारें,
जो भी हो, पर इस सुयोग को
हम क्यों अशुभ विचारें?

दिनकर साहित्य को न तो स्वान्तः सुखाय मानते हैं, न प्रचारात्मक। रचनाकार अपने समय को बड़ा स्वप्न देता है। क्षुद्र स्वार्थों और अवसरवाद की ढलानों पर लुढ़कते समाज की चेतना में वह शिखरों की उच्चता एवं पवित्रता का पुनर्वास करता है। 'रश्मिरथी' में दिनकर ने कर्ण के चरित्र के द्वारा अपने इस मक़सद को सगुण रूप देने की कोशिश की है। कर्ण बेशक एक पौराणिक चरित्र है, लेकिन दिनकर ने उसे मानवीय व्यक्तित्व के आदर्श प्रतिमान के रूप में चित्रित किया है। व्यावसायिकता और अवसरवाद के सर्प से दंशित हमारे समय में 'रश्मिरथी' के कर्ण का चरित्र एक मन्त्र की तरह पवित्र और असरकारक है। मित्र-धर्म के निर्वाह, दानशीलता और वचनबद्धता की दृष्टि से वह आधुनिक हिन्दी कविता का अप्रतिम नायक है। कुन्ती का ज्येष्ठ पुत्र बताकर कृष्ण कर्ण को पाण्डवों से मिल जाने के लिए मखमली प्रलोभनों का मायालोक रचते हैं :

कुन्ती का तू ही तनय ज्येष्ठ,
बल-बुद्धि शील में परम श्रेष्ठ।
मस्त पर मुकुट धरेंगे हम,
तेरा अभिषेक करेंगे हम।

आरती समोद उतारेंगे,
सब मिलकर पाँव पखारेंगे।

पद-त्राण भीम पहनायेगा,
धर्माधिप चँवर डुलाएगा।

पहरे पर पार्थ प्रबल होंगे,
सहदेव-नकुल अनुचर होंगे।
भोजन उत्तरा बनायेगी,
पांचाली पान खिलायेगी।

आहा! क्या दृश्य शुभग होगा,
आनन्द-चमत्कृत जग होगा।
सब लोग तुझे पहचानेंगे,
असली स्वरूप में जानेंगे।

खोयी मणि को जब पायेगी
कुन्ती फूली न समायेगी।

लेकिन दुर्योधन के प्रति कर्ण की कृतज्ञता की एक हल्की छुअन से प्रलोभनों का यह मायालोक बुलबुले की तरह फूट जाता है :

है ऋणी कर्ण का रोम-रोम,
जानते सत्य यह सूर्य सोम।
तन-मन-धन दुर्योधन का है,
यह जीवन दुर्योधन का है।
सुरपुर से भी मुख मोड़ूँगा
केशव! मैं उसे न छोड़ूँगा।

यह जानते हुए भी कि कवच-कुण्डल का दान मृत्यु का वरण है, कर्ण अपनी दानशीलता पर अडिग रहता है। कर्ण की दानवीरता को दिनकर ने मध्यवर्ग के संग्रहवादी, आत्मबद्ध चरित्र के विरोध में एक नैतिक मूल्य के रूप में प्रस्तावित किया है। सत्ता, समृद्धि और भोग की अनियन्त्रित वासना—व्यक्ति की मानवीय योग्यता को नष्ट तो करती ही है, वह उसके तेज का भी हरण कर लेती है। भौतिक-संग्रह वाली मानसिकता व्यक्ति को एक ऐसे प्रेत में बदल देती है; जो जीवन के सौन्दर्य और प्रवाह से कटा हुआ अस्तित्व के वीरान अँधेरे में जीने के लिए अभिशप्त होता है। कामायनी में प्रसाद ने इस संग्रहवादी मानसिकता के ख़तरों के प्रति आगाह किया था :

अपने में सब कुछ धर कैसे व्यक्ति विकास करेगा।
यह एकान्त स्वार्थ भीषण है अपना नाश करेगा।

वसुधा पर गाँधी के सर्वव्यापी प्रभाव का समय है गाँधीवादी जीवन-दर्शन के कायल नहीं लेकिन वे उनके द्वारा सम्मोहन से बच नहीं सके। रश्मिरथी के कर्ण पर गाँधीवादी जीवन-दर्शन की गहरी छाया है :

होकर समृद्धि-सुख के अधीन
मानव होता नित तपःक्षीण
सत्ता, किरीट, मणिमय आसन
करते मनुष्य का तेज-हरण
नर विभव-हेतु ललचाता है
पर वही मनुज को खाता है।

कर्ण की दानवीरता समृद्धि और संग्रह के व्यर्थता-बोध से उपजी है। वह प्रदर्शन की नहीं, बल्कि उसके व्यक्तित्व की पहचान और जीवन दृष्टि भी है। 'दान तो जीवन का झरना है' और 'संग्रहवादी मनोवृत्ति' मरने से पहले घटित मृत्यु! दिनकर ने प्रकृति और परम्परा के दर्जनों उदाहरणों के द्वारा दान की महिमा को उद्घाटित किया है। कवच-कुण्डल का दान कर्ण की दानशीलता की पराकाष्ठा है। वह इन्द्र को अपना कवच-कुण्डल तो दे देता है, लेकिन इस 'छल' को कायराना कृत्य कहने से नहीं चूकता :

देवराज! हम जिसे जीत सकते न बाहु के बल से,
क्या है उचित उसे मारें हम न्याय छोड़कर छल से?
हार-जीत क्या चीज़? वीरता की पहचान समर है,
सच्चाई पर कभी हार कर भी न हारता नर है।

एक सच्चे और समर्थ योद्धा के रूप में कर्ण की यह नैतिक प्रभा समकालीन जीवन के अँधेरे में आकाशदीप की तरह है, जिसकी रोशनी में हमारी सदी अपने भविष्य के लिए एक मानवीय राह की तलाश कर सकती है।

'कर्ण-कुन्ती-संवाद' में कर्ण अर्जुन को छोड़कर शेष पाण्डवों को प्राण-दान का वचन देता है, यह भी कि अर्जुन के वध और कौरवों की विजय के बाद वह दुर्योधन को छोड़कर कुन्ती के पास आ जायेगा। रणक्षेत्र में कर्ण कुन्ती के दिये हुए वचन का पालन करता है। पाण्डवों को इस तरह जीवनदान देते हुए देखकर कर्ण का सारथी शल्य क्षुब्ध होता है, लेकिन कर्ण कहता है :

समझोगे नहीं शल्य इसको,
यह करतब नादानों का है।
यह खेल जीत से बड़े किसी
मक़सद के दीवानों का है।

जानते स्वाद इसका वे ही
जो सुरा स्वप्न की पीते हैं,
दुनिया में रहकर भी दुनिया से
अलग खड़े हो जीते हैं।

व्यक्तित्व दृढ़ता, दानशीलता और वचनबद्धता का रासायनिक मिश्रण 'रश्मिरथी' के कर्ण को एक ऐसे नायक में बदल देता है जो मरकर भी मनुष्यता की स्मृति में अमर रहता है।

कर्ण हमारे मिथकीय अवचेतन में, लोकलाज के कारण अपनी अविवाहित माँ के द्वारा परित्यक्त सूर्यपुत्र है। वह निम्न जाति में पलता है। अपनी क्षमता और योग्यता के बावजूद वह जीवन के अनेक अवसरों पर जातिगत अपमान का दंश झेलता है। अपमान की यन्त्रणा उसके अवचेतन में पैठ गयी है। अपने जीवन के दुर्भाग्य और यन्त्रणा के लिए वह अपनी माँ कुन्ती को ज़िम्मेदार मानता है। 'रश्मिरथी' में दिनकर की कविता का चरमोत्कर्ष उन प्रसंगों में प्रकट होता है, जब वे मातृहीन और अपमानित कर्ण की पीड़ा को स्वर देते हैं। कृष्ण से बात करते हुए कुन्ती के प्रति कर्ण का करुणाबिद्ध आक्रोश छलक पड़ता है :

वह नारी नहीं कुलपाली थी,
सर्पिणी परम विकराली थी।
पत्थर समान उसका हिय था,
सुत से समाज बढ़कर प्रिय था।

गोदी में आग लगा करके,
मेरा कुल-वंश छिपा करके,
दुश्मन का उसने काम किया,
माताओं को बदनाम किया।

माँ का पय भी न पिया मैंने
उलटे अभिशाप लिया मैंने।

वह तो यशस्विनी बनी रही,
सबकी भौं मुझ पर तनी रही।
कन्या वह रही अपरिणीता,
जो कुछ बीता, मुझ पर बीता।

प्रबन्धात्मक कृतियों में कुछ ऐसे स्थल होते हैं, जहाँ कवि को अपनी प्रतिभा और संवेदन क्षमता की अग्नि परीक्षा से गुज़रना होता है। पहला प्रसंग है जब युद्ध पूर्व सन्ध्या में कर्ण और कुन्ती नदी के निर्जन तट पर आमने-सामने हैं, अपनी-अपनी व्यथा का इतिहास लेकर। कुन्ती के उद्‌गारों में स्त्री होने की पीड़ा और विवशता का भाव है :

'बेटा, धरती पर बड़ी दीन है नारी।' जब तू आया मैं कुमारी थी। वह अबोध बचपन का काल था। मुझे कुछ समझ में नहीं आया। मंजूषा में रखकर और अपने मन को वज्र बनाकर मैं तुझे धारा में छोड़ आयी। लेकिन कर्ण! बचपन से जवानी तक की ज़िन्दगी में पाये अपमान और उपेक्षा का दुख ज्वालामुखी की तरह फट पड़ता है कुन्ती के सामने। व्यंग्य और आक्रोश दाहक भाषा में लपट की तरह प्रकट होते हैं :

तुम बड़े वंश की बेटी ठकुरानी हो,
अर्जुन की माता, कुरुकुल की रानी हो,
मैं नाम-गोत्र से हीन, दीन खोटा हूँ
सारथी पुत्र हूँ, मनुज बड़ा छोटा हूँ।
ठकुरानी! क्या लेकर तुम मुझे करोगी?
मल को पवित्र गोदी में कहाँ धरोगी?

भारतीय संस्कारों में पले-बढ़े दिनकर इस प्रसंग का समापन बेहद मार्मिकता के साथ करते हैं :

हो रहा मौन राधेय चरण को छूकर
दो बिन्दु अश्रु के गिरे दृगों से चू कर
बेटे का मस्तक सूँघ बड़े ही दुख से
कुन्ती लौटी कुछ कहे बिना ही मुख से।

दूसरा प्रसंग है, जब कर्ण अपने गुरु परशुराम से, बिना किसी अपराध के अभिशप्त होकर और ब्रह्मास्त्र की शक्ति खोकर महेन्द्रगिरि पर्वत से लौट रहा है। दिनकर ने कर्ण के व्यक्तित्व में निहित गरिमा और उसकी मनःस्थिति के चित्रण में अपनी समर्थ रचनात्मकता का परिचय दिया है :

परशुधर के चरण की धूलि लेकर,
उन्हें अपने हृदय की भक्ति देकर,
निराशा से विकल, टूटा हुआ-सा,
किसी गिरि श्रृंग से छूटा हुआ-सा,
चला खोया हुआ-सा कर्ण मन में,
कि जैसे चाँद चलता होगा गगन में।

दिनकर की दृष्टि में कविता जनसाधारण से जुड़ कर ही सार्थक और प्रामाणिक होती है। इसलिए उनकी काव्य-शैली और भाषा हिन्दी कविता की उस जातीय परम्परा से जुड़ती है, जिसके आधुनिक प्रतिनिधि कवि मैथिलीशरण गुप्त हैं। दिनकर की धारणा है कि भारत की साहित्य प्रेमी जनता अब भी प्रबन्ध काव्य से अधिक तादात्म्य महसूस करती है। इसलिए प्रबन्ध काव्य के प्रति दिनकर में एक स्वाभाविक रुझान है। 'कुरुक्षेत्र' की भूमिका में दिनकर ने लिखा था :

" 'कुरुक्षेत्र' की रचना भगवान व्यास के अनुकरण पर नहीं हुई है और न ही महाभारत को दोहराना मेरा उद्देश्य था। मुझे जो कुछ कहना था, वह युधिष्ठिर और भीष्म का प्रसंग उठाये बिना भी कहा जा सकता था, किन्तु तब यह रचना शायद प्रबन्ध के रूप में न उतरकर मुक्तक बनकर रह गयी होती।"

'कुरुक्षेत्र' में वैचारिक प्रबन्धात्मकता थी। कथा-तत्त्व उसमें न के बराबर था। इसलिए उन्होंने कथा-तत्त्व से युक्त 'रश्मिरथी' की रचना की। भूमिका में उन्होंने लिखा है :

" 'कुरुक्षेत्र' की रचना कर चुकने के बाद ही मुझमें यह भाव जगा कि मैं कोई ऐसा काव्य लिखूँ जिसमें केवल विचारोत्तेजकता ही नहीं, कुछ कथा, संवाद और वर्णन का भी माहात्म्य हो।"

फ़ैशन को दरकिनार कर दिनकर 'प्रबन्ध धर्म' का निर्वाह करते हुए जनता की रुचि को महत्त्व देते हैं। 'रश्मिरथी' की अपार लोकप्रियता का कारण उसके रूप-विधान के साथ दिनकर की भाषा भी है।

द्विवेदी युगीन शैली की वर्णनात्मकता और छायावाद की भावमयता के योग से दिनकर ने एक ऐसी काव्य-भाषा अर्जित की, जिसमें बुद्धि और हृदय को एक साथ झंकृत करने की अपूर्व रचनात्मक क्षमता है। उनकी भाषा में हरसिंगार के

फूलों का कोमल संगीत भी है और आकाश में टकराते मेघ-खण्डों का गर्जन भी। गीतात्मक तरलता और चट्टानों से टकराती लहरों का नाद दिनकर की काव्य-भाषा में एक साथ मौजूद है। इस भाषा में बोलचाल की सादगी है और छन्द की रवानगी भी। खड़ी बोली कविता को साहित्य-प्रेमी जनता की ज़बान पर चढ़ा देने वाले कवियों में दिनकर अविस्मरणीय हैं। दिनकर की कविता किसी बुद्धिजीवी या अभिजन के बैठकखाने की दीवार पर टँगी हुई पेंटिंग नहीं, समय के रथ पर लहराती हुई ध्वजा है। 'रश्मिरथी' दिनकर की रचनात्मक ऊर्जा और सामर्थ्य का अमर्त्य साक्ष्य है।

कर्ण का नायकत्व और 'रश्मिरथी'

–राकेश मिश्र

द्वितीय विश्व युद्ध की विभीषिका के आलोक में धरती पर युद्ध के द्वारा होने वाले व्यापक विनाश की ओर मानवता ने सोचना प्रारम्भ किया। युद्ध सर्वदा से मनुष्य के उत्कृष्ट और निकृष्ट चारित्रिक उत्थान-पतन के साक्षी रहे हैं। युद्ध के विभिन्न चरित्र हमेशा से कविगणों को प्रभूत काव्य सामग्री उपलब्ध कराते रहे हैं। श्री रामधारी सिंह दिनकर में भी युद्धों के प्रति वैचारिक आकर्षण दृष्टिगोचर होता है जो उनकी कविता कलिंग विजय और कुरुक्षेत्र प्रबन्ध काव्य से स्पष्ट है। रश्मिरथी का कर्ण भी कुरुक्षेत्र में युद्ध की विभीषिका से निकला हुआ विशिष्ट चरित्र है। दिनकर को युद्ध की समस्या मनुष्य की सारी समस्याओं की जड़ लगती है। युद्ध निन्दित और क्रूर कर्म है जिसका दायित्व विनिश्चय उनके युद्ध-काव्य का प्रेरक तत्त्व है। भारतीय उपमहाद्वीप में संसाधनों व मानवता विनाश के दृष्टिगत महाभारत और कलिंग युद्ध सर्वाधिक महत्त्वपूर्ण हैं। कलिंग विजय कविता में दिनकर ने युद्ध के द्वारा होने वाले व्यापक विनाश को प्रस्तुत किया है तथा युद्ध के निरर्थकता-बोध के कारण सम्राट अशोक के बौद्ध धर्म की तरफ़ हुए झुकाव एवं वैचारिक जागरण का वर्णन है। रश्मिरथी में भी दिनकर के युद्ध सम्बन्धी विचार यत्र-तत्र फैले हुए हैं विशेष रूप से द्वितीय सर्ग में परशुराम के मुख से दिनकर का युद्ध सम्बन्धी विचार प्रवाह दृष्टिगोचर होता है। भारतीय उप महाद्वीप में जाति, वर्ण, कुल और गोत्र से जुड़े मानव अस्मिता के प्रश्नों के द्वापर युगीन सन्दर्भ आधुनिक काल में भी औचित्यपूर्ण हैं। गुण आधारित सम्मान मनुष्यता का आदर्श सर्वदा से रहा है। इतिहास में इसके लिए बड़े संघर्ष हुए हैं। अधिकांश जगहों पर यह वर्ग संघर्ष के रूप में प्रस्फुटित हुआ है। महाभारत का कर्ण और उससे जुड़े प्रसंग इसका एक उदाहरण है। देश की स्वाधीनता के उपरान्त संविधान व समाज में जो सामाजिक न्याय की चेतना विकसित हुई उसका द्वापर युगीन

कर्ण सार्थक प्रतिनिधित्व करता है। वह कुल गोत्र के प्रश्नों के कारण उपेक्षित है और व्यक्तिगत गुणों के कारण समादरणीय है। उसका संघर्ष वर्णव्यवस्था के विरुद्ध खड़े उस प्रत्येक व्यक्ति का संघर्ष है जो अपनी क्षमताओं के बल पर आगे बढ़ना चाहता है। परन्तु जाति व वर्ण के कारण उनका मार्ग कठिनाइयों से भरा हुआ है। इस परिप्रेक्ष्य में कर्ण का चरित्र एक ऐसा विमर्श प्रस्तुत करता है जिसमें वर्णव्यवस्था के प्रति प्रतिशोध के सापेक्ष वैचारिक समझ व तर्कशीलता का अपेक्षाकृत अभाव है। वह परिस्थितियों से समझौता नहीं करता। कर्ण अपने सिद्धान्त का स्वयं निर्माता है तथा उस पर अडिग रहना जानता है। दिनकर के अनुसार कर्ण चरित का उद्धार समाज में बढ़ते मानवीय गुणों की पहचान का प्रतीक है जिसमें कुल और जाति का अहंकार विदा ले रहा है। यह नयी मानवता की स्थापना का प्रयास है। रश्मिरथी कवि दिनकर की स्वानुभूति और मिथकीय कथानक का एक अद्भुत संयोजन है। रश्मिरथी में द्वापर युगीन आदर्शों व द्वन्द्वों की व्याख्या आधुनिक सन्दर्भों में करना एक रोचक आख्यान प्रस्तुत करता है। कर्ण के चरित्र के माध्यम से द्वापर युगीन समाज की सामाजिक, राजनीतिक व मानसिक संरचना के गूढ़ प्रश्नों पर विमर्श व औचित्य निर्धारण का प्रयास किया गया है। दिनकर के अनुसार राष्ट्रीय अस्मिता, वैचारिकता, जाति एवं संस्कृति के गूढ़ प्रश्नों को समझने के लिए राष्ट्र के इतिहास, विशेष रूप से पौराणिक व मिथकीय इतिहास को पढ़ना व समझना ज़रूरी है। जैसा कि होता है पौराणिक आख्यान की प्रस्तुति को भी स्वानुभूत सत्य का सहारा चाहिए। इस कार्य में दिनकर की स्वयं की जातीय चेतना व वर्णव्यवस्था के प्रति उनके स्वयं के आग्रह, भाव व विचार स्वाभाविक रूप से सहायक भूमिका में हैं। रश्मिरथी महाभारत में कर्ण के कथानक का पद्यबद्ध रूप है जिसमें कर्ण के जीवन के महत्त्वपूर्ण पड़ावों यथा—जन्म, शिक्षा, गितृसत्तात्मक व्यवस्था से प्राप्त अनुभवों तथा इन अनुभवों का उनके व्यक्तित्व के विकास एवं निर्माण पर पड़े प्रभाव और उससे महाभारत के युद्ध में निर्मित उनकी भूमिका का वर्णन है। इसमें दिनकर की काव्य भाषा ऋजु व विचार प्रवाह युक्त है।

कर्ण का जीवन संघर्ष उसके जन्म की कथा से प्रारम्भ होता है जिसमें माता कुन्ती द्वारा लोक-लज्जा के भय से नवजात शिशु कर्ण का परित्याग किया जाता है। उक्त घटना कर्ण के जीवन की सर्वाधिक प्रमुख व निर्णायक घटना सिद्ध होती है। कर्ण के जीवन चरित्र का निर्माण उसके जन्म की घटना के चतुर्दिक ही होता है। सूत दम्पति द्वारा नवजात का पालन-पोषण और नाम दिये जाने के कारण

द्विजजातियों यथा—ब्राह्मण, क्षत्रिय की तुलना में कर्ण हीनता का शिकार होता है। कर्ण की वीरता, दान, तप आदि चारित्रिक गुण उसे बार-बार क्षत्रिय राजकुमारों के समकक्ष खड़ा होने को प्रेरित करते हैं। कर्ण का संघर्ष संस्कृतिकरण का भी संघर्ष है। वह गुणों के आधार पर सम्मानित होना व पहचाना जाना चाहता है। यह उसकी मजबूरी भी है।

रश्मिरथी के प्रथम सर्ग का प्रारम्भ विश्व व मनुष्यता के लिए सर्वाधिक महत्त्वपूर्ण प्रश्न की घोषणा से होता है।

'जय हो', जग में जले जहाँ भी, नमन पुनीत अनल को,
जिस नर में भी बसे, हमारा नमन तेज को, बल को।

परन्तु किशोर कर्ण का रंगभूमि में स्वागत उसके जाति व गोत्र के प्रश्नों से होता है। साहस, वीरता व आत्मविश्वास से भरपूर कर्ण का सामना एक ऐसे प्रश्न से होता है जिस पर उसका कोई बस नहीं। उसके समक्ष कृपाचार्य की ललकार ध्वनित होती है।

अर्जुन से लड़ना है तो मत गहो सभा में मौन,
नाम-धाम कुछ कहो, बताओ कि तुम जाति हो कौन?

'जाति! हाय री जाति!' कर्ण का हृदय क्षोभ से डोला,
कुपित सूर्य की ओर देख वह वीर क्रोध से बोला—
जाति-जाति रटते, जिनकी पूँजी केवल पाषण्ड,
मैं क्या जानूँ जाति? जाति हैं ये मेरे भुजदण्ड।

उक्त घटना कर्ण के आगे के जीवनपथ का निर्धारण करने वाली दूसरी घटना सिद्ध होती है। कर्ण का सामना बार-बार इस प्रश्न से होता है तथा इससे उत्पन्न कटुता व द्वेष उसके मन को प्रतिशोध की भावना से भर देते हैं। कर्ण के भीतर द्विज परम्परा व पितृसत्तात्मक वर्णव्यवस्था के विरुद्ध यह प्रतिशोध इतना गहरा है कि वह हर क़ीमत पर इस व्यवस्था से बदला लेना चाहता है तथा अपने तमाम व्यक्तिगत गुणों के बावजूद अन्याय के साथ हठपूर्वक खड़ा होता है। रंगभूमि में कृपाचार्य द्वारा राज्य अर्जित करने की चुनौती और दुर्योधन द्वारा मौक़े का तुरन्त लाभ उठाते हुए कर्ण को अंग देश का राजा घोषित करना कर्ण को दुर्योधन का जरख़रीद ग़ुलाम बना देता है जिससे कर्ण कभी निकल नहीं पाता। वह कहता है :

भरी सभा के बीच आज तूने जो मान दिया है,
पहले-पहल मुझे जीवन में जो उत्थान दिया है।
उऋण भला होऊँगा उससे चुका कौन-सा दाम?
कृपा करें दिनमान कि आऊँ तेरे कोई काम।

दुर्योधन को कर्ण में अर्जुन के विरुद्ध रण में खड़ा एक समर्थ प्रतिरथी दिखाई पड़ता है तथा कर्ण का उपरोक्तानुसार वचन ग्रहण भविष्य में उसके व्यक्तित्व के विकास को एक पक्षीय व संकुचित कर देता है। कर्ण के आगे के जीवन में उसके द्वारा सत्य-असत्य अथवा न्याय-अन्याय का निर्धारण असम्भव हो जाता है। वह दुर्योधन का हर निर्णय बिना उचित-अनुचित विचार के मानने को बाध्य है।

पुनः कर्ण यह जानता है कि उसकी नीच जाति के कारण कोई योग्य गुरु उसे शिक्षा नहीं प्रदान करेगा। कर्ण की परिस्थितियाँ उसे गुरु परशुराम से छल करने को विवश करती हैं। वह ब्राह्मण कुमार के रूप में गुरु परशुराम से शिक्षा प्राप्त करता है। द्वितीय सर्ग में दिनकर का युद्ध सम्बन्धी विचार प्रवाह निर्बाध दौड़ता है। युद्ध की स्थिति में बुद्धि व विवेक का स्वामी होने के बावजूद ब्राह्मण का असहाय और अपमानित होना गुरु परशुराम के शस्त्र विद्या व क्षत्रिय विरोध का आधार है।

रण केवल इसलिए कि राजे और सुखी हों, मानी हों,
और प्रजाएँ मिलें उन्हें, वे और अधिक अभिमानी हों।

अब तो है यह दशा कि जो कुछ है, वह राजा का बल है,
ब्राह्मण खड़ा सामने केवल लिये शंख-गंगाजल है।

इसीलिए तो मैं कहता हूँ, अरे ज्ञानियो! खड्ग धरो,
हर न सका जिसको कोई भी, भू का वह तुम त्रास हरो।

नियति जैसे कर्ण का पीछा कर रही है। गुरु परशुराम के आश्रम में एक बार पुनः वह ब्राह्मण न होने के कारण गुरु के श्राप का भागी बनता है। वह दुखी और विक्षुब्ध है। उसका मन हाहाकार कर उठता है। वह कहता है :

नहीं पूछता है कोई, तुम व्रती, वीर या दानी हो?
सभी पूछते मात्र यही, तुम किस कुल के अभिमानी हो?
मगर, मनुज क्या करे? जन्म लेना तो उसके हाथ नहीं,
चुनना जाति और कुल अपने बस की तो है बात नहीं।

कर्ण बार-बार अपनी सामाजिक विवशता से पार पाना चाहता है। परन्तु हर बार परिस्थितियाँ उसे दुत्कार देती हैं। उसका प्रतिशोध और गहरा होता जाता है। कर्ण का दुख तब और सघन हो जाता है, जब वासुदेव कृष्ण उसे यह बताते हैं कि वह कुन्ती का ज्येष्ठ पुत्र है और पाण्डव उसके छोटे भाई हैं। उक्त रहस्योद्घाटन से कर्ण की पीड़ा तीव्रतर होती है। वह कहता है :

मैं जाति-गोत्र से हीन, दीन, राजाओं के सम्मुख मलीन,
जब रोज़ अनादर पाता था, कह 'शूद्र' पुकारा जाता था।

कुन्ती गौरव में चूर रही, मुझ पतित पुत्र से दूर रही।
क्या हुआ कि अब अकुलाती है? किस कारण मुझे बुलाती है?

कर्ण का क्षोभ और दुःख तब और सघन और गहरा हो जाता है जब कुन्ती उसे उसके जन्म का रहस्य बताकर पाण्डवों की ओर आने की प्रार्थना करती है। कर्ण के लिए कुन्ती का प्रस्ताव केवल एक अवसरवादी व उपयोगितावादी प्रस्ताव है जिसमें माता की ममता दृष्टिगोचर नहीं होती।

उक्त सभी सन्दर्भ रश्मिरथी को कुल-गोत्र व जातीय अस्मिता के प्रश्न से निरन्तर जूझते हुए काव्य का रूप प्रदान करते हैं। कर्ण का पाण्डवों के विरुद्ध खड़ा होना उसकी जातीय चेतना से उद्भूत है। कर्ण जाति वर्ण के ऊपर मानव गुणों की प्रतिष्ठा का नायक है। जैसा कि दिनकर रश्मिरथी में सिद्ध करना चाहते हैं। दिनकर के द्वारा कर्ण का चरित्र-चित्रण उसे नायकत्व प्रदान करने की ओर अग्रसर है। कर्ण के व्यक्तित्व में मैत्री सर्वाधिक प्रमुख भाव है। वह जगह-जगह अपने इसी मैत्री भाव के कारण युद्ध टालने के प्रस्तावों पर विचार करने तथा न्याय का पक्ष लेने से हिचकता है। दिनकर यह भूल जाते हैं कि अन्याय के साथ खड़े दो व्यक्तियों दुर्योधन और कर्ण का आपसी मित्रभाव उचित व आदर्श नहीं है। कर्ण का मैत्री भाव मानवता के लिए आदर्श उपस्थित नहीं करता। दुर्योधन से मैत्री कर्ण के व्यक्तित्व-विभाजन व मानसिक द्वन्द्व का कारक बनती है। मैत्री के कारण ही वह दोहरे व्यक्तित्व का स्वामी है तथा सर्वदा दुविधायुक्त आचरण में संलग्न होता है। कर्ण की इस मैत्री से ही दुर्योधन को पाण्डवों के प्रति असहिष्णुता तथा दमनकारी व्यवहार को निरन्तर बल मिलता है। कर्ण इसी मैत्री भाव के कारण केशव से कहता है कि पाण्डवों का साम्राज्य उसे यदि मिल जायेगा तो भी वह उसे दुर्योधन को दे देगा। उसका काम तो केवल लड़ना है।

लड़ना भर मेरा काम रहा, दुर्योधन का संग्राम रहा।
मुझको न कहीं कुछ पाना है, केवल ऋण मात्र चुकाना है।

कर्ण का दूसरा सर्वाधिक प्रमुख गुण दान का है। वह विप्र वेशधारी इन्द्र तथा माता कुन्ती को अपने जीवन के प्रति गम्भीर हानि उठाकर भी ख़ाली हाथ नहीं जाने देता। वह इन्द्र से कहता है :

मेघ भले लौटें उदास हो किसी रोज़ सागर से,
याचक फिर सकते निराश पर, नहीं कर्ण के घर से।

तथा माता कुन्ती से वह कहता है :

की पूर्ण सभी की, सभी तरह अभिलाषा, जाने दूँ कैसे लेकर तुम्हें निराशा?

परन्तु कर्ण के लिए दान का अर्थ सिर्फ़ भौतिक दान है। वह महत्त्वाकांक्षा, प्रतिशोध, घृणा, अन्याय का औचित्य स्थापन कभी छोड़ नहीं पाता। वह कहीं भी दुर्योधन को सही सुझाव देते नहीं दीखता। दुर्योधन का हर आदेश वह ग़ुलामों की तरह मानता है। कर्ण ने अपनी स्वाधीनता, अपना विवेक दुर्योधन को सौंप रखा है। वह भीष्म से वार्तालाप में कहता है :

करने दीजिए स्वव्रत पालन, अपने महान् प्रतिभट से रण,
अर्जुन का शीश उड़ाना है, कुरुपति का हृदय जुड़ाना है।

वह माता कुन्ती, वासुदेव श्रीकृष्ण अथवा भीष्म की युद्ध टालने की हर सलाह के विरुद्ध दुर्योधन के पक्ष में खड़ा रहता है। दुर्योधन की इच्छा को पूर्ण करने के लिए वह युद्ध हेतु प्रस्तुत है।

ध्यातव्य है कि दिनकर ने रश्मिरथी की रचना मानवीय गुणों व नयी मानवता की स्थापना का उद्देश्य लेकर की है। परन्तु महाभारत का युद्ध मानवीय आदर्शों के अन्वेषण व मानव-मूल्यों की स्थापना के लिए उपयुक्त स्थान नहीं है। यह बात स्वयं कर्ण के चरित्र से सिद्ध होती है। कर्ण के पास दुर्योधन का दिया राज है। सूर्य का दिया हुआ अभेद्य कवच-कुण्डल है। इन्द्र के द्वारा प्रदत्त एकघ्नि है। इन सबसे सुसज्जित अपराजेय कर्ण दुर्योधन के साहस का सबसे बड़ा कारण है। जबकि दान के प्रण के कारण उसकी शक्तियाँ एक-एक कर जाती रहती हैं। उसने द्यूतसभा में द्रौपदी के चीर-हरण का समर्थन किया है तथा द्रौपदी को वह वेश्या कह चुका है। निःशस्त्र अभिमन्यु की हत्या में वह शामिल है। परन्तु उक्त प्रश्न रश्मिरथी में उसे इतना व्यथित नहीं करते जितना धोखे से द्रोण का मारा जाना। वह कहता है :

समझ में कुछ न आता, कृष्ण क्या सिखला रहे हैं,
जगत् को कौन नूतन पुण्य-पथ दिखला रहे हैं।

हुआ वध द्रोण का कल जिस तरह वह धर्म था क्या?
समर्थन-योग्य केशव के लिए वह कर्म था क्या?

दिनकर कर्ण के हर रूप में दिव्यता और देवत्व स्थापित करते हैं। वह कर्ण व अर्जुन के मध्य युद्ध की दिव्यता को दर्शाने के लिए प्रचुर पौराणिक व प्राकृतिक बिम्बों का सहारा लेते हैं।

है कथा, नयन का लोभ नहीं, संवृत कर सके स्वयं सुरगण,
भर गया विमानों से तिल-तिल, कुरुभू पर कलकल-नदित गगन।
थी रुकी दिशा की साँस, प्रकृति, के निखिल रूप तन्मय-गम्भीर,
ऊपर स्तम्भित दिनमणि का रथ, नीचे नदियों का अचल नीर।

कर्ण के पास अपनी साधना से प्राप्त साहस व गुरु परशुराम द्वारा प्रदत्त शस्त्र विद्या है। परन्तु अन्तिम समय वह अपने को असहाय पाता है तथा अपने प्रति नियति के भेद-भाव व क्रूरतापूर्ण कालक्रम के प्रति सचेत हो उठता है। वह कहता है :

अगम की राह, पर, सचमुच अगम है, अनोखा ही नियति का कार्यक्रम है।
न जानें, न्याय भी पहचानती है, कुटिलता ही की केवल जानती है?

विलक्षण बात मेरे ही लिए है, नियति का घात मेरे ही लिए है।

और कर्ण युद्ध में अन्तिम समय अर्जुन से धर्म समर्थित युद्ध की माँग करता है।

नहीं अर्जुन! शरण मैं माँगता हूँ, समर्थित धर्म से रण माँगता हूँ।

कर्ण का कृत्यु ही उसे प्रतिनायक सिद्ध करता है। उसके भीतर दान, तप, क्षमा, नेतृत्व, वीरता, साहस आदि चारित्रिक गुण उसको नायकत्व की तरफ़ ले जाते हैं। परन्तु अपने प्रतिशोध की ज्वाला में वह अपने अति मानवीय गुणों के साथ न्याय नहीं कर पाता। कर्ण का यह धर्म समर्थित रण-भाव अभिमन्यु के विरुद्ध कुरु महारथियों के युद्ध में लुप्त हो जाता है। रश्मिरथी में कर्ण के मन में कोई द्वन्द्व अथवा उद्वेग अभिमन्यु वध को लेकर उत्पन्न नहीं होता। छठे सर्ग में दिनकर द्वारा द्रौपदी के प्रति कर्ण के पश्चात्ताप का संक्षिप्त अंकन एक आधा-अधूरा काल्पनिक प्रयास है जो प्रभावित नहीं करता तथा कर्ण के चरित्र उद्धार के लिए पर्याप्त नहीं है। कर्ण की दृष्टि एकांगी है। वह समरश्लाघी है तथा अपने प्रति हुए हर अन्याय को लेकर मुखर है। परन्तु अपने अथवा मित्र दुर्योधन के द्वारा किये जा रहे अन्याय के प्रति चर्चा विमुख है।

कर्ण का महिमामण्डन संस्कृतिकरण और जाति-विमर्श के रूप में देखा जाना चाहिए। जहाँ अक्सर दूसरे पक्ष के तर्कों को उचित स्थान नहीं मिलता। कर्ण के साहस तथा उसकी लड़ाई के पीछे उसकी विशिष्ट दैविक शक्तियों का भी हाथ है जो कि कालान्तर में पाण्डवों के छल-बल प्रयोग से क्षीण होती जाती हैं। युद्ध के अन्त में कर्ण जब अर्जुन से धर्म समर्थित रण की माँग करता है तब उसके पास कोई विशिष्ट शक्ति अथवा शस्त्र नहीं होता है। वह अपने मानवीय गुणों के बल पर युद्ध करने को बाध्य है तभी उसे धर्म और सत्कर्म की याद आती है।

शरण केवल उजागर धर्म होगा, सहारा अन्त में सत्कर्म होगा।

इससे यह सिद्ध होता है कि दैवीय शक्तियों व शस्त्रों से हीन कर्ण एक साधारण मानव की तरह व्यवहृत होता है जिसे धर्म का सहारा चाहिए। वह अजेय था तो कवच-कुण्डल के कारण। उसे अर्जुन को मारने का पक्का विश्वास एकघ्नि के कारण है। वह धर्म का साथ माँगता है पर उसके धर्म में धर्मराज की कोई जगह नहीं है। वह धर्म समर्थित युद्ध की आकांक्षा करता है जिसका महाभारत में कोई स्थान नहीं है। दिनकर के अथक काव्य प्रयासों के बावजूद भी कर्ण नायक सिद्ध नहीं होता। हाँ, निःसन्देह रश्मिरथी काव्य में दिनकर का नायक कर्ण है। रश्मिरथी में कर्ण चरित के उन्नयन मात्र पर ध्यान देने के कारण युद्ध की विभीषिका, दुःख, कातरता, करुणा व प्रकृति चित्रण पर दिनकर का अपेक्षित ध्यान नहीं गया। षष्ठ सर्ग में कर्ण के मुँह से पाण्डवों के प्रति यह कथन कि :

न जाने, वे इसी विष से जलेंगे, कहीं या बर्फ़ में जाकर गलेंगे?

कथानक में दोष उत्पन्न करता है। कर्ण को पाण्डवों के बर्फ़ में समाहित होने की बात कैसे पता थी?

उक्त कमियाँ पाठ में खटकती भी हैं। हालाँकि रश्मिरथी की रचना में दिनकर का उद्देश्य सामान्य जन की रुचि के दृष्टिगत कथा-काव्य रचने का था जिसमें उपन्यास जैसा आनन्द हो। इस कारण वर्णन और कथा-संवाद की स्थूलता उन्हें स्वीकार है तथा उक्त कारणों से ही काव्यात्मकता के सम्भावित व्यवधान का पूर्वानुमान भी दिनकर को है। वह कथा-सूत्र के मूल्य पर काव्यात्मकता को बचाना नहीं चाहते। आश्चर्य नहीं कि रश्मिरथी महाभारत की कथा का पद्य-बद्ध रूप लगता है, जिसमें गद्य जैसी सरलता है और तुकों का तोड़-मरोड़ है। रश्मिरथी में छन्दों की खनखनाहट के स्थान पर कथासूत्र को जोड़ने व आगे बढ़ाने के लिए तुक-तलाशी के दर्शन होते हैं। दिनकर ने स्वीकार किया है कि रश्मिरथी

का आरम्भ ही बायें हाथ से हुआ है तथा उसमें जई उपजाने के आनन्द के साथ घास-फूँस भी हाथ आता है।

प्रश्न यह रह जाता है कि क्या कर्ण का चरित्र चित्रण उसके कर्मों के अनुकूल सर्वांगीण है? कर्ण यदि कौरव पक्ष में नहीं होता तो क्या महाभारत का युद्ध होता? क्या दुर्योधन पाण्डवों के विरुद्ध इतना ही हठी होता? क्या कर्ण स्वयं इस विनाश का कारण नहीं है? इन प्रश्नों का अनुसन्धान रश्मिरथी में दिखाई नहीं पड़ता। महाभारत का कर्ण समरश्लाघी है। यदि युद्ध मनुष्य की सारी समस्याओं की जड़ है तो कर्ण जैसा समरश्लाघी चरित्र मानवता की स्थापना का आदर्श नहीं हो सकता। कर्ण का चरित्र मानवता को युद्ध में ढकेलने का कारक है। वह एक ऐसा अकेला जलता हुआ दीप है जिसके प्रकाश में क्या हो रहा है, यह विचार उसका विषय नहीं है। रामधारी सिंह दिनकर के अनुसार कविता सत्य का उद्‌घोष नहीं, उसके अनुसन्धान का प्रयास है। रश्मिरथी को दिनकर के उक्त कथन के आलोक में देखा जाना चाहिए।

'रश्मिरथी' : सीमाएँ और सम्भावनाएँ

–राजेश मल्ल

रश्मिरथी दिनकर की बहुपठित और चर्चित कृति है। बहुत सारी काव्य पंक्तियाँ लोगों की ज़ुबान पर चढ़ी हुई हैं। अन्त्याक्षरी के ज़माने से लेकर आज तक इस कृति को कई बार पढ़ने और पढ़ाने का मुझ जैसे तमाम विद्यार्थियों-शिक्षकों को अवसर सहज ही उपलब्ध रहा है। जब कोई कृति चर्चित और बहुपठित होती है तो जन मानस में उसकी इमेज और इमेजरी फिक्स हो जाती है। ऐसे में कृति का विश्लेषण कठिन भी होता है और जोख़िम भरा भी। इसलिए कुछ भी निवेदन करते समय एक सेंसरशिप से सहज ही सामना करना होता है। यह आकस्मिक नहीं है कि इधर दिनकर की चर्चा ने ज़ोर पकड़ा है। कारण कई हैं लेकिन उनकी कविताओं में ऐसे बहुत सारे तत्त्व हैं जो आज के माहौल के लिए मुफ़ीद हैं। रश्मिरथी ही नहीं परशुराम की प्रतीक्षा, कुरुक्षेत्र आदि को लेकर उनके राष्ट्रवादी रुख़ को सलेक्टिव तरीक़े से प्रस्तुत किया जा रहा है। ऐसे में ज़रूरी है कि रश्मिरथी को केन्द्र मानकर उनकी कविताओं पर गम्भीरतापूर्वक विचार किया जाय।

रश्मिरथी की भूमिका में दिनकर ने इस कृति के दो महत्त्वपूर्ण लक्ष्यों की बात की है। पहली बात तो यह कि कथात्मक कविताओं का लोप हो गया है। कृति इस अभाव को पूरा करने की दिशा में एक प्रयास है। दूसरा यह कि कर्ण की उपेक्षा जो ख़ास कर जाति-वर्णव्यवस्था के कारण हुई है उसका परिमार्जन करना। उपर्युक्त दोनों उद्देश्यों से विलग एक और भाव अंडरटोन की तरह पढ़ा जा सकता है–हथियार, युद्ध और युद्ध विरोधी भावना। यह भाव काम्य न होने के बावजूद कृति पर समय, जो द्वितीय विश्व तथा युद्ध की परिणति, का प्रभाव के कारण दिखलाई पड़ता है। मैं क्रमशः तीनों लक्ष्यों और सन्दर्भों पर कुछ विचार-विश्लेषण करने का प्रयास करूँगा। असहमति की दशा में साहित्य अनुरागी मुआफ़ करेंगे।

रश्मिरथी का रचना समय सन् 1950-52 है। हिन्दी साहित्य के इतिहास में यह नयी कविता के आरम्भ का समय है। इसी समय महाभारत को लेकर कई रचनाएँ प्रकाशित हुईं। विशेष तौर पर मैं अन्धायुग का ज़िक्र करना चाहूँगा। इस काव्य नाटक का रचना समय 1954-55 है। द्वितीय विश्व युद्ध के बाद उत्पन्न त्रासदीपूर्ण और भयावह यथार्थ महाभारत युद्ध के आख़िरी दिनों की याद दिलाने लगा। अन्धायुग का मूल प्रतिपाद्य यही है। रश्मिरथी की सर्वाधिक लोकप्रिय काव्य पंक्तियों में इस भाव को पढ़ा जा सकता है।

याचना नहीं, अब रण होगा,
जीवन-जय या कि मरण होगा।

टकरायेंगे नक्षत्र-निकर,
बरसेगी भू पर वह्नि प्रखर,
फण शेषनाग का डोलेगा,
विकराल काल मुँह खोलेगा।
दुर्योधन! रण ऐसा होगा।
फिर कभी नहीं जैसा होगा।

भाई पर भाई टूटेंगे,
विष-बाण बूँद-से छूटेंगे,
वायस-शृगाल सुख लूटेंगे,
सौभाग्य मनुज के फूटेंगे।

युद्ध टालने के अन्तिम प्रयास में असफल कृष्ण की चेतनाविहीन में युद्ध की भयावहता और उसके त्रासदीपूर्ण यथार्थ का वर्णन बेहद मानीखेज है। भाई पर भाई टूटेंगे/विष-बाण बूँद से छूटेंगे/वायस शृगाल सूख लूटेंगे/सौभाग्य मनुज के फूटेंगे।

आप सभी जानते हैं कौए और सियार का सुख लोक में अपशकुन माना जाता है। निश्चय ही यह मनुष्य और मनुष्यता के लिए दुर्भाग्य का समय होगा। सीधे तौर पर तो नहीं लेकिन युद्ध मानवता के लिए घातक है यह भाव तो यहाँ है।

युद्ध के कारणों की व्याख्या करते हुए दूसरे सर्ग में दिनकर कहते हैं कि युद्ध मुख्य रूप से राज्य विस्तार तथा भूपों की भोगलिप्सा है। जनता को दबाये रखने और लूटते रहने का अनवरत प्रयास है :

डुबो रही शोणित में भू को भूपों की लिप्सा रण की।
औ' रण भी किसलिए? नहीं जग से दुख-दैन्य भगाने को,
परशोषक, पथ-भ्रान्त मनुज को नहीं धर्म पर लाने को।

रण केवल इसलिए कि राजे और सुखी हों, मानी हों,
और प्रजाएँ मिलें उन्हें, वे और अधिक अभिमानी हों।
रण केवल इसलिए कि वे कल्पित अभाव से छूट सकें,
बढ़े राज्य की सीमा, जिससे अधिक जनों को लूट सकें।

रण केवल इसलिए कि सत्ता बढ़े, नहीं पत्ता डोले,
भूपों के विपरीत न कोई, कहीं, कभी, कुछ भी बोल सके।

दिनकर जैसे अपने समय के यथार्थ का वर्णन कर रहे हैं। साम्राज्यवादियों की लूट की हवस तथा उपनिवेशों पर क़ब्ज़ा करने के लिए लड़े जाने वाले विश्व युद्ध के कारणों को खोल रहे हैं। सामन्ती समाज में युद्ध के कारणों पर की जाने वाली यह टिप्पणी व्यापक सन्दर्भों में अपनी समकालीन पूँजीवादी व्यवस्था में मौजूद लूट के लिए युद्ध में बदल गयी है। इस पर ग़ौर किया जाना चाहिए।

इसी प्रकार दिनकर ने हथियार और हथियार संचालन की कला के साथ विवेक पूर्ण ज्ञान की बात उठाई है। वे विवेक के बिना हथियार को घातक और मानवता के लिए हानिकारक मानते हैं। उनकी समझ इस सन्दर्भ में साफ़ है कि हथियार और हथियार संचालन के पीछे यदि कोई महान लक्ष्य नहीं है तो वह जनता के उत्पीड़न का साधन बन जाता है। इसीलिए वे तप-त्याग-तपस्या को युन्द्ध कौशल के लिए अनिवार्य मानते हैं।

नित्य कहा करते हैं गुरुवर, खड्ग महाभयकारी है,
इसे उठाने का जग में हर एक नहीं अधिकारी है।
वही उठा सकता है इसको, जो कठोर हो, कोमल भी,
जिसमें हो धीरता, वीरता और तपस्या का बल भी।

पूरी कविता में युद्ध और हथियार की चिन्ताएँ बार-बार कौंधती हैं और उसे दिनकर यथा योग्य काव्य पंक्तियों में पिरोते चलते हैं। इस रूप में रश्मिरथी युद्ध की भयावहता और उसके मानवता विरोधी चरित्र के पर्दाफ़ाश करने का काव्य है। यह महत्त्वपूर्ण बात है।

जाति-वर्ण का बड़ा प्रश्न रश्मिरथी का ज़रूरी हिस्सा है। कर्ण के उद्धार के लक्ष्य की ओर गतिशील कविता में पहले इससे उपजने वाली त्रासदी का वर्णन है। कर्ण के माध्यम से दिनकर सवाल खड़ा करते हैं।

जाति-जाति रटते, जिनकी पूँजी केवल पाषण्ड,
मैं क्या जानूँ जाति? जाति हैं ये मेरे भुजदण्ड।

आगे सवाल और तीखे बनते जाते हैं। कर्ण एकलव्य की चर्चा करते हुए जन्म से नहीं बल्कि गुण-कर्म को जाति की पहचान बनाने-बताने का प्रयास करते हैं।

पूछो मेरी जाति, शक्ति हो तो, मेरे भुजबल से
रवि-समान दीपित ललाट से और कवच-कुण्डल से,
पढ़ो उसे जो झलक रहा है मुझमें तेज-प्रकाश,
मेरे रोम-रोम में अंकित है मेरा इतिहास।

जाति के नाम पर लांछित कर्ण का यह उद्वेग स्वाभाविक है और अच्छा बन पड़ा है। इसीलिए उपर्युक्त काव्य पंक्तियाँ ख़ूब चर्चित भी हैं। लेकिन दिनकर जाति-वर्णव्यवस्था की पूरी ग़ैर-बराबरी की प्रणाली का निषेध करते नहीं दिखाई पड़ते हैं। वे जन्मना से कर्मणा तक ही अपने को सीमित रखते हैं। आख़िर क्यों? सन् 1952 में ज़मींदारी उन्मूलन क़ानून आ गया था। सन् 1950 में हम संविधान को आत्मार्पित कर लिए थे तो इस तरह की वैचारिकी क्यों? क्या दिनकर कर्मणा वर्णव्यवस्था को स्वीकार करते हैं। रश्मिरथी तो इसका प्रमाण है। वे गुण-कर्म के आधार पर किये जाने वाले वर्णव्यवस्था के विभाजन और श्रेणी क्रम को स्वीकार कर के चलते हैं। ब्राह्मण, क्षत्रिय, वैश्य, शूद्र को वह गुण और कर्म के अनुसार देखते हैं या देखना चाहते हैं। यही नहीं कर्ण को सूर्यपुत्र मानकर ही उसके साथ हुए अन्याय को वाणी देते हैं। यह दिनकर की सीमा है। रश्मिरथी से बहुत सारे उदाहरण दिये जा सकते हैं। कुछ पंक्तियाँ देखी जा सकती हैं :

अब तो है यह दशा कि जो कुछ है, वह राजा का बल है,
ब्राह्मण खड़ा सामने केवल लिए शंख-गंगाजल है।
कहाँ तेज ब्राह्मण में, अविवेकी राजा को रोक सके,
धरे कुपथ पर जभी पाँव वह, तत्क्षण उसको टोक सके।

और कहे भी तो ब्राह्मण की बात कौन सुन पाता है?
यहाँ रोज़ राजा ब्राह्मण को अपमानित करवाता है।

चलती नहीं यहाँ पण्डित की, चलती नहीं तपस्वी की,
जय पुकारती प्रजा रात-दिन राजा जयी यशस्वी की!

आप उपर्युक्त काव्य पंक्तियों को पढ़ते निरंकुश शासन तथा चेतना विहीन जनता को देख सकते हैं। यहाँ निरंकुश शासन को ध्वस्त करने के सन्दर्भ में परशुराम को नायकत्व देकर आप प्रगतिशीलता खोज सकते हैं लेकिन जनता के बिना सम्भव हुई व्यवस्था तो भी जयी के जयगान करती रहेगी। फिर राजा बदलने से क्या होगा। कर्ण अंग देश का राजा होने पर भी वह रहता राजा ही है। दूसरी बात ब्राह्मण के अपमान के दुःख की है। आप कर्मणा हो या जन्मना ब्राह्मण के अपमान से दुखी हैं। यह अलग बात है कि वह आपका ब्राह्मण पढ़ा-लिखा या तपस्वी-साधु है। परशुराम का चरित्र चित्रण करते समय दिनकर आदर्श ब्राह्मण रचते हैं जो शायद आज किसी को भी स्वीकार न हो। अन्तिम निष्कर्षों में स्वजातीय न होने के कारण कर्ण उन्हीं श्रेष्ठ और आदर्श परशुराम से शापित होता है। अपने प्रिय छात्र पर स्नेह लुटाने वाले परशुराम जाति वह भी सूत पुत्र नहीं बल्कि क्षत्रिय जानकर कर्ण की आर्त्त पुकार के बावजूद शाप दे बैठते हैं। दिनकर इसे तार्किक और आवश्यक बनाते हैं लेकिन बात बनती नहीं दिखती है। यह सिर्फ़ कथा काव्य की सीमा नहीं अपितु कवि की भी सीमा है। अपने तमाम मानवतावादी विचारों के बावजूद उस उच्च आदर्श तक कवि नहीं पहुँच पाया है जहाँ मानसिक और शारीरिक श्रम में भी भेद नहीं देखा जाता है। ध्यान रहे किसी भी तरह की ग़ैर-बराबरी आज ग़लत है और कोई भी स्वतन्त्र चेतना से लैस कवि इसे किसी भी तरह से स्वीकार नहीं कर सकता है। इस सन्दर्भ में दिनकर की सीमा स्पष्ट है। इस क्रम में परशुराम की प्रतीक्षा को भी याद किया जा सकता है।

कथा काव्य हमारी जातीय चेतना का महत्त्वपूर्ण साहित्य रूप रहा है। लोक से लेकर साहित्य के उच्च मानक महाकाव्य तक कथा काव्य के रूप विधान में ही रचे गये हैं। आधुनिक युग में बढ़ती जीवन की जटिलता और तर्क तथा विश्लेषण की आवश्यकता ने गद्य को जन्म दिया जो कम ही समय में कथात्मक कविताओं की केन्द्रीयता को अपदस्थ कर दिया। मुख्य रूप से उपन्यास ने कथा को कविता से दूर कर दिया और महाकाव्य के रूप में स्थापित होता गया। जैसा कि रैल्फ फाक्स ने कहा है कि उपन्यास आधुनिक युग का महाकाव्य है। छायावादी कवियों में निराला ने समन्वय की कोशिश की, कथा को सीमित किया और कविता की सघन बुनावट से अपने तरह से उसे रचा।

इसीलिए दूधनाथ सिंह ने उनकी लम्बी कविताओं को लम्बी कथात्मक कविताएँ कहा। कामायनी में प्रसाद ने कथा को सूक्ष्म मनोभावों में बदल देने की कोशिश की। मुक्तिबोध से लेकर केदारनाथ सिंह ने कथा को बिल्कुल ही कविता से अलग कर दिया। नयी कविता के दौर में जगदीश गुप्त और नरेश मेहता ने कुछ प्रयोग किये तथा 'संशय की एक रात', 'महाप्रस्थान' जैसी काव्य कृतियों का प्रणयन किया लेकिन उनमें भी कथा के सूत्र ही हैं कथा नहीं। ऐसे में दिनकर जी का कथा काव्य का आग्रह और उसके अनुपस्थित होने की चिन्ता थोड़ी ज़्यादती लगती है। आधुनिक युग की जिस समय बन्ध पर रश्मिरथी की रचना हुई है वह समय कथा काव्य का नहीं है। उसी समय तमाम महाकाव्यात्मक औपन्यासिक कृतियाँ रची गयी हैं और ख़ूब ख्याति अर्जित की है।

समय के अनुरूप काव्य रूप को न चुनने तथा कथा के निर्वहन के कारण कई स्तर पर रश्मिरथी कमज़ोर दिखलाई पड़ती है। कई कथा प्रसंग को काव्य में बदलने अथवा कथा आग्रह के कारण वैचारिकी कमज़ोर हो गयी है। कविता की भावात्मक अन्विति भी कमज़ोर है। कई बार रूप की सीमा कवि की सीमा बन जाती है। इसे सम्भवतः ऐसे ही देखना चाहिए।

इस प्रकार से रश्मिरथी का सर्वाधिक महत्त्वपूर्ण पक्ष युद्ध, हथियार, हथियार संचालन और उसके परिणाम की अंडरटोन व्याख्या है। अपनी तमाम सीमाओं के बावजूद उसे पुराने सन्दर्भों के बीच कुछ नया करने की कोशिश और तड़प के रूप में पढ़ा जाना चाहिए।

‘हाँ-हाँ, दुर्योधन बाँध मुझे’–यह कृष्ण नहीं, ‘दिनकर’ की हुंकार है

–शिव कुमार राय

प्राचीन काल से ही रामायण और महाभारत महाकाव्य भारतीय संस्कृति के प्रमुख स्तम्भ माने जाते रहे हैं। साहित्य की रचना करने के क्रम में विभिन्न भाषाओं के अनेकानेक कवियों ने इन महान ग्रन्थों से प्रेरणा प्राप्त की है। जहाँ महान संस्कृत कवि कालिदास ने रामायण से प्रेरणा प्राप्त कर ‘रघुवंश की रचना’ की वहीं भवभूति ने ‘उत्तर-रामचरितम्’ की। रामायण पर ही आधारित हिन्दी भाषा की एक बोली अवधी में गोस्वामी तुलसीदास जी द्वारा रचित ‘रामचरितमानस’ तो सिर्फ़ एक महान साहित्यिक कृति न रहकर पिछली कई सदियों से समूचे उत्तर भारत में घर-घर में पायी जाने वाली एक समादृत धार्मिक कृति बन गयी है। इसी प्रकार महाभारत से प्रेरणा प्राप्त कर भी अनेक ग्रन्थ रचे गये। इस काव्य के रचयिता ने अपने इस अनुपम काव्य में वेदों, वेदांगों और उपनिषदों के गुह्यतम रहस्यों का चित्रण इतनी विशालता में किया है कि कई बार महाभारत को पंचम वेद की संज्ञा से भी विभूषित कर दिया जाता है। इसीलिए स्वयं महाभारत में कहा गया है :

यदिहास्ति तदन्यत्र। यन्नेहास्ति न तत् क्वचित् ॥

–अर्थात् जो यहाँ (इस महाभारत ग्रन्थ में) है, वही इस संसार में अन्यत्र है; जो यहाँ (इस महाभारत ग्रन्थ में) नहीं है वह शायद अन्यत्र कहीं नहीं है।

साथ ही यह भी सत्य है कि जब भी रचनाकारों ने इन ग्रन्थों से प्रेरणा लेकर अपनी रचनाएँ की हैं, उन्होंने इन ग्रन्थों के मूल आधार को प्रायः सुरक्षित रखते हुए भी अपनी मान्यताओं या अपने वर्ण्य विषय को प्रमुखता देने के क्रम में न सिर्फ़ एक नये दृष्टिकोण का प्रतिपादन किया है वरन् इन ग्रन्थों के प्रति एक नये प्रकार की साहित्यिक व शोधपरक उत्सुकता पैदा की है।

'रश्मिरथी' भी राष्ट्रकवि रामधारी सिंह 'दिनकर' द्वारा महाभारत के एक प्रमुख पात्र कर्ण को नायक के रूप में चित्रित करता हुआ एक प्रसिद्ध और ओजपूर्ण प्रबन्ध/खण्डकाव्य है। इस काव्य का आरम्भ रामधारी सिंह दिनकर ने 16 फ़रवरी सन् 1950 ई. को किया था और यह रचना प्रकाशित होकर 1952 में पाठकों के समक्ष आयी। रश्मिरथी का अर्थ होता है वह व्यक्ति, जिसका रथ रश्मि अर्थात् सूर्य की किरणों का हो। इस काव्य में दिनकर जी ने कर्ण को रश्मिरथी नाम दिया है क्योंकि कवि उसका चरित्र सूर्य के समान ही प्रकाशमान मानता है। दिनकर जी की कविताओं में वीर रस और ओज गुण की प्रधानता रहती है और यह काव्य भी इसका अपवाद नहीं है। साथ ही उनका प्रधान स्वर अन्याय के प्रति आक्रोश का है जो वस्तुतः किसी भी साहित्यिक रचना का मूल स्वर है अथवा होना चाहिए। यदि साहित्य ही अन्याय के प्रति आक्रोश की अभिव्यक्ति नहीं करेगा तो इस महान दायित्व की और किससे अपेक्षा की जायेगी? इसलिए दिनकर जी ने सात सर्गों में लिखी अपनी इस रचना में रंगभूमि में अर्जुन को चुनौती देने की इच्छा से प्रस्तुत हुए कर्ण को सिर्फ़ अपनी जन्म/जाति अथवा गोत्र के कारण इस मौक़े को न मिलने से लेकर समय-समय पर इसी वजह से उसके साथ हुए अन्याय को न सिर्फ़ प्रमुखता से उठाया है वरन् उसके गुणों का यथोचित वर्णन करते हुए उसे अपने काव्य का नायक भी बनाया है।

तथापि यह प्रश्न उठना स्वाभाविक है कि राष्ट्रकवि दिनकर ने आख़िर कर्ण को ही अपने इस काव्य का नायक क्यूँ बनाया? कृष्ण को क्यूँ नहीं जिन्हें सदियों से भारतीय जनमानस में न सिर्फ़ महानायक का दर्जा प्राप्त है बल्कि वे भगवान की तरह पूजे जाते रहे हैं। यहाँ तक कि हिन्दी साहित्य में भक्तिकाल में एक पूरी की पूरी धारा ही कृष्ण भक्ति को समर्पित हो गयी और कृष्ण भक्ति के पद रच कर सूरदास, रसखान और मीराबाई जैसे कवि न सिर्फ़ भारतीय साहित्यिक परम्परा वरन् लोक परम्परा में भी अमर हो गये। फिर अर्जुन जैसा पात्र भी है जिसको केन्द्र में रखकर महाभारत में वर्णित किरातवेशी शिव के साथ अर्जुन के युद्ध की लघुकथा को आधार बनाकर महान संस्कृत कवि 'भारवि' ने *किरातार्जुनीयम्* (अर्थ : *किरात और अर्जुन की कथा*) नामक महाकाव्य रचा जिसे संस्कृत साहित्य में महाकाव्यों की 'बृहत्त्रयी' में स्थान प्राप्त है (बृहत्त्रयी में किरातार्जुनीयम् के अतिरिक्त कवि माघ रचित शिशुपालवधम् और श्रीहर्ष रचित नैषधीयचरितम् को शामिल किया जाता है)।

यदि 'रश्मिरथी' के रचनाकाल को ध्यान में रखा जाये तो हमें इस सम्बन्ध में कुछ संकेत मिलता है। जैसा कि पूर्व में ही कहा जा चुका है कि दिनकर जी

ने इस काव्य का आरम्भ 16 फ़रवरी सन् 1950 ई. को किया था और यह रचना प्रकाशित होकर 1952 में पाठकों के समक्ष आयी। यह वह समय था जब देश सदियों की पराधीनता से स्वतन्त्र होकर एक नये युग में प्रवेश कर रहा था और सदियों से दबी-कुचली आकांक्षाओं को स्वर मिलने शुरू हो गये थे। अछूतों-दलितों के उद्धार हेतु योजनाएँ बनायी जाने लगी थीं, इस सम्बन्ध में क़ानूनों के निर्माण पर चर्चाएँ शुरू हो गयी थीं। तत्कालीन समय और आने वाले कुछ समय में ज़मींदारी प्रथा का उन्मूलन और किसानों को उनकी भूमि पर अधिकार, बहुपत्नी प्रथा का समापन, धर्म आधारित कानूनों में विभिन्न सुधार, अनुसूचित-जाति/जनजातियों को आरक्षण व अन्य अधिकार, विवाह सम्बन्धी क़ानूनों में अनेकानेक परिवर्तन, छुआछूत जैसी सामाजिक बुराइयों का न सिर्फ़ सामाजिक स्तर पर बल्कि क़ानूनों के माध्यम से परिहार करने की कोशिश इन्हीं आकांक्षाओं की स्थूल अभिव्यक्तियाँ थीं। स्वयं रामधारी सिंह 'दिनकर' ने रश्मिरथी की भूमिका में कहा है—"यह युग दलितों और उपेक्षितों के उद्धार का युग है।" यहाँ तक कि स्वतन्त्रता मिलने से पूर्व भी इन्हीं भावनाओं को ध्यान में रख कर राष्ट्रकवि मैथिलीशरण गुप्त ने गौतम बुद्ध के गृह त्याग की कहानी को केन्द्र में रखकर रचित प्रसिद्ध काव्य रचना 'यशोधरा' (प्रथम प्रकाशन-1933) में गौतम बुद्ध की पत्नी यशोधरा की विरहजन्य पीड़ा को विशेष रूप से महत्त्व दिया तथा 'साकेत' (प्रथम प्रकाशन-1931) में न सिर्फ़ राम के भाई लक्ष्मण की पत्नी उर्मिला के विरह का अत्यधिक मार्मिक और गहरी मानवीय संवेदनाओं और भावनाओं से ओत-प्रोत चित्रण किया बल्कि कैकेयी के पश्चात्ताप को दर्शाकर उसके चरित्र का मनोवैज्ञानिक एवं उज्ज्वल पक्ष प्रस्तुत किया। सम्भवतः इन्हीं कारणों से दिनकर जी ने कर्ण के रूप में अपने जन्म की वजह से जीवन भर उपेक्षा और उलाहना झेलने वाले कर्ण को अपने काव्य का नायक बनाकर एक सन्देश प्रस्तुत करने की चेष्टा की।

रश्मिरथी में कर्ण के चरित्र का चित्रण करते हुए दिनकर ने स्थान-स्थान पर जन्म/कुल/वंश पर प्राप्त महानताओं को ठुकराते हुए अपनी प्रतिभा/योग्यता और सत्कर्म द्वारा दुनिया में कुछ करने के लिए प्रेरणा दी है। यथा :

मूल जानना बड़ा कठिन है नदियों का, वीरों का
धनुष छोड़कर और गोत्र क्या होता रणधीरों का?

बड़े वंश से क्या होता है, खोटे हों यदि काम?
नर का गुण उज्ज्वल चरित्र है, नहीं वंश-धन-धाम।

मगर, मनुज क्या करे? जन्म लेना तो उसके हाथ नहीं,
चुनना जाति और कुल अपने बस की तो है बात नहीं।

वस्तुतः सदियों की पराधीनता से उत्पन्न क्रूर परिस्थितियों के कारण वंश/जाति/जन्म से पायी गयी यह महानता और इसके फलस्वरूप अन्य लोगों में फैली हुई कुण्ठा तत्कालीन भारतीय समाज में इतनी व्यापकता से प्रचलित थी कि भारतीय संविधान के बनते ही हर प्रकार से समानता और जाति/कुल/गोत्र आदि के आधार पर विभेद से मनाही इसकी प्रमुख स्थापनाओं में से एक थी। कारण शायद वही था कि कोई भी समाज जब अपने ही विभिन्न सदस्यों के बीच जब इस प्रकार के कृत्रिम पद-सोपान की रचना कर देता है तो वह समाज जाने-अनजाने ही अपने पतन के बीज बो देता है। समाज के वे सदस्य जो कि अपने जन्म और कुल के आधार पर ही श्रेष्ठ मान लिए जाते हैं; कुछ भी करने से विरत हो जाते हैं क्योंकि उन्हें तो जन्मजात श्रेष्ठता मिली हुई होती है। वहीं समाज के वे सदस्य जो कि अपने जन्म और कुल के आधार पर निकृष्ट घोषित किये जा चुके होते हैं; वे इसलिए कोई उद्योग नहीं करना चाहते कि उनके किसी भी प्रयास और सत्कर्म से उन्हें वैसी श्रेष्ठता नहीं मिल सकती जो समाज में कुछ लोगों को जन्म से ही प्राप्त है। सोचने की बात है कि ऐसे समाज और राष्ट्र का विकास कैसे हो सकता है और ऐसा समाज पराधीनता की बेड़ियों में न जकड़ जाये तो और क्या हो? इसीलिए इन्हीं बेड़ियों को काटने की प्रेरणा दिनकर जी ने कर्ण के चरित्र-चित्रण के दौरान उपरोक्त पंक्तियों से बारम्बार दी है जिससे भारतीय मानस उद्योग करने की प्रेरणा ले और पुनः उस गौरव को प्राप्त करे जिसे उस समय के राष्ट्रकवि अपनी रचनाओं में बार-बार उल्लिखित कर रहे थे।

तत्कालीन परिस्थितियों में भारतीय नागरिक के सामने अनेकानेक चुनौतियाँ थीं। नयी-नयी आज़ादी मिली थी, अंग्रेज़ देश छोड़ कर जा रहे थे, संसाधनों का अभाव था। राष्ट्र निर्माण के साथ ही समाज निर्माण का गुरुतर दायित्व उस दौर की युवा पीढ़ी पर था। ऐसी ही परिस्थितियों और चुनौतियों को लक्ष्य कर दिनकर ने प्रेरणा देते हुए कहा :

शूरमा नहीं विचलित होते,
क्षण एक नहीं धीरज खोते,
विघ्नों को गले लगाते हैं,
काँटों में राह बनाते हैं।

यही नहीं, दिनकर का स्पष्ट मत है कि मनुष्य के संघर्ष और परिश्रम के आगे कोई भी लक्ष्य अभेद नहीं है। उत्साहित और मन में उमंग भरने वाली कुछ पंक्तियाँ द्रष्टव्य हैं :

मानव जब ज़ोर लगाता है
पत्थर पानी बन जाता है।

वसुधा का नेता कौन हुआ?
भूखण्ड-विजेता कौन हुआ?
अतुलित यश-क्रेता कौन हुआ?
नव-धर्म प्रणेता कौन हुआ?
जिसने न कभी आराम किया,
विघ्नों में रहकर नाम किया।

किसी भी साहित्यिक रचना की सफलता या साहित्य में अपना स्थान बनाने में सफलता इस बात पर निर्धारित होती है कि उस रचना में अपने वर्ण्य विषय के व्यापक वर्णन के साथ ही साथ उसमें ऐसे स्थल भी भरपूर मात्रा में आयें जो न सिर्फ़ उस रचना के वर्ण्य विषय से वरन् तत्कालीन देश काल से भी परे हों और उनका सर्वकालिक महत्त्व हो अर्थात् जब भी वह रचना पढ़ी जाये, पाठक को यही लगे कि यह रचना उन्हीं के समय की कहानी कह रही है। रश्मिरथी से एक उदाहरण प्रस्तुत है :

रण केवल इसलिए कि राजे और सुखी हों, मानी हों,
और प्रजाएँ मिलें उन्हें, वे और अधिक अभिमानी हों।
रण केवल इसलिए कि वे कल्पित अभाव से छूट सकें,
बढ़े राज्य की सीमा, जिससे अधिक जनों को लूट सकें।

रण केवल इसलिए कि सत्ता बढ़े, नहीं पत्ता डोले,
भूपों के विपरीत न कोई कहीं कभी कुछ भी बोले।
ज्यों-ज्यों मिलती विजय, अहं नरपति का बढ़ता जाता है,
और ज़ोर से वह समाज से सिर पर चढ़ता जाता है।

यदि देखा जाये तो क्या आज के सन्दर्भों में भी यह बात उतनी ही सत्य नहीं है जितनी यह महाभारत काल में थी या इस कृति की रचना करते समय थी। आज भी देश ही नहीं, दुनिया के विभिन्न राष्ट्रों के मध्य और स्वयं अनेक

राष्ट्रों के अन्दर विभिन्न प्रकार के रण चल रहे हैं (राष्ट्रीय/अन्तरराष्ट्रीय युद्धों के अतिरिक्त आतंकवाद/उग्रवाद/विभिन्न देशों में चल रहे गृहयुद्ध/सशस्त्र विद्रोह जिनकी स्थूल अभिव्यक्तियाँ हैं) और इन रणों का औचित्य कोई भी सिद्ध कर सकता है क्या भला? यहाँ तक कि जिन देशों में आधुनिक लोकतन्त्र न सिर्फ़ भली-भाँति स्थापित हो चुका है बल्कि अपनी अपरिहार्यता भी सिद्ध कर चुका है; वहाँ भी चुनावों ने आधुनिक रणों का रूप ले लिया है और चुनावों में भाग लेने वाले राजनीतिक कार्यकर्ताओं का मुख्य उद्देश्य इन चुनावों में विजय प्राप्त करना भर रह गया है। चुनावों के जीतने के उपरान्त अच्छे शासन-प्रशासन पर ध्यान देने और लोक-कल्याण के लिए कार्य करने की जगह फिर से किसी नये चुनाव की तैयारी (किसी नये क्षेत्र अथवा अपने ही क्षेत्र में अगले चुनाव) और उसे जीतने पर ही मुख्यतया ध्यान केन्द्रित रहता है। फिर चुनाव दर चुनाव मिलती हुई सफलताएँ आज भी शासक का अहं उसी प्रकार न सिर्फ़ तुष्ट करती हैं बल्कि बढ़ाती जाती हैं जिसका उल्लेख दिनकर ने उपरोक्त पंक्तियों में किया है।

वैभव-विलास के प्रति मनुष्य की लालसा और आसक्ति अनादिकाल से है और आश्चर्य की बात है कि इतिहास में इनकी प्राप्ति के बाद इन्हीं में निमग्न होकर नष्ट हुए लोगों, राष्ट्रों, राजाओं, महाराजाओं और वंशों के अनेकानेक उदाहरणों को देखने के उपरान्त भी मनुष्य इन्हीं की प्राप्ति की चाह रखता है जो अन्ततः उसी के अन्त का कारण बनता है। रश्मिरथी की सर्वकालिकता का एक और उदाहरण द्रष्टव्य है :

होकर समृद्धि-सुख के अधीन,
मानव होता नित तपःक्षीण,
सत्ता, किरीट, मणिमय आसन,
करते मनुष्य का तेज-हरण।
नर विभव-हेतु ललचाता है,
पर वही मनुज को खाता है।

कर्ण की दानवीरता के माध्यम से दान गुण की सार्वभौमिकता की तरफ़ कवि निम्न पंक्तियों के माध्यम से संकेत करता है :

दान जगत का प्रकृत धर्म है, मनुज व्यर्थ डरता है,
एक रोज़ तो हमें स्वयं सब-कुछ देना पड़ता है।
बचते वही, समय पर जो सर्वस्व दान करते हैं,
ऋतु का ज्ञान नहीं जिनको, वे देकर भी मरते हैं।

गुरुतर लक्ष्यों की प्राप्ति के लिए 'साधन और साध्य' (END & MEANS) का संघर्ष भी अनादिकाल से ही चला आ रहा है। भारतीय परम्परा (जो आधुनिक युग में महात्मा गाँधी के रूप में अपने उच्चतम रूप में व्यक्त हुई) साधनों की पवित्रता पर ज़ोर देती है कि लक्ष्य चाहे जितना महान हो इसकी प्राप्ति के लिए पवित्र साधनों का ही प्रयोग उचित है। यदि साधन अपवित्र हुए तो उनसे कितने भी महान लक्ष्य की प्राप्ति गर्हित है, निन्दित है। इसीलिए चौरी-चौरा में हिंसा होने पर महात्मा गाँधी ने असहयोग आन्दोलन का आह्वान वापस ले लिया था। वहीं पाश्चात्य विचारधाराएँ (जो आधुनिक युग में मार्क्स की रचनाओं के रूप में अपने उच्चतम रूप में व्यक्त हुई) प्रायः लक्ष्य के सन्धान पर ज़ोर देती हैं और उनके लिए साधनों की पवित्रता का प्रश्न गौण है।

रश्मिरथी में भी 'साधन और साध्य' से सम्बन्धित यह प्रश्न उठा है या कवि ने जान-बूझ कर उठाया है। यह भी ध्यातव्य है कि तत्कालीन समय में राष्ट्र की स्वाधीनता और उसमें महात्मा गाँधी के महान योगदान को देखते हुए उनकी हत्या हो जाने के बावजूद गाँधीवादी मूल्यों की स्वीकार्यता चरम पर थी। ऐसे में दिनकर ने भी रश्मिरथी में साध्य के ऊपर साधन की श्रेष्ठता को निम्न पंक्तियों में दर्शाया है :

इसलिए, ध्येय में नहीं, धर्म तो
सदा निहित, साधन में है,
वह नहीं किसी भी प्रधान-कर्म,
हिंसा, विग्रह या रण में है।

कवि की स्थापना है कि वास्तव में कोई भी युद्ध धर्मयुद्ध नहीं हो सकता। युद्ध के आदि, मध्य और अन्त सब पापयुक्त होते हैं। जब हिंसा आरम्भ हो गयी, तब धर्म कहाँ रहा? युद्ध मनुष्य इसलिए करता है कि वह शीघ्र ही अपना लक्ष्य प्राप्त कर ले किन्तु लक्ष्य की प्राप्ति मात्र ही धर्म नहीं कहा जा सकता :

हो जिसे धर्म से प्रेम कभी
वह कुत्सित कर्म करेगा क्या?
बर्बर, कराल, द्रंष्टी बन कर
मारेगा और मरेगा क्या?

धर्म तो लक्ष्य की ओर सन्मार्ग से चलने का नाम है। धर्म साध्य नहीं, साधन को देखता है किन्तु युद्ध में प्रवृत्त होने पर मनुष्य का ध्यान साधन पर नहीं रहता।

वह किसी भी प्रकार विजय चाहने लगता है और यही आतुरता उसे पाप के पंक में ले जाती है, फिर क्या आश्चर्य कि युद्ध में प्रवृत्त होने पर जो पाण्डव धर्म की ओर से या धर्म की रक्षा के लिए युद्ध में उतरे थे; उन्होंने भी पग-पग (चाहे वह भीष्म की मृत्यु हो अथवा द्रोण का वध हो) पर अधर्म का सहारा लिया–

साधना को भूल सिद्धि पर जब
टकटकी हमारी लगती है,
फिर विजय छोड़ भावना और
कोई न हृदय में जगती है।

इसीलिए दिनकर का यह प्रश्न आज भी समीचीन है कि मनुष्यता का आदर्श क्या केवल युद्ध और मार-काट ही हो सकता है?

नरता कहते हैं जिसे, सत्त्व
क्या वह केवल लड़ने में है?
पौरुष क्या केवल उठा खड्ग
मारने और मरने में है?

या फिर मनुष्यों के बीच, समाजों के बीच, राष्ट्रों के बीच ज़मीन के छोटे से टुकड़ों के लिए बरसों ही नहीं दशकों और सदियों से जो वैमनस्य की भावना है; जिसके परिणामस्वरूप सदियों से लाखों लोग काल के गाल में समा चुके हैं, स्त्रियाँ विधवा होती रही हैं, बच्चे अनाथ होते रहे हैं; फिर भी न वैमनस्य की यह भावना समाप्त होती दिखाई दे रही है, न ही अन्तहीन युद्धों का सिलसिला समाप्त होता दिखाई पड़ रहा है। ऐसे में दिनकर जैसे कवि का यह प्रश्न उठाना स्वाभाविक सा प्रतीत होने लगता है :

चलेगी यह जगह की क्रान्ति कब तक?
रहेगी शक्ति-वंचित शान्ति कब तक?
मनुज मनुजत्व से कब तक लड़ेगा?
अनल वीरत्व से कब तक झड़ेगा?

युद्धों की विभीषिका ही नहीं बल्कि कवि ध्यान उससे भी ऊपर स्वतः मनुष्यता के विषय पर भी गया है। यदि वैज्ञानिक दृष्टि से देखा जाये तो समस्त जीव जगत को पादप और पशु दो वर्गों में विभाजित किया गया है और इस दृष्टि से मनुष्य भी एक पशु मात्र है। तथापि लाखों वर्षों की विकास प्रक्रिया और समाजीकरण के उपरान्त मनुष्य मात्र ने कुछ ऐसे गुण विकसित किये जो उसे अन्य पशुओं

से अलग करते हैं और इन्हीं गुणों को मनुष्यता या मानवता नाम दिया जाता है किन्तु महाभारत के युद्ध और तब से लेकर आज तक की परिस्थितियों में भी इसी मानवता के क्रमिक ह्रास को देखते हुए दिनकर ने मानव को याद दिलाने की चेष्टा की है कि मनुष्यता/मानवता सिर्फ़ शारीरिक विकास का परिणाम नहीं वरन् इससे कहीं ऊपर की वस्तु है :

झर गयी पूँछ, रोमान्त झरे,
पशुता का झरना बाक़ी है;
बाहर-बाहर तन सँवर चुका,
मन अभी सँवरना बाक़ी है।

जैसा कि ऊपर के वर्णन के आधार पर स्पष्ट ही है कि रश्मिरथी का मुख्य वर्ण्य विषय कर्ण की उपेक्षा के बहाने तत्कालीन समय के अनुसार काव्य रचना है जिसमें दिनकर पूर्णतया सफल हुए हैं तथापि यदि मुझसे पूछा जाये कि इस काव्य का रचनात्मक उच्चतम बिन्दु क्या है, क्या है वह जिसके लिए कवि की लेखनी में जैसे सरस्वती बैठ जाती हैं। क्या है वह जो किसी काव्य को अमर बना देता है तो मेरी दृष्टि कृष्ण के सन्देश पर ठहर जाती है। कौरव सभा में शान्ति के बदले पाँच ग्राम और दुर्योधन द्वारा उसे अस्वीकार करने का जो चित्रमय वर्णन वीरता और ओजभरी शैली में दिनकर जी ने किया है उसका उल्लेख करने से मैं खुद को रोक नहीं पा रहा हूँ :

वर्षों तक वन में घूम-घूम,
बाधा-विघ्नों को चूम-चूम,
सह धूप-घाम, पानी-पत्थर,
पाण्डव आये कुछ और निखर।

सौभाग्य न सब दिन सोता है
देखें, आगे क्या होता है?
जब नाश मनुज पर छाता है
पहले विवेक मर जाता है।

हरि ने भीषण हुंकार किया,
अपना स्वरूप-विस्तार किया,
डगमग-डगमग दिग्गज डोले,
भगवान कुपित होकर बोले—

ज़ंजीर बढ़ा कर साध मुझे,
हाँ-हाँ, दुर्योधन बाँध मुझे।
हित-वचन नहीं तूने माना,
मैत्री का मूल्य न पहचाना।

तो ले, मैं भी अब जाता हूँ,
अन्तिम संकल्प सुनाता हूँ।
याचना नहीं, अब रण होगा,
जीवन-जय या कि मरण होगा।

जब भी इन पंक्तियों को पढ़ना होता है, ऐसा प्रतीत होता है जैसे हम स्वयं भी कौरव सभा में मौजूद हों। रोंगटे खड़े हुए हैं और कृष्ण की हुंकार सुनाई दे रही है : "हाँ-हाँ, दुर्योधन बाँध मुझे" "हाँ-हाँ, दुर्योधन बाँध मुझे" और सभा सन्न बैठी हुई है। इसी प्रसंग की "याचना नहीं, अब रण होगा" पंक्ति तो आज भी रह-रह कर विभिन्न आन्दोलनों में दुहराई जाती रहती है।

तथापि यह भी सत्य है कि इस रोमांचक प्रसंग और वर्णन के बावजूद दिनकर की दृष्टि में इस काव्य का नायक कर्ण ही है और उसकी कीर्ति को शुभ्र दिखाने में कवि ने अपनी समस्त शक्ति लगा दी है :

सब आँख मूँद कर लड़ते हैं,
जय इसी लोक में पाने को,
पर, कर्ण जूझता है कोई,
ऊँचा सद्धर्म निभाने को।

यहाँ तक कि कर्ण के जीवन का वह प्रसंग जिसे किसी भी दृष्टिकोण से उचित नहीं ठहराया जा सकता उसका दिनकर को पूर्ण रूप से भान है। पाण्डवों के जुए में हारने पर कौरव सभा में जब द्रौपदी लायी जाती है और उसके चीर-हरण का प्रयास होता है तो कर्ण न सिर्फ़ इसका द्रष्टा रहता है वरन् वह दुर्योधन को यह कुकर्म करने से रोकने की कौन कहे; उसे किंचित् बढ़ावा ही देता है। कर्ण का यह कार्य ऐसा है जिसे किसी भी भाँति ढँका नहीं जा सकता। दिनकर जैसे सिद्ध कवि की लेखनी भी यह कार्य करने में स्वयं को असमर्थ पाती है। इसीलिए मृत्यु को सामने पाकर दिनकर ने इस विषय पर कर्ण का पश्चात्ताप इस प्रकार व्यक्त किया है :

नहीं किंचित् मलिन अन्तर्गगन है,
कनक-सा ही हमारा स्वच्छ मन है;

अभी भी शुभ्र उर की चेतना है,
अगर है, तो यही बस, वेदना है।
वधूजन को नहीं रक्षण दिया क्यों?
समर्थन पाप का उस दिन किया क्यों?
न कोई योग्य निष्कृति पा रहा हूँ,
लिए यह दाह मन में जा रहा हूँ।

कर्ण के इस चरित्र से इस बात की पुनः पुष्टि होती है कि कोई भी मनुष्य अन्ततः मनुष्य ही है और वह पूर्णतया अच्छा या बुरा नहीं होता बल्कि इन दोनों के बीच कहीं होता है जिसे आजकल के आधुनिक सन्दर्भों में ग्रे शेड का व्यक्ति कहा जाता है। अतः कहा जा सकता है दिनकर का नायक कर्ण भी एक प्रकार से ग्रे शेड का नायक है। इसीलिए उसके नायकत्व को चरम पर पहुँचाते हुए दिनकर ने कृष्ण के माध्यम से उसे भीष्म और द्रोण जैसे महान व्यक्तियों की पंक्ति में रखने का सुझाव दिया है :

समझ कर द्रोण मन में भक्ति भरिये,
पितामह की तरह सम्मान करिये।
मनुजता का नया नेता उठा है।
जगत से ज्योति का जेता उठा है!

कर्ण के इस प्रकार के वर्णन पर स्वयं दिनकर ने कहा है—"मुझे इस बात का सन्तोष है कि अपने अध्ययन और मनन से मैं कर्ण के चरित को जैसा समझ सका हूँ, वह इस काव्य में ठीक से उतर आया है और उसके वर्णन के बहाने मैं अपने समय और समाज के विषय में जो कुछ कहना चाहता था, उसके अवसर भी मुझे यथास्थान मिल गये है।"[20] कदाचित् दिनकर ने रश्मिरथी की रचना के विषय में यह उचित ही कहा है।

दिनकर के इस महान काव्य को पढ़ने के उपरान्त मुझे बार-बार महान संस्कृत काव्य शास्त्री मम्मट द्वारा काव्य के उद्देश्य के विषय में कही गयी पंक्तियों की याद आ जाती है :

काव्यं यशसे अर्थकृते व्यवहारविदे शिवेतरक्षतये।
सद्यः परनिर्वृतये कान्तासम्मिततयोपदेशयुजे॥

अर्थात् मम्मट के अनुसार 'यश','धन की प्राप्ति','व्यवहार ज्ञान', 'शिवेतरक्षतये' अर्थात् अमंगल का नाश, 'सद्यः परनिर्वृतये' अर्थात् दुख का नाश और आनन्द

की प्राप्ति और 'कान्तासम्मित उपदेश' अर्थात् कविता मीठा-मीठा बोलने वाली कान्ता स्त्री की तरह लोकहितकारी उपदेश देने वाली होनी चाहिए (कान्ता वह स्त्री होती है जो पति का हित चाहने वाली होती है)। कुल मिलाकर देखें तो लोकमंगल और आनन्द, यही कविता का "सकल प्रयोजन मौलिभूत" है।

यदि मम्मट द्वारा दी गयी इस कसौटी पर दिनकर की रश्मिरथी का मूल्यांकन किया जाये तो इस कसौटी के अनुसार भी यह एक सफल काव्य रचना मानी जानी चाहिए जो कवि को आज भी पर्याप्त यश दिला रही है, लोक-कल्याणकारी है और व्यावहारिक ज्ञान प्रदान करती है।

'रश्मिरथी' और 'दिनकर'

–डॉ. चन्द्रभानु प्रसाद सिंह

हिन्दी में रामायण और महाभारत की दो महत्त्वपूर्ण काव्य परम्पराएँ रही हैं। रामधारी सिंह 'दिनकर' महाभारत की काव्य-परम्परा के कवि हैं। 'कुरुक्षेत्र' का कथा-सूत्र महाभारत से निःसृत है जिसका प्रकाशन वर्ष 1946 है। 1952 में महाभारत पर आधृत 'रश्मिरथी' का प्रकाशन हुआ। 'दिनकर' जी के सुपुत्र श्री केदारनाथ सिंह बताते हैं कि 'दिनकर' जी 1947-48 में 'रश्मिरथी' के तृतीय सर्ग का पाठ किया करते थे। इससे ज्ञात होता है कि 'दिनकर' जी ने कुरुक्षेत्र के तत्काल बाद ही 'रश्मिरथी' की रचना प्रारम्भ कर दी थी। आज से लगभग 75 वर्ष पूर्व इस काव्य कृति की रचना हुई। वह समय स्वाधीनता प्राप्ति का था। नयी कवितावादियों के यहाँ नव-रोमानवाद दिखाई पड़ता है। पर 'दिनकर' अज्ञात कुल-शील 'कर्ण' को नायकत्व प्रदान करते हैं। 'कर्ण' का जन्म पाण्डवों की माता कुन्ती के गर्भ से उस समय हुआ जब वह कुँवारी थीं। कुन्ती ने लोक-लज्जा से बचने के लिए अपने नवजात शिशु को एक मंजूषा में बन्द करके नदी में बहा दिया। वह मंजूषा अधिरथ नामक सूत को मिली। अधिरथ को कोई सन्तान नहीं थी। अधिरथ और उनकी पत्नी राधा ने इस बच्चे को अपना पुत्र मान लिया। राधा से पालित होने के कारण ही कर्ण का एक नाम राधेय भी है।

दिनकर जी उच्च्च जाति में पैदा हुए थे। अभी-अभी देश को आज़ादी मिली थी। फिर अज्ञात कुल-शील कर्ण को नायकत्व प्रदान करने की आवश्यकता क्यों आन पड़ी? आजकल हिन्दी साहित्य में दलित-विमर्श ख़ूब हो रहा है। यह भी कहा जा रहा है कि दलित ही दलित लेखन कर सकता है। 'रश्मिरथी' के प्रसंग में इस पर भी विचार होना चाहिए। अंगराज कर्ण और दिनकर में साम्य और संवाद के कई सूत्र हैं। कर्ण अंग देश के राजा थे और दिनकर अंग देश के सिमरिया, बेगूसराय में पैदा हुए, जिसके बारे में लिखा :

हे जन्म भूमि शतबार धन्य
तुझ-सा न सिमरिया घाट अन्य।

अंगराज कर्ण और अंगपुत्र दिनकर दोनों को हस्तिनापुर ने अंगीकार नहीं किया, केवल अपने हित के लिए उसका इस्तेमाल किया। जब पाण्डवों और कौरवों की शस्त्रास्त्र की शिक्षा पूर्ण हो गयी, तब उनके रण-कौशल का जनता के समक्ष प्रदर्शन का एक सार्वजनिक आयोजन किया गया। उसी आयोजन में अचानक कर्ण प्रकट हुआ और चूँकि उस दिन सभा में सबसे अधिक प्रशंसा अर्जुन के अस्त्र-चालन की हुई थी, इसलिए कर्ण ने अपने साथ भिड़ने की चुनौती भी उसे ही दी। किन्तु, कृपाचार्य ने कहा कि जब तक यह विदित नहीं हो जाता कि कर्ण की जाति क्या है तथा वह राजपुत्र है या नहीं, तब तक अर्जुन उसके साथ लड़कर उसे सम्मान नहीं देगा। कर्ण फटकारते हुए कहता है :

जाति-जाति रटते, जिनकी पूँजी केवल पाषण्ड,
मैं क्या जानूँ जाति? जाति हैं ये मेरे भुजदण्ड।

(रश्मिरथी, प्रथम सर्ग, पृ. 15)

आगे अपने तीखे सवालों से कुरुसभा को बेध देता है :

मस्तक ऊँचा किये, जाति का नाम लिये चलते हो,
पर अधर्ममय शोषण के बल से सुख में पलते हो।
अधम जातियों से थर-थर काँपते तुम्हारे प्राण,
छल से माँग लिया करते हो अँगूठे का दान।

(रश्मिरथी, प्रथम सर्ग, पृ. 15)

कर्ण के बहाने दिनकर सत्ता प्रतिष्ठान की चालाकियों और षड्यन्त्रों का भण्डाफोड़ करते हैं। द्रोणाचार्य ने सूतपुत्र एकलव्य का अँगूठा इसलिए कटवा लिया कि अर्जुन के समान धनुर्धर और कोई न हो। कर्ण शस्त्रास्त्र सीखने को वह उस समय के महा-प्रतापी वीर परशुराम जी की सेवा में पहुँचा। क्या इत्तिफ़ाक़ है, परशुराम जी की जन्म भूमि मोकामा दिनकर की जन्मभूमि सिमरिया के सटे दक्षिण है, बीच में गंगा की कलकल धारा। परशुराम संसार से अलग होकर उन दिनों महेन्द्रगिरि पर रहते थे। उनका प्रण था कि वे ब्राह्मणेतर जाति के युवकों को शस्त्रास्त्र की शिक्षा नहीं देंगे। जब उन्होंने कर्ण का तेजोद्दीप्त शरीर और उसके कवच-कुण्डल देखे, तब उन्हें भाषित हुआ कि यह ब्राह्मण का बेटा होगा। कर्ण ने गुरु की इस भ्रान्ति का खण्डन नहीं किया। पर जातिगत बोध कर्ण को प्रश्नाकुल करता है :

कौन जन्म लेता किस कुल में? आकस्मिक ही है यह बात,
छोटे कुल पर, किन्तु यहाँ होते तब भी कितने आघात।
हाय, जाति छोटी है, तो फिर सभी हमारे गुण छोटे,
जाति बड़ी, तो बड़े बनें, वे रहें लाख चाहे खोटे।

(रश्मिरथी, द्वितीय सर्ग, पृ. 26)

दुर्भाग्य कर्ण के साथ लगा ही रहता है। एक दुर्भाग्यपूर्ण घटना से परशुराम को भास हो गया कि कर्ण क्षत्रिय अथवा किसी अन्य जाति का युवक है। उन्होंने शाप दे डाला कि ब्रह्मास्त्र चलाने की जो शिक्षा दी उसे वह अन्तकाल में भूल जायेगा। निराश-हताश, टूटा हुआ कर्ण परशुराम के चरण की धूलि लेकर और अपने हृदय की भक्ति देकर विदा लेता है :

निराशा से विकल, टूटा हुआ-सा,
किसी गिरि शृंग से छूटा हुआ-सा,
चला खोया हुआ-सा कर्ण मन में
कि जैसे चाँद चलता हो गगन में।

(रश्मिरथी, द्वितीय सर्ग, पृ. 32)

विषम परिस्थितियों में कर्ण की चारित्रिक दृढ़ता को दिनकर ने बड़े ही मनोयोग से गढ़ा है। कुरुसभा में अपमानित होने पर दुर्योधन कर्ण को अंगराज बना देता है। तब से दोनों एक प्राण दो देह हो गये। राजनीति-विशारद श्रीकृष्ण समझाते हैं कि वह वास्तव में कुन्ती का पुत्र है। अतएव वह कौरवों का पक्ष छोड़कर पाण्डवों के पक्ष में आ जायें :

कुरुराज्य समर्पण करता हूँ, साम्राज्य समर्पण करता हूँ।
यश मुकुट मान, सिंहासन ले, बस एक भीख मुझको दे दे
कौरव को तज रण रोक सखे, भू का हर भावी शोक सखे।

(रश्मिरथी, तृतीय सर्ग, पृ. 40)

पर कर्ण न तो दुर्योधन का साथ छोड़ने को तैयार है और न ही राधा के बदले कुन्ती को अंगीकार करने को। वह नामी धनुर्धर हो गया, पर समाज उस पर विष व्यंग्य बरसाने से बाज नहीं आता था :

उस समय सुअंक लगा करके अंचल के तले छिपा करके,
चुम्बन से कौन मुझे भर कर ताड़ना-ताप लेती थी हर?

राधा को छोड़ भजूँ किसको?
जननी है वही, तजूँ किसको? (वही, पृ. 42)

कर्ण केशव से साफ़-साफ़ कहता है कि वह सुरपुर से मुख मोड़ सकता है, पर दुर्योधन का साथ नहीं छोड़ेगा। आज जब दोस्ती और दुश्मनी का फ़र्क़ मिट गया है, तब कर्ण की यह दृढ़ता एक नया पथ आलोकित करती है। मित्रता बड़ा अनमोल रतन है, इसे धन नहीं तोल सकता। इसके सामने धरती की क्या बिसात? बैकुण्ठ को भी कुरुपति के चरणों पर न्योछावर किया जा सकता है। कर्ण की स्पष्ट मान्यता है कि सम्राट धर्मराज होंगे या कुरुराज को ताज मिलेगा। उसका काम केवल लड़ना है और केवल ऋण मात्र चुकाना है। कर्ण का हृदय विशाल है, संवेदनाओं से लबालब भरा हुआ। वह कृष्ण से अनुनय करता है कि इसके जन्म की कथा को गोपन ही रखा जाय क्योंकि इसके प्रकट होने पर धर्मराज सिंहासन को ठुकरा देंगे। श्रीकृष्ण को भी स्वीकारना पड़ा कि 'तुझ-सा न मित्र कोई अनन्य।'

कर्ण प्रकृतिप्रदत्त कंचन कवच और कुण्डल से सुरक्षित था। उसे कोई मार नहीं सकता था। इसलिए भगवान ने अर्जुन के देव-पिता इन्द्र से कहा कि किसी प्रकार कर्ण के शरीर से कवच-कुण्डल अलग कर दें। उसने कर्ण की उदारता को अपने आक्रमण का माध्यम बनाया और उसके पुण्य के द्वार पर ही उसे लूट लिया। इन्द्र जब भिक्षुक ब्राह्मण का वेश बनाकर कर्ण के सामने आया और उससे कवच तथा कुण्डल की याचना की, तो सारे षड्यन्त्र से अवगत होते हुए भी उसने कवच-कुण्डल के रूप में अपनी विजय तथा अपने जीवन का दान कर दिया। मही पर स्वर्ग भीख माँगने आता है। उर्वशी में भी स्वर्ग लोक की अप्सरा धरती के राजा पुरुरवा से प्रेम करती है। स्वर्ग और धरती में दिनकर धरती का महिमामण्डन करते हैं।

कर्ण की दानशीलता अप्रतिम है। जब कृष्ण के समझाने पर भी कर्ण पाण्डवों के पक्ष में आने को तैयार नहीं हुए, तब वही प्रस्ताव लेकर कुन्ती उसके पास गयी। कर्ण अपनी प्रतिज्ञा पर अडिग रहा, किन्तु उसने अर्जुन को छोड़ शेष चार भाइयों को जीवनदान दिया और माँ को आश्वषत किया कि यदि अर्जुन मरा और विजय दुर्योधन की हुई, तो वह दुर्योधन का पक्ष छोड़कर उसके पास आ जायेगा जिससे पाण्डवों की संख्या पाँच-की-पाँच ही रह जाय। किन्तु उसे अपने कथन की व्यर्थता का भी आभास है कि जिसके रक्षक स्वयं कृष्ण हैं, उसका विनाश क्यों होगा? रणभूमि में युधिष्ठिर, भीम, नकुल और सहदेव को अपनी

गिरफ़्त में पाकर भी जीवनदान देता है, क्योंकि कर्ण को कुन्ती के कातर नयनों के अश्रुकण याद हैं :

ये चार फूल हैं मोल किन्हीं कातर नयनों के पानी के,
ये चार फूल प्रच्छन्न दान हैं किसी महाबल दानी के।
ये चार फूल मेरा अदृष्ट या हुआ कभी जिनका कामी,
ये चार फूल पाकर प्रसन्न हँसते होंगे अन्तर्यामी।

(रश्मिरथी, सप्तम सर्ग, पृ. 99)

विडम्बनाएँ कर्ण का पीछा नहीं छोड़ती हैं। कर्ण का पाण्डव-सेना पर भयानक कोप देखकर भगवान घटोत्कच को बुलाते हैं। कौरवी सेना में हाहाकार मच जाता है। कर्ण के पास इन्द्रप्रदत्त एकमात्र एकघनी बची है जिसे वह अर्जुन-वध के लिए रखे हुए है। पर दुर्योधन के दुराग्रह पर वह घटोत्कच पर उसका प्रयोग करता है और एक आह निकलती है कि आज एक बार फिर उसका भाग्य छली निकला। जीतकर भी कर्ण के प्राण हारे हुए-से लग रहे थे। मार्के की बात दिनकर कहते हैं कि जय के लिए केवल बल नहीं, बुद्धि का घात और छल-छद्म कौशल भी चाहिए :

क्या, सत्य ही, जय के लिए केवल नहीं बल चाहिए?
कुछ बुद्धि का भी घात, कुछ छल-छद्म-कौशल चाहिए?

(रश्मिरथी, षष्ठ सर्ग, पृ. 95)

दिनकर जी ने इस बात की विचिकित्सा की है कि महाभारत का युद्ध धर्मयुद्ध था या नहीं। निष्कर्ष है कि कोई भी युद्ध धर्मयुद्ध नहीं हो सकता। जब हिंसा आरम्भ हो गयी तब धर्म कहाँ रहा? पर कर्ण अपवाद है। वह धर्मयुद्ध करता है। अश्वसेन सर्प के प्रसंग को दिनकर ने अनुस्यूत किया है। अर्जुन ने जब खाण्डव वन को जलाया, तब अश्वसेन सर्प की माता बेटे को निगल कर आकाश में उड़ गयी, मगर अर्जुन ने उसका मस्तक वाण से काट डाला। सर्पिणी तो मर गयी, लेकिन अश्वसेन बचकर भाग गया। उसी बैर का बदला लेने के लिए वह कुरुक्षेत्र की रणभूमि में आया था। अश्वसेन सर्प कर्ण से प्रार्थना करता है कि वाण पर चढ़ाकर अर्जुन पर फेंक दे, ताकि वह उसका खात्मा कर दे, किन्तु कर्ण कहता है :

अर्जुन है मेरा शत्रु किन्तु वह सर्प नहीं, नर ही तो है,
संघर्ष सनातन नहीं, शत्रुता इस जीवन भर ही तो है।

(रश्मिरथी, सप्तम सर्ग, पृ. 102)

कर्ण अर्जुन से युद्ध के लिए समुपस्थित है। किन्तु अभिशाप के कारण कर्ण के रथ के पहिये धरती में धँस जाते हैं। कर्ण रथ से नीचे उतरकर उसे निकालने में तत्पर होता है। किन्तु भगवान श्रीकृष्ण का संकेत पाकर अर्जुन उसे निःशस्त्र अवस्था में ही वाणों से बींधने लगता है। कर्ण के प्राण तेजोमय रूप में उड़कर सूर्य में समा जाते हैं। युधिष्ठिर कर्ण की मृत्यु पर हर्ष प्रकट करते हैं, किन्तु भगवान उदास हो जाते हैं। उनकी दृष्टि में यह विजय चरित्र खोकर हुई है। जीत असल में कर्ण की हुई। वह द्रोण और भीष्म के समान आदर का पात्र है :

समझकर द्रोण मन में भक्ति भरिये,
पितामह की तरह सम्मान करिये।
मनुजता का नया नेता उठा है।
जगत् से ज्योति का जेता उठा है।

(वही, पृ. 117)

रश्मिरथी का अर्थ है वह व्यक्ति जिसका रथ रश्मि अथवा पुण्य का हो। इस काव्य में रश्मिरथी नाम कर्ण का है क्योंकि उसका चरित्र अत्यन्त पुण्यमय और प्रोज्ज्वल है। अविश्वास के इस विकट दौर में कर्ण का चरित्र विश्वास का अक्षय स्रोत है।

❑❑

रचनाकारों के पते

शंभुनाथ तिवारी : प्रोफ़ेसर, हिन्दी विभाग, अलीगढ़ मुस्लिम विश्वविद्यालय, अलीगढ़-202001 (उ.प्र.)

रवि रंजन : प्रोफ़ेसर एवं पूर्व अध्यक्ष, हिन्दी विभाग, मानविकी संकाय, हैदराबाद केन्द्रीय विश्वविद्यालय, हैदराबाद-500046 (अ.प्र.)

आनन्द कुमार सिंह : प्रोफ़ेसर, उच्च शिक्षा उत्कृष्टता संस्थान, भोपाल (म.प्र.)

शंभुनाथ : निदेशक, भारतीय भाषा परिषद्, कोलकाता (प.बं.)

विजय बहादुर सिंह : 29, निराला नगर, दुष्यन्त कुमार मार्ग, भोपाल-462003 (म.प्र.)

बी. आर. विप्लवी : ग़ज़ल-सराय, विप्लवी'ज दुर्ग, 113/2, सेक्टर 8बी, वृन्दावन आवास विकास कॉलोनी, लखनऊ-226029 (उ.प्र.)

सत्यकाम : समकुलपति एवं आचार्य, इन्दिरा गाँधी राष्ट्रीय मुक्त विश्वविद्यालय मैदानगढ़ी, नयी दिल्ली 110068

राजकुमार : असिस्टेंट प्रोफ़ेसर, हिन्दी विभाग, श्यामलाल कॉलेज, दिल्ली विश्वविद्यालय, दिल्ली

मैत्रेयी पुष्पा : 104, महागुन मॉर्फियस, ई-4, सेक्टर-50, नोएडा-201301 (उ.प्र.)

चन्द्रभान सिंह यादव : एसोसिएट प्रोफ़ेसर, हिन्दी विभाग, केजीके पीजी कॉलेज, मुरादाबाद (उ.प्र.)

रामेश्वर राय : एसोसिएट प्रोफ़ेसर, हिन्दी विभाग, हिन्दू कॉलेज, दिल्ली विश्वविद्यालय, दिल्ली

राकेश मिश्र : 538के/90, त्रिवेणी नगर 2, सीतापुर रोड, लखनऊ-226020 (उ.प्र.)

राजेश मल्ल : प्रोफ़ेसर, हिन्दी एवं आधुनिक भारतीय भाषा तथा पत्रकारिता विभाग, दीनदयाल उपाध्याय गोरखपुर विश्वविद्यालय, गोरखपुर (उ.प्र.)

शिव कुमार राय : 181/94, बाघंबरी हाउसिंग स्कीम (शिव नगर कालोनी के गेट नं. 3 के सामने), अल्लापुर, इलाहाबाद-211006 (उ.प्र.)

चन्द्रभानु प्रसाद सिंह : प्रोफ़ेसर, हिन्दी विभाग, ललित नारायण मिथिला विश्वविद्यालय, कामेश्वरनगर, दरभंगा-846008 (बिहार)